中国工程院院士刘大响在第十届全国人民代表大会上
选举国家领导人时投下庄严的一票

1995年，受到江泽民主席接见

与全国人大吴邦国委员长合影

习近平副主席接见吴大观先进事迹报告团成员（后排中为刘大响）

林左鸣总经理接见吴大观先进事迹报告团全体成员

2002年，接受俄罗斯科学院荣誉博士学位

相会在中国航天员科研训练中心（右起：戚发轫、刘大响、许立方、罗成）

与二炮司令员杨国梁上将（右）、军事科学院院长王祖训上将（左）合彩

2008 年 3 月 5 日，出席十一届全国人大第一次会议

2008 年 1 月 14 日，十届全国人大外委会全体委员合影

与其雄航天员费俊龙在一起（左为威发轫）

与航天英雄扬利伟（中）在一起，左为中国航天员科研训练中心主任陈善广

与航天英雄聂海胜、刘景鹏合影（左二为中石油副总经理李新华）

“神五”升天前与关桥院士
在酒泉卫星发射基地

在中航工业发动机
高峰论坛作报告

大型飞机方案论证委员会成立暨第一次全体会议

参观莫斯科航展

2003 年，考察英国罗·罗公司

全国人大外事委工作座谈会部分成员合影（左起：李元正、刘大响、姜恩柱、杨国梁、安小茹、吉佩定、王英凡）

2008年2月28日，与全国人大顾秀莲副委员长合影

与全国人大副委员长、中国科学院院长路甬祥同志在一起

张竹筠（北航原校长助理，现广东岭南集团副总经理，广州北航校友会会长）墨宝

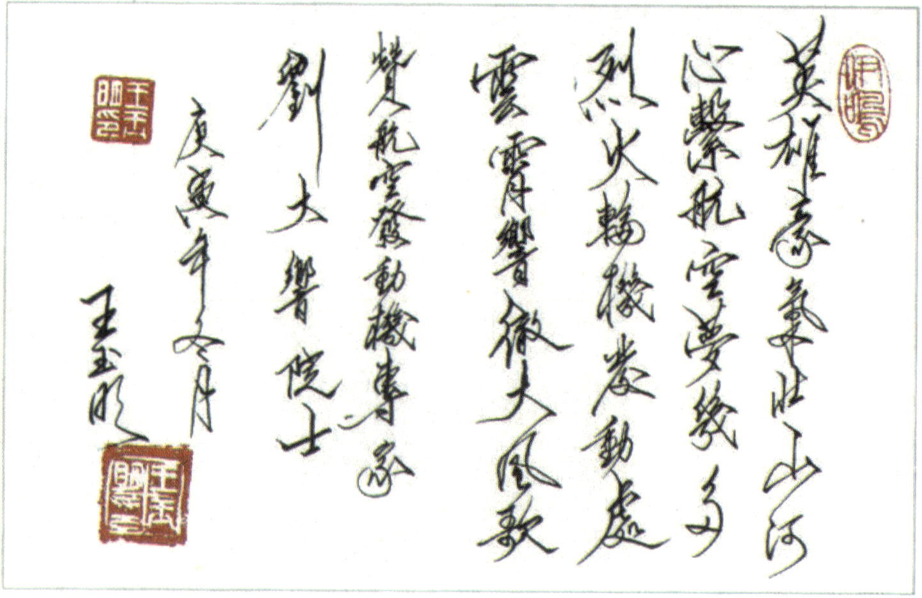

王玉明（中国工程院院士，密封技术专家，清华大学教授，院士书法家、诗人）墨宝

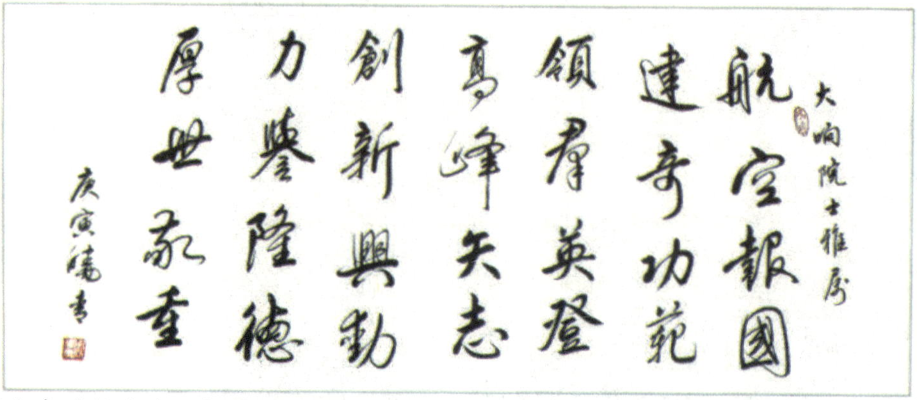

周晓青（航空发动机总公司副总经理兼总工程师，中航工业科技委顾问）墨宝

1962年，在沈阳606所

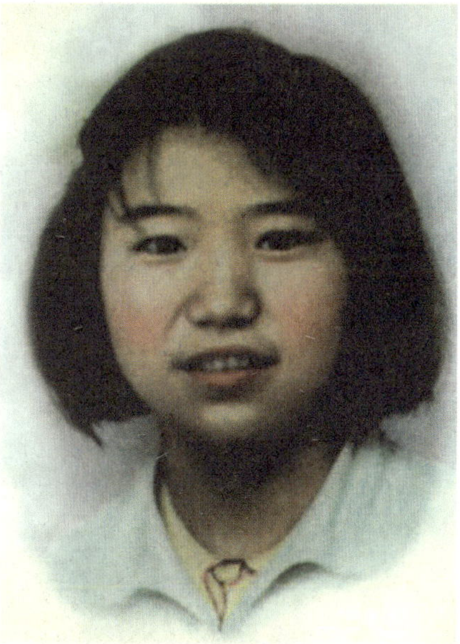

夫人段兰芳大学时照片

1970年沈阳全家合照（后排为妹妹刘湘华）

2007 年，与夫人在九寨沟

与夫人参加“百名院士沈阳行”活动留影

2011年2月2日除夕夜，全家福

73岁生日与老伴、外孙女在一起

三岁外孙女给我们
拍的照片

在北京的全家福

2010年10月，与扬思霜夫妇在一起

在云南参观幸福的藏族家庭

高空台荣获全国十大科技成就奖（左为焦天佑所长）

2007年11月，驻英大使傅莹（左四）欢迎全国人大外委会访墨西哥代表团姜恩柱团长(（右四）、牵元正将军（左三）

2006年2月13日，全国人大外委会代表团访问埃及，游览金字塔

与代表团中的姑娘们在莫斯科（左起：景小燕，刘大响，王巍巍，苏萍）

刘大响工作30年的624所全景图

我心飞翔

——航空动力专家刘大响院士回忆录

刘大响　著

航空工业出版社

北　京

内 容 提 要

本书是刘大响院士的回忆录。作者在书中叙述了自己的童年、求学生涯以及为我国航空动力事业奋斗的过程，尤其是以亲身经历讲述了高空模拟试验台、高推预研、中推核心机和高性能发动机的预研和研制过程，以及呼吁国家重视航空发动机、国产大飞机和航空应急救援的经历。

本书思想性、科学性、可读性兼具，内容真实、语言朴素、图文并茂。适合从事和关注中国航空工业尤其是中国航空发动机事业的人员阅读参考。

图书在版编目（CIP）数据

我心飞翔：航空动力专家刘大响院士回忆录／刘大响著. --北京：航空工业出版社，2011.4（2019.1 重印）

（中国航空工业院士丛书）

ISBN 978-7-80243-732-6

Ⅰ.①我… Ⅱ.①刘… Ⅲ.①刘大响—回忆录 Ⅳ.①K826.16

中国版本图书馆 CIP 数据核字(2011)第 047089 号

我心飞翔

——航空动力专家刘大响院士回忆录

Woxin Feixiang

——Hangkong Dongli Zhuanjia Liudaxiang Yuanshi Huiyilu

航空工业出版社出版发行

（北京市朝阳区北苑 2 号院 100012）

发行部电话：010-84936597 010-84936343

三河市金轩印务有限公司印刷 全国各地新华书店经售

2011 年 4 月第 1 版 2019 年 1 月第 3 次印刷

开本：710×1000 1/16 印张：23.5 插页：16 字数：356 千字

印数：7001—7500 定价：98.00 元

丛 书 序

中国科学院院士和中国工程院院士，是国家设立的科学技术和工程科学技术方面的最高学术称号，为终身荣誉。中航工业的院士群体是航空技术领域的学术权威和资深专家，他们为中国航空工业的振兴和发展建立了卓越功勋，做出了巨大贡献，是中国航空工业的宝贵财富。

探寻院士们的成长足迹，给人以启迪和震撼。他们有的少年立志，投身航空，报效祖国；有的家境贫寒，顽强拼搏，奋斗一生；有的屡遭挫折，百折不挠，矢志不渝……他们身上闪耀着坚持真理、不懈追求的科学精神，凝聚着自强不息、孜孜不倦的奋斗精神，展现了淡泊名利、爱党报国的民族精神，他们以实际行动践行了“航空报国，强军富民”和“敬业诚信，创新超越”的集团宗旨和理念，十分值得我们学习。

在中航工业加快改革步伐、全面实施“两融、三新、五化、万亿”发展战略的关键时刻，我们推出《中国航空院士丛书》，就是要从院士们身上汲取智慧与力量，弘扬精神，放飞思想，激情进取，创新图强，为把中航工业早日建设成为具有国际影响力的世界级大企业集团、把我国建设成为航空工业强国而努力奋斗！

林左鸣

中国航空工业集团公司党组书记、总经理

2010 年 1 月

刘大响院士

刘大响（1937. 10— ），湖南祁东人，航空发动机专家，中国工程院院士。刘大响中学毕业后被保送北京航空学院发动机系学习。1959年6月25日，加入中国共产党。在校期间，参加了“北航四号”的研制，担任总体组副组长，大学毕业后留校读副博士研究生。1962年4月分配到沈阳航空发动机设计研究所工作。

1964年，沈阳航空发动机设计研究所改进后的第一批815发动机在芜湖空军某师试飞。刘大响担任沈阳航空发动机设计研究所蹲点小组的组长，配合试飞技术问题的调研、处理。1966年，刘大响担任815发动机试车突击队副队长，现场指挥改进后的815发动机第一次开车试验，取得国内高温涡轮试验创纪录的突破。1970年11月，刘大响随沈阳航空发动机设计研究所七室（负责815发动机改进设计）被调至地处四川江油的燃气涡轮研究院，开始参与911发动机设计，担任总体组副组长，后被安排在高空模拟试验台实验室任副主任，主管试验。

高空台最重要的是有可以控制进气条件和环境压力、温度等参数的高空舱。被试验的发动机置于高空舱内，控制进气条件和舱内压力、温度，即可在地面模拟发动机在不同飞行高度和飞行速度下工作的环境，测取发动机性能并考核发动机及其系统的工作可靠性。在世界上，能够具备该项试验设施的只有少数几个发达国家。当时面临歼8飞机定型试验，在高空台实验室，刘大响接受的第一个任务就是进行高空台试验，经过两年努力，圆满地完成了歼8飞机选用的815甲发动机高空台试验，为歼8定型做出了贡献。

1980年，在引进英国斯贝发动机过程中，在吴大观、任家耕带领下，参加赴英技术代表团，任高空试验小组组长。按照吴大观安排，刘大响不仅完成了斯贝发动机高空台考核试验，还对英方高空台做了透彻了解，为把自己的高空台建好、调试好、试验好打下了基础。

在国家决定高空台缓建 3 年的时期，刘大响提出，3 年缓建，不能坐等 3 年，应该尽自己所能，组织力量继续干下去。他开会作动员，下决心不搞出高空台誓不罢休。他带领一批人员，先从遗留下来的尾活干起，把没有安装完的设备装完，有些装错的把它改过来。同时，经过艰苦的努力，刘大响争取到领导机关支持，高空台调试等后续工作得以进行。

在高空台测试系统的引进中，由于美国对我国实行制裁，原已签订的合同无法执行。在刘大响提议下，采取“总体自主设计，部件分散引进，软件自行编制，现场联合调试”的方式，采购部分部件，自己拟定总体方案，自行编制软件，自己负责调试。最后成功地组合成一套当时我国最高水平的高空台测试系统。

在 20 世纪 90 年代对俄合作中，刘大响经过艰苦谈判，争取到由俄罗斯动力研究院对我国高空台进行对比试验，提供标定试验的结果。与俄罗斯标准高空台对比试验结果显示，我国高空台小于俄罗斯其他高空台的误差。该高空台获 1995 年全国十大科技成就之一，1997 年获国家科技进步特等奖，刘大响为第一获奖人。

1984 年刘大响担任了涡轮院副总工程师。1986 年接任总工程师，开始主持高推重比发动机预研。当时面临的一个非常尖锐的问题是预研工作能不能继续下去。经过刘大响据理力争，并根据科技委发动机专业组部分专家的建议，上级决定恢复压气机等主要技术关键项目的研制。在压气机、涡轮、燃烧室三大部件研制的同时，开展了中推核心机和发动机方案的研究。

刘大响接任总师两年多的时间，涡轮院赢得了一个根本性的转变。在院领导一班人和总工程师刘大响的带领下，涡轮院在完成中推三大部件和核心机任务的过程中，形成了至今还在涡轮院发扬倡导的“中推精神”——“艰苦奋斗，努力拼搏，团结协作，无私奉献”。

在中推项目的七级压气机试验中，由于振动大（振动值超过13g），多次试验失败。在关键时刻，刘大响经过仔细分析，认为振动值大的原因很可能是转子处于临界转速。在此判断基础上，刘大响决定采取快推油门使转子快速通过临界点，使振动减下来的方案，取得了试验的成功，并最终完成了三大部件的研制试验。

在中推核心机高空台试验时，刘大响担任了第一线指挥兼总工程师。这是国内第一次进行高空台试验，涡轮温度高达1650开，具有很大的技术难度。在反复试验并解决了存在的技术关键难题之后，核心机试验取得成功。从高推预研到中推核心机完成，只用了3年多时间，比原定计划提前14个月达到指标。该项目被评为国家科技进步二等奖。

此后，刘大响主持开展了四代发动机的论证，任项目负责人。在我国工业和科学技术基础相对比较薄弱，材料、工艺、试验设备、试验基础等都存在较大差距的情况下，完成这项研究任务有很大困难。为此在刘大响主持下又搞了咨询方案，就是由中方提供方案，请俄方对设计方案进行再次计算，对计算结果中存在的问题进行磋商。最后请俄方对总体方案进行评审，由俄方做出最终方案。采用这种方法，使参与该合作项目的中方人员的设计水平有了很大的提高。

2002年，刘大响获俄罗斯科学院荣誉博士学位。刘大响是我国自然科学界获此殊荣的第一人。2003年，刘大响被选为第十届全国人大代表，并当选为人大常委。十届全国人大第一次会议，当选为外事委员会委员。在人大常委会任职期间，为解决企业退休的老科技人员、老领导和工人待遇问题做出了努力，得到中央和国务院领导的重视。

为建议国家应该尽快开展大型飞机的研制，刘大响主张“一机两型、平行发展”，“预研先行，打好基础，以我为主。”并坚持大型飞机发动机要以我为主，立足国内。在2006年全国人大常委会议上，刘大响提出了尽快制定我国大型民用飞机产业发展条例的议案。

在黎明公司发展R0110重型燃机项目中，刘大响向中国航空工业集团公司建议，以黎明公司院士工作站名义组织 R0110 咨询顾问组，在获得同意后，邀请7位国内搞燃机最知名的院士和多位专家成立顾问组。院士工作站的经验在沈阳市取得良好反响，后经国务院主管科技和教育的领导批示，在全国获得推广。

1999 年 8 月，刘大响写了题为《加速发展我国航空发动机的思考——危机、反思和建议》的咨询报告，引起当时中国工程院院长宋健的重视和支持，以工程院咨询报告形式报送中央领导。此后，刘大响积极推动，并在工程院领导和顾诵芬院士等领导、专家的支持下，于 1999 年 7 月 15—17 日召开香山会议，讨论了关于加速发展我国航空动力的若干问题。为此新华社内参上刊出专稿，题目为“刘大响等 12 位院士强烈呼吁，根治飞机心脏病刻不容缓”。该专稿引起朱镕基总理、吴邦国副总理等国务院领导高度重视。经过刘大响与行业内多位领导、专家多年不懈努力，目前已经形成了国家级的 APTD 计划以及 AATR 等一系列重要发展计划。

刘大响于 1995 年当选中国工程院院士。

（摘自《中国航空工业人物传 · 专家篇》）

目　　录

第一章　我的家庭

爷爷家族的第一个男孩

1937 年 10 月 14 日（农历九月十一日），我出生在湖南省祁东县罗口町镇清公祠村。

祁东县的地势是从西北向东南倾斜。西部为四明山，中部为祁山，东南就是湘江了。我的家乡还不能算是山区，有介绍说祁东“重岗复岭、田畴阡陌、溪流纵横、泉井遍布”，有点丘陵地貌，但往西就是大山区了。

我爷爷有三个儿子、五个女儿，父亲在兄弟三人中行三。

父辈几家的第一个孩子都是女儿，我是爷爷家第三代的第一个男孩，所以从小有点娇生惯养，全家都宠着我，爷爷、奶奶、父亲、母亲，还有叔伯、婶母、姑姑都拿我当宝贝一样，谁家里有好吃的东西都给我送点过来，我幼小的心里觉得美滋滋的。农村的观念，生男孩最重要的是传宗接代。那时我们家境还可以，并不是要我做养老送终的依靠。

2010 年 2 月春节，四世同堂（母亲时年 92 岁）

我的名字是爷爷给取的——叫刘大晑。这个晑字，读音为“xiǎng ”，词典中只有一个字的释义，就是“明”，小时候大家都叫我“明徕”。从小学、中学到大学，我的名字都用这个字。很多老师不认识，碰到课堂上点名或提问，有些老师叫我刘大咼（guō）或者刘大昌（chāng），我也不知道他们为什么会这样念，有的老师干脆就问：“你叫刘大什么呀?”弄得哄堂大笑。我不愿意名字中有一个大家不认识的生僻字，于是自己就把名字改了，把日字从上面挪下来变成偏旁，就是晌午的晌字，但我不是中午生的，而且这个字读音为“shǎng”，与我原来名字的读音也不同，所以后来改为响亮的“响”，就成了现在的名字。

小时候生长在农村的我是玩泥巴长大的，和大宅院及其他院子的小朋友一起玩耍，我们不分大小亲疏，也不分贫富贵贱，捉迷藏、骑竹马、烤家雀、打铜板，有时还会结伴走家串巷，见大人就问候几句，说点吉利话，讨些东西吃，好不快活。稍大一点儿就跟着一些小哥哥、小姐姐们去二里之外的“把关口”看大戏、看木偶、拉洋片。最大的兴趣当属捏泥人了，还有“打泥炮”，就是把泥巴做成一个窝形，使劲往地上摔，看谁摔得最响。

小时候我挺淘气，经常同小伙伴一起爬树，掏鸟窝、抓知了，还时常去拣蝉蜕，到开中药铺的七伯家换甘草吃。有时也背着大人偷偷下河洗澡，到小水沟中捉鱼。我们经常把小河沟上下游都堵上，将水戽干，抓里面的鱼，弄得满身湿泥巴，只好在外面把衣服洗净、晒干才敢回家。大人们怕出事，只要知道就不让我去，但有时我能抓几条鱼回来，他们也很高兴，虽然要数落几句，鱼还是做来吃了。

祁阳刘氏家族渊源

我的曾祖父曾经中过举，有五个儿子。族中老人记得，家里过去还保存着他的“顶戴花翎”。我问过一位堂兄，他回忆，儿时还戴过曾祖父的官帽玩耍，就放在老家的阁楼上。堂兄说，你让他们去找找看。我说现在那里还会有呢？

堂兄名叫刘金凯，今年已经86岁了，退休前在沈阳冶炼厂工作，是中心实验室主任、高级工程师。他的文章写得好，字写得也很漂亮。父母把他树为我的榜样，经常说我要像他那样，他们就很满意了。

2009年，与堂兄刘金凯在一起

后来，我从侄孙刘军（现在澳大利亚工作）那里得到1993年出版的《刘氏六修族谱》，经过仔细研读，才搞清楚湖南祁阳（现归祁东县管辖）罗口町刘氏家族的一些演化情况。

按族谱记载：刘姓一族，始于传说中的尧帝时期，世居彭城（今徐州，汉高祖刘邦故乡）。纪元（注1）前，沛公提三尺剑斩白蛇于茫荡，以大德立帝业于咸阳，传两汉四百余年基业，故前曾立著尧典一篇昭垂祖训，汉书两部具载宗功于祁阳刘氏总祠，昭示刘氏族姓，既居于炎黄子孙之林，又有出类拔萃之功，业绩辉煌。

祁阳刘姓一支的先祖应三公，公讳应行三郎，元至元四年（公元1338年）戊寅5月11日午时生于江西南昌之梓溪里。明洪武八年（1376年）奉诏携男德成公来祁卜宅于邑西罗口町甫居。

到我这个“大”字辈，已是祁阳刘姓这一支家族的第二十一代了。从族谱中了解到：十七世高祖父刘纠堂，号箕畴行满，在清朝曾被授州司马加三级诰授奉政大夫，又由长男厚铮以总镇请一品，诰封荣禄大夫，官印天锡。十八世曾祖父刘厚铣为刘纠堂次子，号丽川行十五，例授同知，官印芳晖。自十七世至廿六世，家族辈份按“堂厚家声大、诗书绍桂香”为序。

祖父刘家湘，字扬清，号恒丰，例授从九品，当地著名中医。

父亲刘韶声，字维琪，号木生，学名飞鸿，广西大学毕业。

母亲曾冰青，1918 年（民国七年）农历（戊午年）三月十一日申时生，乡村医生，现健在。

大伯父刘金声，号集成，清光绪卅三年丁未三月二十八日亥时生，15 岁殁。

二伯父刘有声，字维焕，1964 年去世。

我们家住的是一个大宅院，大概有二十几户，都是刘氏的大家族。我爷爷和爷爷的三个兄弟、我们家、伯父家都住在那里。老一辈中女的都嫁出去了。

罗口町属罗口町镇，南北走向，岔垄最多，呈不规则状向四周延伸，北至崩塘冲，南至黄坡桥，西至元珠山，东至峦塘园，是县西部最大垄。町内地势起伏变化不大，自然条件较好，农产以水稻为主。一般年景风调雨顺、旱涝保收。

1995 年，罗口町镇和三口湾、紫云桥三个乡镇合并为现今的太和堂镇。

爷爷

爷爷刘恒丰是位中医，最擅长的是治妇科病。他长期靠医病谋生，赚了钱就买地，自己不能种，就出租给人家。租地的都是较贫困的族中晚辈，田地长期包给了他们，每年交点租子，多点儿、少点儿，爷爷都不计较。

我能记得的，就是外面来找爷爷看病的人很多，经常有用轿子从很远的地方抬过来的病人。解放后我听说，还有从长沙、昆明来看病的，说明爷爷的名

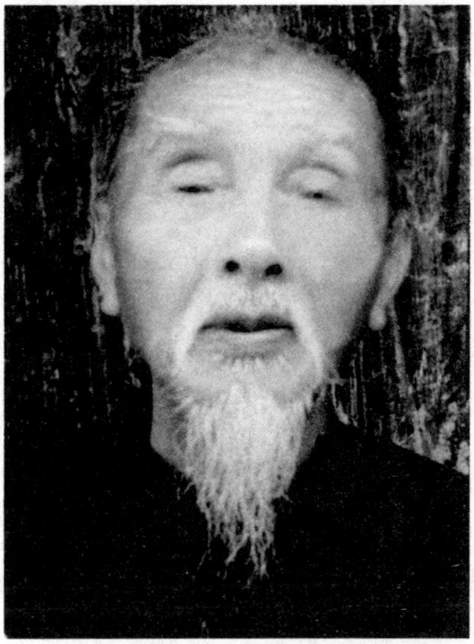
爷爷刘恒丰（1963 年照）

声传得很远。有些人来的时候病得很重，经爷爷治疗后就好了。爷爷看病收费不多，有钱就给一点儿，没钱也就算了。有些从远处来看病的人没住处，就住在爷爷家里。

爷爷很喜欢我。我小时候淘气，拔他的胡子，有时把他的胡子编成辫子，他也不生气。爷爷一有好吃的，就把我叫到他屋里去。爷爷家中只有爷爷、奶奶两个人，奶奶是续聘的。我的亲奶奶、就是我父亲的生母去世很早，我没见过。这个后奶奶对我挺好，记得她做的菜特别好吃，我小时候经常到爷爷家去吃饭，对他们的感情很深。

大概是 1965 年的一天，我突然接到父亲的电报，说爷爷去世了。因离家太远无法回去奔丧，我心中很难过。但那次爷爷却没有死，据说是在入棺的时候，爷爷突然动了一下，不知道什么原因，奇迹般地又醒过来了，于是大家赶快扶他起来，结果他又活了两年多。

爷爷死而复生后的两年多，双眼几近失明，有时大小便失禁，完全靠我母亲和弟弟照顾，几乎每天都要给他洗呀、擦呀。有时弟弟出工，就由母亲一个人干。俗话说“久病无孝子”，在爷爷卧床两年多的日日夜夜中，作为儿媳妇——我的母亲天天要为大小便失禁的公公擦身，换洗弄脏的被褥和衣服，实在难能可贵。

爷爷一辈子为人忠厚，性格随和，一生行医，救死扶伤，深受群众的厚爱和尊崇。在爷爷死而复生的这段时期，还是有很多人前来看病，他凭自己的记忆指导母亲处方施治。爷爷把他一生购买、抄录所积累的所有医书、药方和资料，都给了我母亲，还悉心教她如何诊治疑难病症，并传授给她一些特效秘方。母亲承传了爷爷的医术和秘方，后来也成为当地有名的乡村妇科医师。

1967 年爷爷与世长辞，享年 86 岁。

母亲

母亲曾冰青，出身富裕家庭，小时没缠过脚。她性格温柔而倔强，念过书，受过良好的教育，记忆力很好，毛笔字写得不错，还能写点诗，后来当了乡村医师，开药方，为百姓治病，为不生孩子的妇女造福。

旧社会重男轻女，认为女孩儿长大了要嫁人，书念多了没有用。母亲坚持要念书，认为没有文化不行，最终读到初中毕业。17 岁嫁到刘家，由于家道殷实，有好几亩田地陪嫁，在当地算是很体面的。

母亲是典型的贤妻良母，一心相夫教子。解放后曾不止一次对我说，她一辈子有三大心愿：一是送我父亲念书；二是要修建一栋房子；三是要儿孙都读上大学。爷爷分家后我父亲只有七亩半地，因他在外读书，没有劳力，就租给人家种，每年收点地租，虽不算富裕，却衣食无忧，但要念高中、读大学就困难了。母亲执意要供我父亲念完大学，这算是她最大的一个心愿，于是她省吃俭用，攒下钱供父亲读书用。

母亲曾冰青（1951 年照）

母亲多次去找我舅外公，跟他说，一定要送丈夫去读书，请他给找一个好学校。舅外公是我外婆的亲哥哥，叫雷声溢，号云浦，祁阳小坪西子村（今属祁东县）人。自幼聪慧，学习勤勉。1922 年秋，他借其长兄中学毕业文凭考入北京朝阳大学法律系，4 年毕业。朝阳大学资送学生赴日本留学，在甄别考试中，名列第一。赴日前先回家探亲，当时北伐军已打到湖北，局势已变，他认为北洋时代的公费留学或不可靠，遂逗留在家。1927 年 4 月，经友人舒大祯介绍，赴汉口任国民革命军第八军政治部文书股长。三个月后，国民党清党，政治部解散，他回到衡阳，受衡阳船山中学聘任国文教员。11 月，同乡高炳垓任国民党湖南省党部商民部长，邀他任秘书。在此期间，他目睹官场尔虞我诈，明争暗斗，认为不可久居，决心献身教育事业。1928 年秋，仍应船山中学聘，兼任衡阳第五中学及成章中学教员，后出任衡阳船山中学校长。

因拗不过母亲反复求情，舅外公就把我父亲介绍到船山中学念书。但学费很贵，交不起。外婆看到这个情况，就又拨给我母亲十三亩八分地，这些地算是刘家的，母亲就用每年收的地租供父亲读书，直到父亲从广西大学毕业。

母亲结婚后共生育七个孩子，我下面还有两个妹妹，不幸很小就夭折了。再下面有一个弟弟，名叫刘大旭，现已退休在家照顾母亲，还有三个妹妹，即刘丽华、刘丽君、刘丽满（后改名刘湘华）。

1957 年，全家福（中为外婆，前排右为妹妹刘丽君，左为妹妹刘湘华，后排右为弟弟刘大旭）

母亲第二大心愿就是要建一栋两层楼的房子。她虽然是出身名门的大家闺秀，但不娇气。为供我父亲读书，又要攒钱建房子，所以持家用度非常节俭，吃饭时掉一粒米也要拣起来，衣服破了就打补丁。记得家里晚上这一餐常常是喝稀饭、吃地瓜，就是为了省钱。

不过我是例外，她总是单独做点好的给我吃。

外婆知道我母亲要建房子，雪中送炭，又送给她许多建房和打家具用的木材。那时父亲在广西大学读书，她一个人在家操劳，忙里忙外，千辛万苦，终于把一栋两排两层楼的大房子建了起来，在刘氏大宅院中首屈一指，令人羡慕。但建起三年多当地就解放了，房子分给了贫下中农，母亲曾惋惜地说："早知如此，何必当初。"

母亲第三大心愿就是要送儿孙读大学。我是她的长子，当然就成了他的第一个目标和最大的精神寄托。母亲对我疼爱有加，但从不放松对我的教育，三岁多就开始教我背《三字经》、《百家姓》，逐段给我讲解"人之初，性本善。性相近，习相远"的含义。稍大一点还给我讲述"岳母刺字"、"悬梁刺股"、"孔融让梨"、"孟母择邻，断杼教子"等典故。再大一点儿又教我背诵"床前明月光……"，"锄禾日当午……"，"春眠不觉晓…"等唐宋诗词。她常常教我要"尊敬长辈，尊敬老师，爱护同学，为人诚实，不说假话，勤奋努力，好好学习"，"少壮不努力，老大徒伤悲"，"讲仁义，重名节"等儒家伦理道德。每当有长辈、客人来家时，她就要我在他们面前背诵一段，大人们对我的夸奖，自然使她十分高兴。

外婆与妹妹刘湘华（1955 年）

母亲笃信佛教，记得小时候常常带我去祠庙，烧香拜佛，十分虔诚。还常给我灌输要"与人为善、慈悲为怀"，"人生有轮回，今生做好事，来生变好人"

及“温、良、恭、俭、让”之类的思想。现在回想起来，这些简单而朴素的东西，对我的成长还是起了一些潜移默化作用。

母亲70岁以后，又多了一个心愿，即死后一定要“土葬”，不要火化。她自己在刘氏祖坟的山坡上，早就买好了一块不大的地方，并将自己省吃俭用积攒下的5万多元钱存入银行。她多次给我打招呼，说：“人生自古谁无死，留得清白在人间。”说她百年之时，不要铺张浪费，一切从简，只花她自己存下的钱就足够了，这样她在九泉之下才能安心。

母亲她老人家这一辈子享过福，也吃过苦。几经变迁，解放时家中6口人，土地十七亩半，土改中全家只母亲一人被划为地主，挨过批判，受过管制，但当地父老乡亲对她是比较温和的，当地政府和领导，对她也是关心和照顾的。1950年，我在祁阳读书时患病，乡政府一位洪乡长特批，准许母亲去学校护理我，并表示“如果我去信有事你就回来，不写信你就在校住着，不要回来了”。在“文革”极左思潮泛滥的那段最困难时期，乡政府还特许她给老百姓治病，开一个药方可以收取两毛钱，后来加到5毛、1元、5元、10元不等，也允许她按爷爷的秘方自制一些特效药卖给病人。

母亲对政府和父老乡亲心存感激，尽心尽力为百姓治病，还努力干一些自己力所能及的农活。每当有病人来家诊病，她边看病、边聊天，了解病人家庭情况，帮助解除思想包袱。对比较贫困的危重病人，她一般都不收费用，有时甚至将我们孝敬她的西洋参、东北人参、三七、北黄芪（她认为南方黄芪药力不好，每年我们都从北京同仁堂买一些上等北黄芪寄回去给她配药）等补品，无偿赠送给那些最困难、最需要的病人。所以，“曾医师”在当地有较大的名气，也有不少人从云南、四川等地慕名前来治病。人们来看病时，按当地习俗捉只鸡、提只鸭、拿包糖果或点心是常有的事儿，但病人走时母亲总要回赠她们一些礼品，否则她决不收取人家的东西。对那些没有钱抓药的病妇，有时她送50元、100元抓药钱的也不在少数。我几次在家看到，特意问她为什么，她说：“我不能乱收别人的东西，送点钱给别人是积阴德，自己心情愉快，来世可以变好人，也保佑你们大家在外工作万事如意，一切顺利。”

1979年，党中央宣布给土改时划为地主的人摘掉帽子，重新享有平等的公民权。母亲对此特别高兴，还给我写来一封信，其中特别提到“万分感谢共产党，感谢邓小平，英明伟大，给我摘了帽子，让子孙后代不再受我的牵连和影响。”

母亲关心家乡建设，爱做善事。1986年她给我写信，说刘家宅院正前方的白花江原有的木桥被大水冲走了，乡亲们希望能建一座以石为墩、钢筋水泥为面的桥。她说这样使老百姓出行方便，是积德行善的大好事，但自己没有能力捐这么多钱，问我能否捐资1万元将桥建好。当时我每月工资不多，但这是母亲的美意和心愿，又对老百姓有利，便欣然同意汇去1万元。村里很快便将桥修好，落成之日举行了典礼，放了不少鞭炮。桥头还立有白花桥碑一块，碑文为：德留千秋通一路，功在万代建大桥。横幅为：功德永存。这本是一件应该做的小事，没想到父老乡亲们却郑重地立碑留念，令我十分感动。

1986年，捐资建桥，百姓立碑纪念

2010年，母亲年届92岁高龄，趁春节之际我回到家乡，这是我离家60年来第一次携妻儿老小一起回家陪她过大年，老人家十分高兴。我在得知家乡要修建乡村公路尚缺部分资金时，与母亲、家人商议，捐资5万元，后因当地政府筹资不足，我再捐资6万元，共计11万元。母亲对我此举大加赞许。这条路现已修好，2010年12月18日全村和邻村老小齐出动，参加了村民委员会举行的隆重通车典礼。

2005 年，与 88 岁高龄的老母亲合影（后排左为儿子刘英杰，右为女儿刘玉娟）

唐代诗人孟郊的《游子吟》写道：“慈母手中线，游子身上衣。临行密密缝，意恐迟迟归。谁言寸草心，报得三春晖。”诗句字里行间饱含着母亲对游子的关爱和思念，情深意切，十分感人。从自己亲身的经历中，我深深地感受到，母爱是人类最纯洁、最无私、最珍贵的情感，母爱是伟大而无微不至的，是只知道给予而不企求回报的。为了儿女，母亲总是心甘情愿地牺牲一切。而我们做儿女的，对母亲的回报又能有多少呢？我常常想，世界上每一个人，都无不享受过母亲所给予的关爱、幸福和快乐，这恐怕正是我们人类能够繁衍生息的无尽源泉，是一种无与伦比的伟大力量吧。

父亲

父亲刘飞鸿，号木生，原名刘维琪，生于 1918 年。

1939 年，父亲在衡阳船山中学读书时，因与训导教官吵架（训导教官要求学生剃光头，他不服从），被“勒令退学”。1940年初，他赴湖南宁县报考广益高中，因为没有证书，就找到同学刘鸿，借用他的证书，在刘鸿的名字中间加了一个“飞”，以后就一直叫刘飞鸿了。

1952年，父母合影

解放前父亲有个坏毛病，爱打牌赌钱，因此常与母亲吵架。有时一吵起来，母亲就赌气回到外婆家，所以我小时候经常被母亲带去外婆家住。

父亲从广益中学毕业之后，考进了广西大学。开始学的是经济，后来他感到学经济没出息，就转学农业系。期间日军侵犯广西，学校停办一年，所以他在广西大学实际上读了6年。那时年幼，我记事不很清楚，只记得父亲每年从广西回来时，总要带一点金橘给我们吃。

1947年，父亲从广西大学毕业。

父亲有过很多照片，我小时候常拿出来翻看。其中有一张大学毕业时穿戴学位服饰的，可惜“文化大革命”中“破四旧”时被抄走了。

父亲在读书求学期间，还断断续续在永安小学教过两年书，之后，他受聘到祁阳刘氏私立崇汉中学当教师。

刘氏私立崇汉中学的校长叫刘兴，号铁夫，湖南祁阳县人。刘兴是保定陆军学校第一期毕业的，北伐时期曾任国民革命军第36军军长。抗日战争中，刘兴由陆军中将晋升为上将，连任第16军团的军团长，第26集团军总司令，江防总司令等要职，后兼任南京卫戍司令长官部副司令长官，协助唐生智，以与日军血战到底的决心，策定了守备南京的计划。从南京撤退后，蒋介石令刘兴回任江防总司令，但他却辞职回原籍休养。1942年秋，刘兴在家乡天马山下创办了刘氏私立崇汉中学，自任校长。

1949年5月，程潜邀刘兴商议举行和平起义事，到长沙面见程潜和唐生智，接受任务并会见了中共湖南省工委负责人。解放后程潜任湖南军政委员会主席，后来还担任过全国人大常委会副委员长，1958年7月任湖南省省长。唐生智以后担任过第一届全国人大代表、国防委员会委员、湖南省副省长、政协副主席。刘兴则在1950年2月返回长沙，被任命为湖南省人民政府委员兼参事室副主任，后兼任湖南省体育运动委员会副主任，1963年病逝。

刘兴校长礼贤下士，听说我父亲是大学毕业生，于是托刘德操先生介绍，于1948年亲自到罗口町家中与我父亲见面，诚聘父亲为崇汉中学教师，双方签了合同书。那时教师的薪水不发钱，而是发谷票，大概一个学期80担谷。有了谷就可以变卖，换成银元或钞票。

崇汉中学师资力量很强，教师基本上都是大学毕业，念过洋书的。父亲主要讲授生物课程。他讲课绘声绘色，十分生动，学生很爱听。同时，父亲还在重华中学和祁阳县中兼授高中生物课。他为人比较讲义气，特别喜欢会读书的学生。在崇汉教书期间，先后给十几位家境困难的同乡学生代交过学费。父亲曾代授英语，还当过学校的教导主任。他为人耿直，性子急躁，脾气不太好，不会拐弯抹角，有些老师对他安排的课有意见，相互争吵，他一气之下干脆辞职不干了，说我还是当我的老师吧。

1952年4月，祁东与祁阳分治，县城设在湘桂线上的洪桥镇，位于祁阳之东，故名祁东。当年父亲从崇汉中学调入祁东中学教书，我初中毕业，考上该校高中。

祁东中学位于风景秀丽的县城鼎山南坡，校内绿树成阴，环境幽静。该校前身是湖南私立达孝中学，创建于1941年8月。周斓先生是第一任校长，他曾任国民革命军第17军军长。1948年由雷声溢（我的舅外公）代行校长职务。1955年改为祁东县第一中学。但祁东中学高中只办了一年即奉命停办。1953年8月我们高一班同学全部转入祁阳中学读书。父亲因系高中部教师，也奉调到祁阳中学任教。

2007年回到母校祁阳一中

祁阳中学创办于1912年，中间因战乱几次更名和停办，现已有近百年悠久历史。它位于祁阳县城东天马山麓，湘江之滨，依山傍水，风景秀丽。祁阳文昌塔在祁阳中学西侧，矗立在“万卷书崖”之上，与浯溪碑林遥相呼应，为省级重点保护文物。

祁阳中学校内古樟参天，芳草成茵，风景秀美宜人。在长期的办学过程中，学校萃集了一批学有专长、有志于教育事业的优秀教师，教育质量位于全省中学先进行列，1955年被评为湖南省重点中学，现为全国现代教育技术实验学校之一。

陶铸（注2）同志也是祁阳人，家族离祁阳县城不远，也是一个大户。他有一个堂弟叫陶均，与我父亲是广西大学的同窗好友，又同为祁阳中学的教师。解放后陶均家划成地主，当地土改要交钱，交够了钱就可以不受批斗。当时他家一下子拿不出那么多钱来，父亲还曾借给了他一笔钱。

父亲在祁阳中学仍主讲生物课，并担任班主任，还负责学校的绿化工作，因父亲的建议，1953年学校从衡山购回了一批柏树树苗种在校园内，现在一中的许多参天大树都有当年父亲流下的汗水。

除讲课之外，父亲常常自备材料或自己掏钱购买实验材料，尽可能多开一些生物实验课，他常带领学生优选水稻良种，搞试验田，以提高水稻单位产量。

因工作积极，成绩优异，1955 年被评为湖南省优秀教育工作者，出席了湖南省第一届先进教育工作者大会，会上又被选为在武汉召开的中南区先进教育工作者大会代表。后来父亲告诉我，在祁阳一中工作期间，省里曾两次调他到湖南农学院任教，均因县里和学校不同意而未能实现。

1959 年 6 月，我在北京航空学院（简称北航）入党，父亲为我感到十分高兴。我多次写信给他，动员他争取加入党组织。以后父亲成为入党积极分子，是学校党支部重点培养的对象，但因家庭出身问题影响，审查和培养的时间较长，还没能够入党就发生了“文化大革命”，他被打成“反动学术权威”，还被污蔑为“逃亡地主分子”。父亲脾气急躁，对“造反派”说：“你们这几顶帽子我都不接受。”“造反派”就给他搞“喷气式”、关“牛棚”，下放到观音滩煤矿当会计、做管账之类的工作。之后又被下放到农村，在老家待了很长一段时间。

父亲患有高血压病，因长期受批判、接受改造，未得到很好的治疗，病情逐渐加重。1985 年 9 月突患脑血栓，虽经抢救脱险，仍成半身不遂，后瘫痪在床长达两年之久。因弟弟刘大旭、妹妹刘湘华分别在冷水滩和祁东一中任教，瘫痪在床的父亲，主要由母亲和妹妹刘丽君在家照顾。1987 年，父亲病情再度恶化，终因医治无效，于当年农历九月十九日去世，享年 70 岁。

父亲在世时，对我十分关心，要求严格。整个中学期间，我们始终同在一个学校，虽然我住集体宿舍，但他仍经常抽空检查我的作业，指正错误，找我谈话，沟通交流。我在北航读书期间，他经常来信，鼓励我努力学习，跟上社会和时代的潮流，做好社会工作，争取进步。因家里人口多，又没有其他经济来源，主要靠他微薄的工资支撑全家人生活，他意识到了自己的责任，生活简朴，注意节约每一分钱，彻底改变了大手大脚的生活习气，与解放前判若两人。

“四人帮”垮台后，党中央拨乱反正，纠正“冤假错案”，给父亲平了反，恢复名誉，补发了工资，他重返祁阳一中教书。“文革”中虽然受到严重冲击和批斗，但父亲能正确对待，仍一如既往地积极工作。为了支持弟弟出来工作，他申请提前退休，又回到农村老家落叶归根，帮助母亲抄录并整理药方、给人治病，闲暇时与大宅院四邻老乡聊天、下棋，每逢年节又忙着给家家户户写对联，享受晚年的恬适生活。虽不算富裕，但心情舒畅，直到因病逝世，走完了他平淡而又丰富多彩的人生之旅。

注释：

1. 纪元：指中国历史上自汉武帝开始的帝王年号。《汉书·武帝纪》上记载："武帝建元元年，师古曰：自古帝王，未有年号，始起于此。"汉武帝把自己即位的第一年（西元前一四〇年）追订为建元元年，"建元"就是建为元年之意，表示年号纪元开始使用。因此，史学家把建元元年作为中国史上的第一个年号纪年的开始。

2. 陶铸（1908. 1. 16—1969. 11. 30)，又名陶际华，号剑寒，化名陶磊。1908年1月16日，陶铸出生于湖南省衡永郴桂道祁阳县石洞源榔树村（今祁阳县石洞源陶家湾村)。1924年考入衡阳湖南省立第三师范学校（湖南三师)，1926年入黄埔军校第五期学习。同年加入中国共产党。曾参加南昌起义，广州起义。1933年到上海，在中共中央机关工作。1940年到延安，任中共中央军委秘书长、总政治部秘书长兼宣传部部长。1945年任中共辽宁、辽吉、辽北省委书记兼辽西、辽北军区政委。1947年8月兼任东北民主联军第七纵队政委。辽沈战役后任中共沈阳市市委书记。1949年3月任第四野战军（5月兼华中军区）政治部副主任，并任中共中央华中局委员。

中华人民共和国建立后，曾任第四野战军兼中南军区政治部主任、中共中央中南局常务委员，中南军区党委常委。1951年2月，担任中共广西省委代理书记。1955年7月起任中共广东省委书记、第一书记，同年起兼任广州军区第一政委、军区党委第一书记，并曾兼任广东省省长。1956年9月当选为中共中央委员。1960年10月—1966年8月任中共中央中南局第一书记。1965年1月，被任命为国务院副总理。1966年8月在中共中央八届十一中全会上，被选为中共中央政治局委员、常委，同时兼任国务院副总理、中共中央书记处常务书记兼中央宣传部部长、中央文化革命小组顾问等重要职务。1967年1月遭江青、陈伯达等人的陷害和打击。1969

年 11 月 30 日，陶铸同志在合肥含冤病逝。

1978 年 12 月 24 日，中共十一届三中全会为他平反昭雪。中共中央在北京举行隆重的追悼大会，中共中央副主席陈云致悼词，对陶铸同志的一生给予了高度评价。

主要著述有《理想·情操·精神生活》、《松树的风格》等。

第二章　从私塾到学校

私塾没念几天

父母“望子成龙”，首先把希望寄托在我身上。

母亲是我人生中的第一位老师，在百般呵护和关爱的同时，对我管教很严。我不满5岁的时候，就送我去外婆家读私塾，天天拜孔老夫子。那时候自己年纪太小，不懂事，整天就知道玩儿。依然是上树掏鸟窝 、抓知了、网蝴蝶。有时候爬树摔下来，母亲不仅不哄还要斥责我。

私塾里学生有大有小，大欺小是常有的事儿，我不服输就和他们打架。我因年幼，坐不住，又喜欢动手动脚，搞点小动作，扰乱了课堂秩序，先生就不高兴。对于私塾教的古文，因我不解其意，背不出来，先生就用竹板打手掌心。有一次我和先生顶嘴，被打得很重，小手又红又肿还出了点儿血，我回家大哭，趁机诉苦告状，母亲心疼，对先生有意见，但还是要我去读书。外婆见我年纪太小，担心读书太早会把脑子累坏了，母亲与外婆争来吵去，最后外婆得胜，决定不让我去读私塾了，留在外婆家玩耍。就这样，我在私塾里没念几天就回来了，由母亲继续当家庭老师，教我读书识字。

永生难忘清江老师

我的启蒙教育在罗口町永安小学。进小学是在1943年3月，当时我五岁半。

“永安”是刘氏私立小学，校长是我的伯父刘维焕。从家到学校，要沿白花江走四里多路，江岸杨柳婀娜多姿，但江水湍急，大水季节，堤岸时有塌陷。父母担心路上危险，就要我在学校寄宿。伯父刘维焕当时还兼任罗口町乡乡长，公务繁忙，不经常住在学校，所以父母就将我托付给刘清江老师。

清江老师教我们语文和算术，年纪与我父亲相仿。他为人正直，和蔼可亲。开始要我与他同睡一张床，后来则架一张小床在旁边给我睡。清江老师对我关爱有加，从未对我发过脾气，同我日夜相伴，我尿床了，他帮着洗涮，晚上辅导我功课，圈点作业。他常常教我：“学习要努力，做人要诚实，男儿当自强，一切靠自己。”他对我倾注了很多心血，形同义父，令我永生不忘。

回到儿时读书的罗口町小学

“滴水之恩，当涌泉相报。”我在祁阳县城读中学、在北航念大学时，还经常给他写信，参加工作后我第一次寄钱回家，就是分别寄给母亲、外婆和清江老师。1989年秋，我回老家探望父母，本想专程去拜访清江老师，得知他已驾鹤西去，给我留下终生遗憾。

私立崇汉中学和附小

1948年，父亲应刘兴校长之聘，要离家去祁阳县城的崇汉中学教书，父母商量，由父亲带我去祁阳崇汉中学附小读书。我觉得这是件了不起的好事儿，感到十分高兴。

崇汉中学坐落在天马山脚下，而附小则在县城里祁阳中仓街刘氏宗祠，这里也是全县刘氏宗族总祠，两地相距有十来里路，不能与父亲同住，我只好又在学校寄宿。崇汉附小不远就是刘兴校长的大宅院，围墙很高，四周有炮楼，还有士兵站岗把守。

我姨父李畅如时任祁阳县印刷厂厂长，住所距崇汉附小不远，他的儿子李端生也在崇汉附小念书。姨父要我们两个人每天早晨走路去他家中喝牛奶、吃鸡蛋，既补充营养，又锻炼身体。

我在崇汉附小读了两年小学，成绩优良，很得老师喜爱。

1950年初，我得了一场重病。后来母亲告诉我，那次病得很厉害，高烧不退，多次昏迷不醒，大家都觉得好像没有希望了。在县医院没有治好，父母焦急就将我接出医院，住到姑父所在的印刷厂内，又将爷爷从老家接来祁阳。母亲对爷爷说，一定要想办法把我治好。但面对长孙，爷爷不敢下重药。于是又请来一位著名老中医（叫什么名字我记不清了），爷爷与这位老中医仔细研究着如何开方。那位老先生开了一味药——细辛。中医有一个说法，“细辛不过钱”，就是说这个药毒性很大，不能多用。《本草别说》上讲：“细辛，若单用末，不可过半钱匕，多即气闷塞，不通者死。”“半钱匕”约1克。但他一下开了两钱（1钱约等于3.72克），爷爷认为用药过猛，不大同意。老中医却坚持要“以毒攻毒”，两人各执己见，反复切磋研究，拿不定主意。母亲焦急了，说死马当活马医，还是照那个老中医的意见去抓药。服了这剂药，情况有所好转，我苏醒过来，再经过一段治疗，病慢慢地好了。一谈起这件事，我们全家都非常感谢那位老中医，是他把我从死亡线上救了回来。

1951 年 5 月，与父母、弟弟合影

1950 年 3 月，我考进崇汉中学上初中，属春季招生入学，后来国家统一改为秋季招生，所以初中实际上只读了两年半。当时刘兴校长已随程潜、唐生智和平起义，到省里去工作了，学校董事会公举我的舅外公雷声溢出任校长。

崇汉中学环境清幽，后面的天马山形势雄峻，大有天马腾霄的气势。山上遍地是油茶树。农历十月到十一月是油茶开花的季节，我常常与一些同学相伴，上山吮吸油茶花蜜。春天就到茶树林中摘茶苞吃。湘江绕过祁城流经学校，层峰绿树倒映江中，游船宛如镜里行驶。明清以来，人们就把湘水澄清和祁山叠翠列为祁阳“八景之一”。暮春时节，由江华放行下来的竹筏木排经过时的号子声更是响遏行云。端午节的赛龙船十分热闹，也是我小时候每年必看的节目。

我还听说从浯溪到文昌塔这段河流里有祁阳的特产竹鱼，味道十分鲜美，不过只是听人称道，从未品尝过。

初中两年半，我的学业有较大进步，也比以前懂事多了。当时刚刚解放，老师们政治热情很高，油印的校报、校刊办得很红火，父亲写得一手好字，也常常主动承担刻蜡板的工作。高年级同学参军、参干十分踊跃。我清楚地记得，在宣传活动中，学校组织排练了《红布条》的文明戏，反映人民获得解放的欢乐情景。

文昌塔，位于祁阳一中与湘江间的“万卷书崖”之上

在学校党组织领导下，我积极参加欢迎、慰问解放军，宣传共产党的方针政策、打击屯粮、哄抬物价等社会活动。那时候女同学少，也比较保守，有些女孩子不愿意参加扭秧歌。老师可能是看我小时候长得还比较俊俏，就选我和几位同学男扮女装，穿上女孩子的花衣服，戴上假辫子，跟着老师打腰鼓、扭秧歌、喊口号，开始我也很不自在，但第一次挺过去也就习惯了。后来学校筹办建立少先队组织，第一批戴上红领巾的就有我，还选我当了带两道杠的中队长。

记得在初中二年级时，有一次我到湘江边去挑水。突然看到江边沙滩上有一捆钱，还有一些散落在周围的票子，我把它们都捡起来，带回去告诉了父母。父亲到处询问，联系到学校的总务主任刘金波老师，才知道是他到县里领取教师工资坐船回来时掉下的，正在焦急地到处寻找。父母就叫我将拣来的钱如数送去给金波老师，他非常高兴，赞扬我的行为，并拿出两张票子给我买东西吃，我当然没有要。学校就在食堂贴了布告进行表彰，又在大会上进行口头表扬。这对我既是精神鼓励，也是一次怎样做人的教育。这件事在我的记忆里一直是很深刻的。

初中三年级时，我被选为崇汉中学学生会主席，又选为祁阳县学联委员。参加的社会活动也更多了，有时还列席学校老师给学生评助学金的会议。虽然社会活动占去了一些学习时间，但却丰富了我的见识，锻炼了自己社会活动的组织和领导能力。

高中经历两个学校

1952 年，祁东县开办第一届高中，我考上祁东中学高一班。1953 年，祁东中学高中停办，我们班被并入祁阳中学继续高中学习，编为高三班，直到 1955 年 8 月毕业。

1950 年 9 月，祁阳中学由浯溪中宫寺迁往文昌书院。第一任校长陈秋云是中共党员。第二任校长陶自强是陶铸同志的胞兄。

我们合并时是第三任校长罗仲农，他学历不高，自学成才，思想进步，工作务实。教务主任为蒋传佐老师，国师毕业，非常能干。在他们领导下，学校发展很快。1953 年，学校改名为湖南省祁阳中学。1959 年，又更名为湖南省祁阳县第一中学。1953 年，上级委任邓国瑛为副校长，并任中共祁阳中学支部书记，同时调入一批高水平的教师加盟，学校的教学力量得到很大的充实。

1955 年 8 月，祁阳一中高中毕业

当年祁阳中学很多老师的课讲得很好，我觉得不亚于大学老师的水平。如高二班班主任郑逢圣，西南联大毕业，抗战时期曾担任盟军美国“飞虎队”的翻译，是我们的英语教师；李才昌老师是中共地下党员，教授物理；我父亲广西大学毕业，教授生物；陈烈老师，广西大学毕业，教授语文；毛冠勋老师教授数学；刘集汉老师教授化学；桂多荪老师讲授历史。这些老师备课非常认真、讲课生动有趣，为我们的成长奠定了坚实的基础，他们后来都成了祁阳和湖南省中学教育界的名师。半个多世纪过去了，他们的音容笑貌仍不时浮现在我的脑海中，难以忘怀。

2004 年，与祁阳一中李才昌老师在一起

当时我们高三班班主任陈烈老师根据《卓娅与舒拉的故事》中讲述卓娅参军的一章，编写了一幕话剧。他挑选我在剧中扮演莫斯科团市委书记，我的同届同学、祁阳一中退休教师杨先德的夫人徐惠芳（已故）扮演卓娅。这幕自编、

自导、自演的话剧在学校和县里演出多次，收到很好的效果。在高中时我喜爱体育活动，由于个子高，被刘显煜老师选去打排球，参加过县运动会比赛，拿过冠军。

整个高中期间，我学习很用功，成绩始终位列年级前茅，第三年上学期被评为学校“全面发展的优秀学生”（全校共评出三位同学），发了一个奖状、奖励一本书——《卓娅与舒拉的故事》，这件事给我留下深刻而美好的回忆。

在祁阳中学两年学习期间，我的好朋友刘隆亨同学担任团总支书记，当时我担任校学生会主席、县学联副主席和班上团支部书记，作为搭档，我们俩人配合十分默契，心情愉快，结下了深厚友谊。

高中毕业时与同学合影留念

重返母校

光阴似箭，日月如梭，转眼间半个世纪过去了。

2004年4月，我应祁东县领导的邀请返回故里。在参观座谈中，我深切地感受到祁东县城翻天覆地的变化，短短50年间，从小小的乡镇发展成为一个现代化县城。这一切，除了受益于党的改革开放政策之外，也是与历届县委、县政府的卓越领导和家乡人民的勤劳勇敢、艰苦奋斗、团结拼搏分不开的。

2004年与夫人在祁东一中老食堂前

在母校祁东一中，我受到学校领导和师生们的热情欢迎，心中十分激动。

在谭斌生校长陪同下，我与老伴段兰芳参观了学校的教学楼、实验室和体育馆。50年前我们俩人都在这里读过书，总想找回一些当年的记忆。但摆在我们面前的却是一座座崭新的教学大楼和学生宿舍，倚坡而建，层次分明，错落有致，很是壮观。教室宽敞明亮，实验室设备齐全，水泥路面平整光滑，与当年的破旧教室、杉木树皮盖顶的土走廊形成了鲜明的对比，这也是我们国家和社会取得巨大进步的一个缩影和见证。

回到母校，总想看到一点当年的东西，谭校长微微一笑，心中会意，领着我们拾级而上，向高坡走去，在半山腰找到了我们当年用餐的老食堂。这是现在仅存的一座老建筑物，我兴奋不已，忙与老伴摄影留念。

2004 年 4 月 10 日，会见恩师刘纪生（右二）、刘晓初（右三）

新建的礼堂前，远远看见当年的恩师刘纪生、刘晓初两位先生与师母站在门口，我们跑步上前，与他们热情握手，紧紧拥抱。看到他们身体健康，神采奕奕，心中无比激动。1952 年，我们在校读书时，纪生先生年轻有为，一表人才，担任学校团委书记，后升任校长。晓初先生则先任教务主任，后任副校长。

9 时 30 分，在两位恩师和谭斌生校长等领导陪同下，一起来到学校礼堂，1300 多个椅子已座无虚席，其中还有祁东二中派来的 200 多位代表，他们全体起立热烈鼓掌欢迎我们。看到这一张张年轻、微笑而幼稚的脸蛋，就像早晨七八点钟的太阳，朝气蓬勃、充满活力，感到由衷高兴。这些小朋友现在是我的小校友，20 年后就是国家的栋梁之材，30 ~ 40 年后，他们当中可能会涌现出几位科学家和企业家，亦或有院士、将军和部长。我们的事业后继有人，他们必将为中华民族的伟大复兴做出各自的突出贡献。

谭斌生校长致欢迎词后，我走上讲台，首先向当年辛勤培育我的两位恩师深深三鞠躬，对他们表示崇高的敬意和衷心的感恩之情。然后我给同学们做了

《动力与飞翔——世界航空百年的回顾和展望》的科普报告，其主要内容取自中央电视台10频道在北京航空航天大学现场给我录制的航空百家讲坛《飞翔的动力》，又增配了一些文献资料影像片段，以增加他们对飞机及其“心脏”——航空发动机的了解，收到较好的效果。会后许多同学紧紧将我围住，问了许多科学问题，上至太空，下至地理，许多问题都很“专业”，表明了他们对国家航空航天事业的关心和热爱。许多小朋友拿出小本本要我签名题字，我尽力一一满足他们的愿望。因为人太多，最后还是谭校长出面，才帮我解了围。

给母校师生讲航空科普讲座——《动力与飞翔》

在离开母校之前，应校领导热情邀请，给母校题词：

三湘四水，人杰地灵。
振兴中华，舍我其谁。
——与母校师生共勉
刘大响
2004年4月10日

是夜，回到宾馆，心绪起伏，兴奋难眠。赋诗一首：

小少离校老大还，鬓丝染霜慨万千。
辛勤园丁神奕采，涌泉感恩翱蓝天。

次日，我又以同样激动的心情浏览了祁阳县城。县委、县政府和县人大领导首先陪我乘车游览了县城主要景点，街上已见不到当年的石板街和碎石路，全是宽阔整洁的水泥道路，两旁大厦林立，牌匾琳琅，好一派繁荣景象。因祁阳刘姓七代祖廷辉公出仕邑驾北平有功，圣恩赐坊祁城北门为罗口门，现已改名叫人民路，仍是祁城繁华的商业地段。当年整个县城不足 2 千米^2，人口大约 2 万，现今城区面积已扩大到17 千米^2，常住人口 18 万人以上，发展之神速，大大超乎想象。

因我是全国人大常委会委员，祁阳县人大常委领导坚持一定要陪我到祁阳一中。我们从斜坡马路走上去，就见到校门金碧辉煌，挂有“湖南省重点中学”和“全国现代教育技术实验学校”的匾牌。校门两边的对联是：

宝塔镇书岩，多士于斯破万卷；
黉宫傍天马，群英首此着先鞭。

2004 年，回母校祁阳中学与老师合影

进入校门登上台阶，两边塔松挺立，好似肃容延客。校门左边，操场前面建有科学大楼，对面远处树有“铎韵文昌”的大石碑。校门的右手边建有一栋教学楼，一栋综合大楼。沿着水泥道往下走，又见到两排教学大楼，巍然挺立。前面的樟树林绿叶茂密，好似展开的绿色屏障。与20世纪50年代相比，学校面貌全然一派新气象，只有学校的办公楼规模未改，其外墙已被白瓷砖装饰过了，旧貌变新颜，给人以庄重之感。

我们一行受到时任校长桂夏生等领导的热情接待，与相约的邓国瑛老校长，李才昌、唐建义、蒋炼等恩师见了面。50年了，师生见面好不激动和欢愉！他们虽然头发白了，皱纹多了，但音容笑貌一如当年。回忆往昔，畅述心情，我似乎又回到了中学时代。随即与恩师们合影留念。邓校长还回忆起当年植树时的情景，提议陪我到当年父亲种下的柏树前照了像。接着我到学校新建的图书馆会议厅给部分师生做了《飞行百年发展史》的科普讲座，向同学们介绍了世界航空百年的历史、我国航空的现状和未来100年的发展前景。同学们感到内容新颖动听，启发想象，更激起他们奋发努力、激情进取的动力。

蒋炼，湖南祁阳一中教师，现年89岁

后来，我收到恩师蒋炼老师赠送我的题诗和墨宝，令我十分感动和感谢。

中午，县委赖中霖书记，县人大陈运祥主任、伍刚桥主任盛情邀请学校领导和老恩师们一起在城内万寿宫宾馆会餐。我们相聚时间确实很短，但激起的情感浪花却起伏不止，在以后的日子里还常常勾起我的无穷回味。

午餐后，桂夏生校长陪同我到陶铸中学参观。陶铸中学就是我读初中时的刘氏私立崇汉中学，1953年8月从天马山迁往浯溪唐代浯溪书院旧址。

1959年更名为祁阳县第三中学，1988年为纪念陶铸同志诞辰80周年，经国家教委和省政府批准更名为陶铸中学，受到曾志同志（陶铸同志夫人、原中央组织部副部长）和省、地、县各级党政领导的高度重视。老一辈无产阶级革命家王任重同志亲笔题写了校名。由于当年我的老师绝大部分已作古，个别健在的分散在各地，加上时间太短，也来不及给同学们讲座，只与学校领导进行了短暂的座谈和参观，留下了深刻而美好的印象。

与弟妹们在父亲栽的柏树前留念（祁阳一中）

陶铸纪念馆

从陶铸中学出来，我们随即前往陶铸纪念馆参观。陶铸同志曾任党中央政治局常委，国务院副总理，是伟大的无产阶级革命家、祁阳人的骄傲。在祁阳老百姓心目中，他享有崇高的地位。家乡人民为了寄托对他的怀念，在浯溪公园立了铜像；在他小时候打过柴的地方建了陶公亭，还开辟了陶铸森林公园。公园里的松树郁郁葱葱、生气勃勃、傲然屹立。

我对陶铸同志从小就充满着崇敬的感情，一则他是我的同乡，倍感骄傲和亲切；二则他的堂弟陶均是父亲广西大学的同窗好友，也是我在崇汉中学的恩师；三则刚一解放他就来到祁阳中学视察访问，一直成为母校的光荣校史和佳话；四则最重要的一点，就是他的散文《松树的风格》，对我的人生进步起到了重要作用。这篇著作曾编入中学教科书，影响了千千万万的青年学子献身于党的革命和建设事业。

陶铸塑像前留影

对《松树的风格》，我年轻时爱不释手，读过不止10遍，对确定我的革命人生观起到了重要作用。在它的影响和激励下，我从政治上、思想上与封建家庭彻底划清界线，放下包袱，轻装前进，于1959年加入了中国共产党，投身于革命事业，愿为实现共产主义远大理想、祖国的繁荣昌盛、人民的幸福生活而贡献自己的一切，乃至于整个生命。

进入陶铸纪念馆，我们在他的铜像前肃立，默哀致意，照相留念。过去虽然对陶铸同志十分敬仰，但通过这次参观，我才第一次真正系统地了解到他伟大的革命一生。陶铸同志在《松树的风格》中写道：

杨柳婀娜多姿，可谓妩媚极了，桃李绚烂多彩，可谓鲜艳极了，但它们只是给人一种外表好看的印象，不能给人以力量。松树却不同，它可能不如杨柳与桃李那么好看，但它却给人以启发，以深思和勇气，尤其是想到它那种崇高的风格的时候，不由人不油然而生敬意。

我每次看到松树，想到它那种崇高的风格的时候，就联想到共产主义风格。

所谓共产主义风格，应该就是要求人的甚少，而给予人的却甚多的风格；所谓共产主义风格，应该就是为了人民的利益和事业不畏任何牺牲的风格。

每一个具有共产主义风格的人，都应该像松树一样，不管在怎样恶劣的环境下，都能茁壮地生长，顽强地工作，永不被困难吓倒，永不屈服于恶劣环境。每一个具有共产主义风格的人，都应该具有松树那样的崇高品质，人们需要我们做什么，我们就去做什么，只要是为了人民的利益，粉身碎骨，赴汤蹈火，也在所不惜，而且毫无怨言，永远浑身洋溢着革命的乐观主义的精神。

陶铸同志是这么说，也是这么做的。在规划祁阳石洞源水库时，他毅然批准同意淹没自己的故居，也同意淹没自己家的祖坟。水库的建成，让家乡的几千亩农田旱涝保收，使水库的引水渠流经之处的老百姓都喝上了洁净甘甜的自来水。他真正践行了我党“立党为公，执政为民”的宗旨。我想，以他当年的高位和权力，如果没有“松树”般的高风亮节，是很难做到这一点的。

在改革开放的今天，我们更要继承和发扬陶铸同志倡导的松树风格，使我们的党永葆青春。

重游浯溪

从陶铸纪念馆出来，我们一行顺势来到浯溪，这是我小时候经常去游览的地方，当时年纪太小，只是玩耍而已。时隔半个世纪后故地重游，对浯溪才有了更多、更深刻的感受。

浯溪碑林是中华民族文化的瑰宝，位于祁阳县城南大约两公里的湘江南岸，现为全国重点文物保护单位、国家 AAAA 级旅游景区。据导游介绍，唐代大散文家、诗人元结于广德元年（公元763年）任道州刺史时，乘舟过此，爱其风光殊异，将小溪命名为“浯溪”。于是，始有“浯溪胜境，雄冠三湘”之誉。此地湘江曲折，溪水迂迴，怪石嶙峋，古木参天，苍崖石壁连绵78米之长。

因时间有限，这次我们只重点观赏了千古传诵的《大唐中兴颂》。它是由元结所撰写，后由唐代著名书法家颜真卿刻于浯溪摩崖之上，因其文奇、字奇、石奇，故有浯“摩崖三绝”之称。《金石萃编》称“碑高丈二尺五寸，宽丈二尺七寸”，高宽都在450厘米左右。左行直书，21行，满行20字，不计题名款署，序颂共有263字，每字直径约16厘米，笔力遒劲，珠圆玉润，据说是颜真卿生平的得意之作，也是我国古代有名的摩崖石刻之一。北宋著名诗人黄庭坚称赞：“大字无过《瘗鹤铭》，晚有名崖《中兴颂》。”《中兴颂》以“力拔山兮气盖世”的壮丽风格著称，体现了颜真卿慷慨正直的品德。此后，历代游览者中的文人墨客，也纷纷在这里题词刻诗，以致使得浯溪周围好几里的岩石上都刻满了碑文，浯溪碑林也就成了唐、宋、元、明、清诗文题刻和各种书法的宝库。

据我祁阳中学的老师桂多荪先生在他所著《浯溪志》中介绍，历代文人墨客游览时留下的诗、铭、赋、文摩崖石刻，多达489块，加上遗失活碑约30块以上，总数应在500块以上。面积大者9.6米^2，小者0.9米^2，其中尤以黄庭坚、米芾、吴大澄、何绍基的碑文最为引人注目。浯溪碑林为我国史学、文学、文字、书法的研究和鉴赏保存了大量非常珍贵的资料，特别在文学、书法、篆刻上更有着十分重大的价值。

第三章　北京航空学院

想考清华

我是属牛的，属牛的人都会有点儿牛脾气，但总是勤奋劳作、不畏艰辛、任劳任怨、奋力向前。我常常想，自己的天分并不很高，也不那么聪明，但笨鸟先飞，从小读书刻苦用功，所以学习成绩才比较好。在中学时期，尽管我担任过3个中学的学生会主席，社会工作比较多，但由于能够较好地处理工学矛盾，所以每年考试都排在年级前10名之内。无论在班上、在年级、在学校，都深得领导、老师和同学们喜爱，他们都称赞我是出类拔萃的。

我们农村缺电，县城里也缺电。我刚到县城里念书时用的是蜡烛，后来好一点儿，用汽灯，点亮之后发出白光，每个教室两盏，这就算很先进了。一直到我们毕业前两年，学校才开始有了电灯。学物理时，自己就感觉到电的重要，学校用上电以后，就更深刻地认识到没有电国家就发展不起来，所以高中毕业我就想报考清华电机系，将来搞发电。有这样的愿望，班主任陈烈老师、教物理的李才昌老师都很支持，极力向我父亲推荐，鼓励我报考清华大学。父亲也很同意我报考清华大学电机系。

当然，能不能考得上清华，自己也没有太大的把握。当时高考的录取率比较高，好像80%以上是可以录取的，而且那时高中毕业学生也比较少。

有一天父亲突然找我，要我每天回家吃点鸡蛋、蒸肉丸子。我不知道发生了什么事情，父亲说学校有老师向他透露消息，有可能要选我读留苏预备生。后来留苏预备班没有去成，主要是因为家庭出身不好。但没过几天，父亲又告诉我说组织要推荐我报考北航。后来我才知道是北航的一位领导，名叫张仲禹（即后来北航发动机系的党总支书记，是个老革命），带队到我们学校招生，挑选优秀毕业生。经政审后，选定了8名学生，其中有我一个，要求我们第一志愿一定要填报北航。当时虽然是推荐保送的，但还是与其他同学一样，要到衡阳去参加全国统考，成绩太差的也不行。我当时向学校党支部邓国瑛书记提出，能不能第一志愿报清华，第二志愿报北航，他说不行。

北航是国家重点高校，政审很严，有些神秘，能保送考北航，我自己当然很高兴，父母也很高兴。最后考试得多少分我不知道，反正就这么进了北航。

与陈懋章院士在实验室

学校推荐保送的8名同学，最后考取的有6人。

我搞了一辈子航空发动机，老实说并不是自己从小就立志“航空报国”，当时我确实没有这个想法。那时候自己一心想搞发电，想为国家工业化、电气化建设出点力。我之对于航空，特别是航空发动机事业，可以说是“先结婚、后恋爱”，但爱得很深沉、很执著，从来没有后悔过。

跨进北航

北京航空学院成立于1952年，是在原清华大学、北洋大学、厦门大学、四川大学等8所高校航空工程系基础上合并建立起来的，是我国培养航空、航天工程技术和科学研究人才的著名高校。拥有包括沈元、高镇同、高为炳、陆士嘉、徐华舫、林士谔、王俊奎、宁榥、王绍曾、张桂联在内的一大批著名教授，水平高，实力雄厚，是培育中国航空航天科技人才的摇篮。

1955年9月初，当我跨入北京航空学院的大门时，第一眼看到一条非常醒目的大标语——“欢迎你，未来的红色航空工程师!”那一刻，仿佛有一股热流涌向我的全身，心里感到无比振奋和喜悦。

当年能考入北航学习是很不容易的，因为北航不仅对学生的学习成绩要求很高，而且政治条件要求也很严格。学习再好，如果政审不合格，也进不了北航。所以，能被北航录取，我感到是党对自己的信任，内心十分激动、骄傲和自豪，有一种无以名状的优越感。

与北航武光校长在一起

祁阳中学有6位同学考入北航。因为我曾经当过学生会主席，所以自然成为大家的一个中心，每逢节假日经常相约聚会，一起到颐和园、北海、香山去玩。那时不论是到天安门、到香山都是步行去。北航位于北京西郊，坐公共汽车一是太挤，二是没钱，虽然票价便宜，也舍不得花钱乘车，当然主要还是仗着我们血气方刚、年轻力壮。

刚进北航，印象最深的就是参加国庆游行和狂欢。

那时每年两次，一次“五一”，一次“十一”，白天有天安门前的阅兵、游行，晚上有天安门广场的狂欢。我们是9月进校，高年级同学负责组织。到三年级后，有些同学就不争着去了。为什么呢？一是要把名额让给一、二年级同学；二是实在太累了。每次游行的头天晚上要步行到天安门附近的一所中学集结，天未亮就要排队，等到10点才开始阅兵和游行。中午回到中学休息、午餐，晚上再参加狂欢，一直持续到半夜才能步行回学校。

1955年10月1日，我第一次参加国庆游行，通过天安门时，仰望城楼上的毛主席、少奇同志、周总理 、朱总司令等老一辈无产阶级革命家，心情无比激动，是毛主席和中国共产党领导人民闹革命，推翻了“三座大山”，灾难深重的中国人民从此站起来了，只有共产党才能救中国！我眼里含着泪花，发自内心地同大家一起高呼“毛主席万岁！”“中国共产党万岁！”晚上又去天安门广场参加狂欢、看烟火，真可以说是“心潮澎湃，心花怒放”。自己从一个小县城来到首都北京，从来没有见过那么宏伟壮观的场面，感到非常震撼！当时曾想过，将来工作后如果有机会把父母接来看一看，那该有多好啊！那时没有电视转播，他们在湖南根本看不到北京鼓舞人心的场面。我心情非常激动，思绪万千，对国家的繁荣富强信心百倍，也充满着种种幻想和期待。

后来学校分专业，将我分配到发动机系设计专业，从此与航空发动机结下了不解之缘。当时不存在你想选择什么专业的问题，填表的时候，只写“服从分配”四个字就行了。我们是在毛主席教导下成长起来的新一代，我是共青团员，一切听从组织安排，党的需要就是我的志愿。那时对航空发动机真的不了解，领导安排了，我就踏踏实实地学好发动机，将来为之付出自己毕生的心血和精力，结果一干就是50多年！

当时北航只有三栋教学大楼，一系楼——飞机楼，三系楼——发动机楼。还有一个叫电子楼，在发动机楼的西边，那栋楼基本上快建起来了，就这么三栋大楼。我们每天早上在东操场（就是现在图书馆那个地方）出操、跑步，锻炼身体。

班上的总干事

发动机专业一个年级分为两个大班——前大班、后大班，前大班学设计，后大班学工艺。每个大班又分为几个小班，我分到前大班的5305班。

第一次开全班会议，由班主任老师宣布班干部，一个小班有3个干部——团支部书记、班长、总干事。团支部下有团小组，负责领导团组织的活动。团支部书记是魏昭光同学，他父亲当年是傅作义的副官，对北京和平解放有功，后来因病到了香港。魏昭光现在深圳市工作，为某企业的老总，我们俩人的关系一直挺好。班长是刘春义同学，负责领导几位学习小组长和课代表。后来他担任了中航工业沈阳飞机设计研究所所长，以学发动机的出身，来领导搞飞机设计，一时传为佳话。

老师宣布我担任总干事，负责班上同学们的生活。我领导3个干部，即体育委员、文艺委员、生活委员，都是为同学服务的。他们的分工很明确，其中生活委员负责组织打扫卫生、检查、评比。很多同学把我这个总干事戏称为“后勤部长”，当时北航的班干部就是这么一个体系。

我们整个前大班设一个党支部，小班没有党支部。大班第一任党支部书记是徐才通同志，他毕业后分配到中国科学院工程热物理所工作，当过世界著名学者吴仲华先生的秘书。

当时北航为五年学制，前两年主要学基础课，前、后大班不分专业，在一起上大课。那时发动机课程也就是活塞式和喷气式两大类。

系学生会文化部长

到三年级的下学期，我当选为系学生会干部，小班的总干事就不当了。当时系学生会主席叫张津，是一位非常能干的女同学，比我高两届，我就叫她师姐，她毕业后留校任教，后来当了教授，在发动机行业内很有点名气，现已退休。

我在系学生会第一个学期当生活部长，领导各小班的总干事，主要组织全系同学生活、福利和卫生方面的一些活动。第二年改任文化部长，负责活跃同学们的业余文化生活。

北航特点是男生多、女生少，个别班清一色全是“和尚”。有些同学议论，女同学太少了，将来找对象都难啦！那时候北航要求和管理都很严格，不允许在校学生谈恋爱，但周末在一起跳交谊舞还是比较普遍的，许多系在周六、日晚上借用食堂组织舞会，邀请老师、同学参加。

在三系党总支书记张仲禹领导下，发动机系的体育活动非常出色，好几届校运动会上得第一，拿过不少冠军，如许立芳同学的100米短跑成绩达到10.7秒，保持北航最高纪录长达20年之久。但文艺方面偏于保守，有一次系学生会开会讨论，有人提出，为了活跃业余文化生活，促进大家交流，希望我们系多举办舞会，也可跟北京医学院（简称北医）搞点儿联欢，并决定由我这个文化部长来组织。

尽管中学时期我男扮女装扭过秧歌，但没有和女同学跳过交谊舞。中学时我会吹笛子，参加过文艺晚会的伴奏。到北航后报名参加过军乐队，吹背在背上的低音号（Bass），后来因为家中老人不同意，说对肺部有影响，就退出了，索性连笛子也不吹了。我这个人很保守，交谊舞始终没有学会，也很少去舞厅看热闹。

我将组织发动机系的“交谊舞会”一事交给一位副部长来主持，并找了几位文艺骨干分子参加，出海报、找场地、给北医发邀请。以后搞了几次规模较

2010 年 10 月，北航 60 届毕业老同学合影

大的舞会，声势虽不算很大，来的人还真不少。作为文化部长，出于职责，我不得不去看看，帮助张罗，有时也参加乐队打打鼓。但究竟取得了什么“成果”就不得而知了。

那时北航还搞文艺比赛，每个系都要出节目。我找来一些人当编导、选演员，组织演出。为了编好、演好节目，还带他们下农村去体验生活。效果不错，当年我们发动机系，体育在全校取得第一，文艺比赛得了第二名。

与北航陈大光教授在九寨沟

差一点儿掉进河里

1958年初，北京开始建设十三陵水库，各高校学生分批去参加义务劳动。

因为我是班上的总干事，管生活，所以我要先去号房子。十三陵水库工地离北航挺远，是坐汽车去的。当时刚刚学会骑自行车，回来的时候，也许有点心血来潮吧，就借了马云凤同学的一辆自行车。马云凤是高干子弟，当过党支部书记，自行车骑得很快、也很灵活，有人说他可以背过身子倒着骑。

结果骑车回校的路上出了洋相，我差一点儿掉进了河里。

我事先并不知道，马云凤的自行车没有闸。路上遇到一座桥，上桥的时候，我推着走，下桥时就骑上去，因为是下坡，想快速放下去过过瘾，结果越骑越快，突然有一辆卡车迎面开过来，靠得很近，我想刹车，这时才发现车闸失灵，刹不住了。情急之下，我就用脚踩住自行车的前轱辘，速度虽然减低一点，但失去了平衡，一下子就歪倒在栏杆上。想起来真有点儿后怕，如果没那个栏杆我就掉到河里去了。那个桥很高，我又不会游泳，真要摔下去，不摔死也可能会被淹死。

这件事对我的教训非常深刻，打那以后我就不敢再干太冒险的事儿了。

回学校后我找马云凤"算账"，说："怎么搞的？你这个车连个闸都没有，害得我差一点儿掉进河里。"他说："我骑车是从来不要闸的。"我说："你当时怎么不告诉我呢？"他说："你也没问我呀！"就这样，我们进行了一场毫无结果的对话，最后四目相视而笑。

参加十三陵水库建设

十三陵水库工地义务劳动，10天一期。

去之前开了各班总干事会。总干事去号房子，就是把去的同学分到老乡家里住，睡火炕。火炕中间很热，大家都不愿意睡在那个位置。我是总干事，要起带头作用，就说我睡这儿吧。那些天确实自己被烤得一点儿都没有睡好觉。

十三陵水库劳动很艰苦。去了以后，工地领导跟我们讲，某大学有个学生，因为晚上吃包子撑破了胃，被送往医院治疗。领导以此作为典型例子，目的是教育大家不要再出类似的事。整个劳动期间，我们早餐吃得比较简单，中午送一些咸萝卜、窝窝头到工地。那时虽是春季，但天气仍很冷，窝窝头都冻得很硬，难以下咽，所以大家都是随便啃两口就算了，吃得较少。晚上回来改善生活，吃的是包子、饺子、蛋炒饭，还有土豆炖牛肉，不定量、敞开吃。那是1958年的事，当时物资供应还比较好，所以领导提醒同学们，别把胃吃坏了。

我这个总干事管的就是住房、安排上工，谁有了病就照顾一下。我们的任务是挖土、挑土，往大坝上垒。夯实、压实是专业工程队的事。后来才看到报道，毛主席、周总理、朱老总和少奇同志，这些中央领导同志都去劳动了，为我们做出了榜样。

那年天气很冷，我的手都冻裂了。南方来的同学中，手脚冻伤的很多。学校里有暖气，十三陵工地那边就没暖气了，北风一吹，地冻得很结实，一镐刨下去，只见一个小白点儿，但刨不动也得刨。我是总干事，必须带头干，最后双手都磨出了血泡，回校后得到系里的表扬。

进了保密专业班

三年级的时候，北航成立了33A班。当时北航新增两个绝密专业，一个是火箭专业，叫六系，在学校东南角专门建了一栋六系楼。我们称为33A专业，学冲压发动机，也属于绝密专业，把我选上了，看来学校领导对我是很信任的。

这个班主要由调干班的学生组成，有30来个人。调干生基础相对较差，不少是从速成中学毕业后送到北航的，当然其中也有学得好的。学校从成绩较好的学生中挑了十几人与他们一起学习，显然是要在学习方面帮一帮他们。一共30多人组成一个特别班。我担任班团支部书记。班上单独成立了党支部，书记是曹楷同学，毕业后他先分配到哈尔滨军事工程学院（简称哈军工）当教师，后调沈阳606所工作，当过研究室的指导员、党支部书记，现已退休。

曹楷找我商量，要在班里开展“一帮一、一对红”活动。那时候讲政治，要保证全班同学顺利毕业。由我们团支部负责组织这一活动，大家分别结成“对子”。班上同学们的关系都很好，大家很团结，互相帮助，心情舒畅。

党支部交给我帮助两个同学，一个是袁三民，还有一个是曹志稳。

袁三民为人很正直。据说他当过林彪的警卫员，立过战功。来学校之前，已经享受部队连级干部待遇，带工资上学，而且组织上把他夫人调到了北航。我与袁三民课桌紧挨着，我经常帮助他，他不懂的地方就给他讲一讲，一起讨论，直到他搞懂为止。其实这种方式也是我复习功课和深化学习的过程，应该说起到了互相帮助和促进的作用。毕业前，他不幸得了黄疸性肝炎，因医治无效去世，实在太可惜了。后来，学校把我们几个跟袁三民接触最密切的人全都拉到医院去抽血化验，怕我们受到传染。我跟曹楷首当其冲，所幸两人都平安无事。

曹志稳同学政治上强，为人和蔼可亲，学习也很棒。他的夫人薛医生与我在祁阳同一所小学读过书，是同乡加校友，她被调进北航校医院工作。曹志稳毕业后分配到航天五院31所工作，后调国务院办公厅秘书局当处长，之后又调到国家监察部任办公厅副主任、中共中央纪委监察综合室副主任。他曾邀我有事到中南海去找他，因中南海是党中央、国务院所在地，由于怕给我们双方都带来不必要的麻烦，所以，他在中南海工作期间，我一直没去找过他。但我们两个人关系一直很密切，现在联系也较多。

我们班上这些调干的老同学都是好样的，有些人虽然基础差一点儿，学习有点儿吃力，但都非常认真，刻苦用功。除曹楷、曹志稳、袁三民之外，杨思霜同学对我帮助也很大，他经常主动约我谈心，交流思想、帮我进步。毕业后，他分到西安红旗机械厂（即430厂）工作，当过吴大观同志的助手，后担任工厂设计所的试验研究室主任；唐瑞成同学原则性强，严格要求自己，敢于批评与自我批评，毕业后留校当教师，担任过教研室党支部书记，北航出版社社长，后因患癌症英年早逝；王润宗同学，童工出身，踏实苦干，后来与我一起入党，一起在624所山沟里搞高空台建设，是11室“八大金刚”之一，当过机动处处长和教育培训中心主任，默默无闻一辈子，为高空台和624所建设做出了重要贡献。

与北航李其汉教授在一起

全班第一批入党

1959年，我入党了。我记得很清楚，入党时间是6月25日。我是大班中第一批加入中国共产党的，与我同时入党的还有王润宗同学。当时学生党员很少，我所在的班上，调干生党员较多，党支部书记曹楷是我的入党介绍人，还有一位入党介绍人就是曹志稳同学。

与入党介绍人曹楷（中）、曹志稳（右）于2010年9月合影

争取入党是我在中学时期就立下的志愿，这可能与我担任过3个中学的学生会主席有关。因工作关系，我同学校党支部、团委的负责人接触较多，受到他们的教育、帮助和熏陶也就多，如邓国瑛、刘纪生老师等。当时，他们都很年轻，但充满活力，很有修养，处处做表率，肯于牺牲个人利益。他们像一团火一样，能将全校师生团结在一起，得到校长、老师和同学们的热烈拥护。尤其是祁阳中学邓国瑛书记，曾经关心和培养过我的父亲，推荐他为湖南省的优秀教师，出席了湖南省和中南区的先进教育工作者大会。他也多次同我谈话，讲革命道理，表彰我当学生会主席能牺牲个人学习时间，主动做好工作，与团总支书记配合得很好，还能把自己的学习搞好。他经常鼓励我要努力争取进步，不要背家庭出身的包袱。我第一次从他那里听到党的“有成分论，不唯成分论，重在个人政治表现”的政策，他还对我说：“共产党信仰马克思主义，要消灭一切人剥削人的制度，要实现共产主义远大理想，解放全人类，达到人人平等，世界大同，这是世界发展的大方向。”邓国瑛书记还说过，共产主义理论的创始人——马克思、恩格斯都出身于资产阶级家庭，在我们党内，不少高级领导人

的家庭出身也不好，但他们能够从思想上背叛那个阶级，投身于党的革命事业中，许多人还牺牲了自己的宝贵生命。“出身不由己，道路可选择”，他希望我正确对待，不背包袱，争取早日入党，这些道理给了我巨大的鼓励和帮助。

回想自己的成长经历，我上大学，家里基本上没花什么钱。五年学习期间我只回过一次家，由家里负担往返路费。从北京到老家坐慢车需两天一夜，往返车费60多元钱，但这已相当于父亲一个月的工资了。当时父亲的工资要养活家里五六口人，还有爷爷，生活是比较艰难的。我一直享受学校的甲等助学金，除免交食堂伙食费外，每个月还有4元零用钱，用来买钢笔、纸、本、牙膏和肥皂等生活用品。所以，我是党和国家一手培养起来的新中国知识分子，没有共产党也就没有自己的今天。

1956年下学期，我正式向党组织递交了入党申请书，向党表决心，要把一切献给党，不畏牺牲，为共产主义远大目标奋斗终生。当时，我们小班的徐才通同学是党支部委员，后担任过党支部书记。他接到我的申请书后很高兴，给了我许多鼓励，并送我一本刘少奇同志的《论共产党员的修养》。此后，我就成了大班的入党积极分子，参加听党课，也常有党员同志找我谈话，我也经常向组织汇报个人的思想。

郭昕（后排右一）博士学位论文答辩

经过党课教育和党支部的培养、帮助，我深刻认识到只有共产党才能救中国。特别是通过学习刘少奇同志的《论共产党员的修养》，使自己对如何加强修养，怎样才能做一个真正的共产党员，有了一个很大的升华。消除了我一度出现的对家庭出身问题的顾虑。我更加相信党，相信群众，相信只要树立共产主义人生观，献身于党的革命事业，老老实实做人，踏踏实实做事，刻苦努力读书，将来报效祖国，同样有光明远大的前途！

经过党组织的长期考验，我于1959年6月25日被批准为中共预备党员。1959年7月1日，我在党旗下庄严宣誓："愿为共产主义事业奋斗终生！"正式成为伟大、光荣的中国共产党组织中的一名新党员。

"北航四号"

1958年大跃进，北航要搞型号，我参加的是"北航四号"，搞冲压导弹。

当时，以304教研室为主成立了一个设计班子，由教研室主任宁榥教授任总设计师。宁先生是国家一级教授，是全国航空界暂不退休的四位专家之一。当过沈元校长的老师，在学校中有很高的威望。在课堂上，他画的图很漂亮，讲话幽默，深入浅出，深得同学们喜爱。

设计班子里分四个小组，即总体组、燃烧组、喷管组和控制组。每个组都由一位老师当组长，两个学生当副组长。我在总体组，组长是魏佑海教授，副组长是马继华和我。马继华比我高一届，也在北航读研究生，导师也是宁榥教授，我常叫她马大姐，后来留北航当教授。她对我很关心，1961年我身体不好，胃痛很厉害，她经常安慰我，还从家中弄点好消化的食物给我吃，给我以很大的帮助。

魏佑海先生出身于外交世家，和蔼可亲，学术造诣高，是我尊敬的师长之一。改革开放以后，他受北航委派，到广东江门市办学，担任过五邑大学校长。后来又调到深圳大学当校长，一直到退休。为五邑大学、深圳大学的初创和发展做出了突出贡献。

搞“北航四号”的研制，需建设高马赫数的冲压发动机试验设备，气源是暂冲式的，由杨再明老师担任实验室主任。我当时是学生，与老师、工人师傅一起劳动，积极参加实验室建设。有小零件需要焊接，我就提着零件骑自行车跑到清华大学去求援，请他们帮着焊接。我们实验室有一位工人师傅叫李文模，个子瘦小，技术很高，人也很好，为实验室的建设立下了汗马功劳。2000 年我到北航后还见到过他，他一下就认出我来了，还记得我的名字。他年纪大了就去守航空馆的大门，退休之后又修自行车，始终在辛勤地劳作。

实验室建成后，在读大学和研究生期间，我曾参加过超声速扩压器和燃烧室的一些试验工作。

通过北航五年的学习，对我来说奠定了较为坚实的理论基础，又加入了中国共产党，无论是政治思想、文化知识，还是个人素养上，都有一个很大的锻炼和提高。

师生情谊（右二为陈光老师，右一为曹玉璋，左一为刘孝安）

师从宁榥教授

1960年，我大学毕业了，我们都等着分配。一宣布分配名单，唐瑞成留校任教，我留下来免试读研究生。那时向苏联学习，叫副博士研究生。

到研究生班后，首先补工程数学、外语和马列主义课程，后又去听空气动力学、喷气发动机原理、燃烧理论和工程等专业课程。当时，一起上基础课的研究生还有任汝根、岳承熙和曹玉璋等同学。

我的指导教师是宁榥教授，研究方向是燃烧学。

共贺恩师宁榥教授90华诞

宁榥先生是我国著名航空发动机专家，1936年毕业于清华大学机械系航空组，1940年获英国牛津大学硕士学位。宁先生在英国有很好的工作和生活条件，但为了抗日，报效国家，他毅然回到祖国。1941—1946年任西南联大航空系教授，1946—1952年任清华大学航空系教授，1952年以后，任北京航空学院发动机系教授，校学术委员会副主任。曾与他指导的研究生高歌教授一起获得国家科技发明一等奖。

宁榥先生懂英、俄、德三国语言，他鼓励我一定要学好外语和数学，说“不懂外语是半文盲，不懂数学是全文盲。”在他悉心指导下，我参加北航 304 教研室的冲压发动机和燃烧室实验研究，并编写了副博士研究生学习计划。只可惜这个计划未能实现，我就中断了研究生学习。

我大学毕业的时候，身体状态就不太好。医院出具诊断证明，查出患胃溃疡，以后一直在北航病号灶吃饭，伙食软一些比大食堂要好一点儿。但还是不行，胃痛得历害，有时还便血。

曹楷的哥哥曹克强解放前是中共地下党员，解放后当过驻朝鲜大使馆参赞和大使，也当过外交部亚洲司副司长、西亚北非司司长，驻叙利亚、瑞典、法国大使。我曾随曹楷到他家里去过一次。我读研究生时身体很虚弱，他让曹楷送我两支朝鲜高丽参，至今仍记忆犹新，是真正的野山参，对我身体的恢复起了一定的作用。

304 教研室有一位女老师，叫李静明，见我吃得少，就给我弄一些炒面，用玻璃瓶子装好，对我说：“你饿的时候吃一点儿，要少吃多餐。”马继华师姐也这样做过，都令我十分感动。

北航毕业 50 年欢聚一堂

后来经领导批准，我回家休养了一段时间，那时正值国家困难时期，没东西吃，母亲拿毛衣给我换地瓜（红薯），弟弟冒着危险下河捉鱼给我吃。但在当地没有条件进行治疗。所以，两个多月后又回到了学校。当时我的思想负担沉重，一是所耽误的功课难以补上；二是感到身体无法再坚持下去。经过与一些老师和同学反复研究，思之再三，最后决定还是早点离校，出去工作为上策。

1962 年 2 月，我正式写了报告给沈元副院长，他问了我一些情况，看了医院的诊断书，经研究后就批准了。我就这样提前结束了难得的副博士研究生学习机会，至今仍觉得很遗憾！

1962 年 3 月，离别北航的纪念

第四章　第606研究所

不愿蹲机关

沈元副院长批准我提前结束研究生学习后，北航学生处的一位女同志，很热心地关心我，把我的资料报上去，确定单独分配。

1962年3月的一天，国防科委一位佩带中校军衔的领导同志约我谈话。他说："你的档案资料我们审查过了，也向首长做了汇报，同意接收你到国防科委机关来工作。为了将来工作的需要，准备先送你去读一年英语。"还说："国防科委就在北海边上，条件很好，你来了就在四楼的办公室工作，站在窗户前就可以看到北海了。"

他谈完之后，征求我的意见。我说："我服从组织的分配和安排，但我最希望的还是想到科研第一线去搞点技术工作，机关工作不太适合我的性格。"他认真地听我说了之后说："你这个意见组织上可以考虑。你想到哪儿去搞技术工作？"我说到五院31所。因为我是学冲压发动机的，包括读研究生阶段，将近7年半时间，学的是冲压发动机专业。这位中校同志说："你再考虑考虑，我们也跟领导再汇报一下，但你要有两种思想准备，你回去等消息吧。"

后来回想，如果这位中校同志当时不征求本人意见，我可能就去国防科委工作了。

大概过了十来天，我接到通知，说组织上接受我的意见，不去国防科委了，安排我到国防部第六研究院（即航空研究院）工作。六院刚组建一年多，正是需要大量科技人员的时候，让我尽快到当时六院院部所在地天津军粮城报到。

我按照要求，到天津军粮城报到，在那里住了两三天，一位干部处领导同志找我谈话。他告诉我，六院可能要迁到北京去，希望我留在院部机关工作。我说："要是在机关工作，就直接留在国防科委了。我还是希望到基层去，到科研生产第一线去。"他说："你坚持要去基层、去科研生产第一线，这也很好，但你希望到哪儿？"我说："领导打算分配我到哪儿？"他说："有两个研究所可以供你选择，一个在洛阳，另一个在沈阳。洛阳是第五研究所，搞空空弹；沈阳是第二研究所，搞航空发动机。两个所都是军队建制，去了都要参军。沈阳条件相对艰苦一点儿，你是南方人，是不是到洛阳好一点儿？"

搞火箭弹，不是我学的专业，所以，我毫不犹豫地选择了到沈阳的六院二所。因为二所是搞涡轮喷气发动机，我学的冲压发动机也属于喷气发动机。大学期间我到410厂实习过，知道沈阳冬天很冷，条件要更艰苦一些，但专业比较对口，去那里工作有用武之地。这两次谈话，给我留下非常深刻的印象，当时这些机关领导和蔼可亲、发扬民主、尊重个人意见，让我感到十分温暖和亲切。

就这样，我于1962年3月底，赶到沈阳六院二所（代号中国人民解放军总字923部队）报到。

初识吴大观

到沈阳之后的第一顿饭就给了我一个下马威。

火车到沈阳，没赶上所里食堂的午饭，自己就到外面一个小饭铺点了一碗面条。那碗面是用高粱面做的，跟筷子一样粗，很硬，嚼起来都觉得吃力，真想不出是怎么做出来的。我胃不好，吃了一点点就没敢再吃了。

报到时，所里接待我的是王靖寰同志，他是哈军工优秀毕业生，在所政治部干部科当干事。他首先表示欢迎我来所里工作，并向我介绍了所里的自然情况。因为我在北航搞过冲压发动机总体设计，所以就分配我到第二研究室，即总体研究室工作。

据比我先来所的同志讲，建所之初，因为所址还没有定下来，真是“房无一间、地无一垄”，暂时寄居在 410 厂的宿舍区，办公地点是 410 厂的一间厂房。办公桌不够，就从食堂借来桌椅板凳，二三个人坐一条凳子。新同志来没有地方，就在两个桌子之间搭一块图板当办公桌。直到第二年夏天，炮兵整编，总参谋部决定将小河沿炮兵政治学校的全部房地产划拨给六院二所，条件才有所好转。

1962 年我刚到二所的时候，先住在暂借的 410 厂宿舍里，和所医务室一位姓林的医助住在一起。

二所的新所址，在东塔机场旁边，环境噪声比较大。房屋大部分是日伪时期建的平房，房间用秸杆涂上白灰作为隔断墙，隔壁人小声说话都听得很清楚。只有一栋炮校 20 世纪 50 年代建的三层教学楼作为科研楼。

我于 1962 年 5 月正式参军，第二年被授予中尉军衔。

1962 年，沈宇 602 部队

总体室主任是陈及恒同志，他是清华大学毕业生，为人厚重，非常能干，后来当所的副总师。1970 年调到 624 所，当过一任所长。他的爱人袁美芳是我的湖南老乡，当时在所里任第一设计研究室主任，也是清华大学毕业的。夫妇俩人水平都很高，都是所里的关键技术骨干，以后一起调到 624 所，袁美芳曾任 624 所总工程师。他们夫妇为 624 所的建设和发展做出过重要贡献。

到所后不久，时任二所技术副所长的吴大观（注）同志找我谈过一次话，现在我还记忆犹新。他说：“你来所里工作我们很欢迎。”听我介绍我的研究生导师是宁榥教授时，他很高兴。他说：“在昆明西南联大读书时，宁榥先生也当过我的老师。”吴副所长和我谈话就像聊天一样，使我感到很亲切。他问我为什么研究生不读完就提前离校了？我说身体不太好，胃病比较严重，吃什么拉什么，有时疼起来很厉害，难以坚持繁重的研究生学习，所以就早点儿出来工作。

我还给他讲了自己希望做点具体的技术工作，不愿意蹲机关的思想。他说，我们研究过了，让你到总体室去工作。并十分关切地对我说："你一定要多注意身体，千万不要把身体搞垮了，航空发动机事业将来还要靠你们这一代年轻人挑重担。如果有可能，我们争取安排你去疗养一下。"

不到半年时间，林医助通知所里安排我到大连小平岛尉官疗养院去疗养。我当时很受感动。做梦都没有想到，刚一到工作单位，领导就这样关心我，给我去疗养的机会。

小平岛疗养院条件非常好，伙食也挺好。医生每天检查，打针、吃药，还搞一些理疗、针灸。早上打太极拳（我打太极拳就是在那里学会的），再就是看海，潮起潮落、云卷云舒，特别是潮落的时候，还可到海边去散步、抓海参、拣贝壳……有时晚上部队文工团前来慰问演出。在这个地方，一般安排都是两周时间，而我在那里疗养了将近一个月，基本上治好了困扰我多年的胃病，身体慢慢地恢复了正常。

这次疗养使我感到组织对我无微不至的关怀，心里非常感动。当年正处在困难时期，能够到大连疗养一个月，虽不能说彻底治好了病，但是总的看来没有像以前那么厉害，也没有那么频繁发作了。强壮的身体确实是革命的本钱，感谢之意难以言表。尤其很感谢吴副所长，也感谢和我同屋的林医助，因为是他们具体安排的。

穿了三年军装

到所十几天，全所听六院院长唐延杰中将做报告。他曾是抗美援朝志愿军66军的军长，我们所长刘苏是他的参谋长。

唐院长在报告中讲到最重要的一条，就是搞航空发动机对国防建设有着非常重要的意义。他说，你们到这儿来是很光荣的，是为了航空事业的发展、为了建立一个强大的人民空军。抗美援朝中，空军发挥了很大的作用。我们的飞行员仅训练几十个小时就上天作战，并取得了很大的胜利。他还讲到，没有先进的武器装备，光靠小米加步枪，在未来的现代化战争中是行不通的。美国的武器比较先进，我们必须在这个方面主动为部队排忧解难，要用最先进的武器装备我们的部队。这不仅仅是技术问题，而是六院一项重要的政治任务。

当时从苏联引进的米格-21，装的是РД-11Ф-300带加力的涡轮喷气发动机。上级的意图是要摸透米格-21，在摸透的基础上掌握先进歼击机的设计技术，当然也包括航空发动机的设计制造技术。

院长在报告中动员我们一定要把米格-21摸透，要"摸着石头过河"，在掌握米格-21的技术基础上，进一步发展走出我们自己的路子来。唐院长的报告很精彩，大家受到很大的鼓舞，他是我当时见到级别最高的一位领导干部。

听完报告，一回到宿舍我就傻眼了——房间被盗！

我3月底刚去，还没来得及办理入伍手续。东北很冷，于是孙懋臣同志（他是我北航的同学，调干生，当过大班党支部书记，后来担任606所的党委书记，之后调大连市任科协主席）借给我一件军大衣，那次去听报告没有穿，就这样丢了。同屋林医助的军大衣比较破旧没有丢，那个时候我们没有别的什么东西，几件衣服就是最值钱的东西了。

我一下子懵了，军大衣丢了，拿什么还给人家呢？

我自己还没有军大衣，即便发了新的，还给人家，自己穿什么？东北那么冷，没有军大衣肯定不行。后来负责发军装的同志告诉我，让我写一个报告，请政委批一下，可以多领一件还给孙懋臣同志。

那是我第一次去见政委，很胆怯。政委叫张显，是一位老革命，大校军衔。他态度很温和，嘻嘻哈哈地问："你找我有什么事儿呀？"我说："我的军大衣丢了，是借别人的，请求多发一件还给别人。"他说："你的军大衣怎么丢了呢？你是军人，脑袋怎么没有丢？"我说："是我不小心，去听唐院长报告时，那边小偷就进去了。"政委说："小偷怎么会到你们宿舍去呢？"我说："我也不知道。"张显政委一边同我开玩笑，一边就批条子。后来发给我两件军大衣，一件还给了孙懋臣同志。

1965 年 5 月，六院与三机部合并，我们集体转业。所以我只穿了三年军装，佩戴了两年的中尉军衔。研究生毕业可以授上尉，但因我没有毕业，所以只能授中尉军衔。部院合并后，国防部第六研究院第二研究所改名为第三机械工业部第 606 研究所，这个代号一直沿用至今。

“摸着石头过河”

进入总体设计室的第二年，党支部改选，我当选为支部委员。

606 所二室总体组（后排左一为刘大响）

当时二所整个办公区每天晚上灯火通明，大家都自觉地在看资料、学习，热情非常高。

我学的是冲压发动机，在学校也听过一些涡轮喷气发动机的课，但很不系统。我把讲喷气发动机原理的书全都带来了，主要是苏联斯切金院士和哈军工董绍庸教授写的《空气喷气发动机原理》，每天都学到晚上 10 点钟，写了整整两大本笔记。

当时我的主要任务是帮助老同志做一些具体计算工作。

我的组长是江源俊，大尉军衔，哈军工毕业，调干生，水平很高。我们俩人都是党支部委员。支部书记王树茂，是部队下来的一个少校团级干部。江源俊的爱人没有随军，长期单身。我就跟王树茂书记讲，能不能把江源俊爱人调过来？我说："我念书的时候，调干生的爱人都可以调到北航去，江源俊现在已经工作了，应该解决他的这个问题。"后来所领导派我去办，把他爱人调到了沈阳，但没有安排在所内工作。

我们总体室的总体性能组力量很强，严成忠、朱鸿义、张国政、蒋一鹤、潘家丽、马海舟、李金该等都是这个组的。那时没有计算机，全靠拉计算尺。后来才有了一台手摇式计算机。我主要向江源俊同志学习，遇到发动机方面的一些计算公式、算法，不懂就向他请教。组里还有两位中专生，一位是马海舟，对总体性能方案计算方法很熟；另一位叫刘郁文，是一位女同志，后来调到湖南株洲 608 所，她比我到所要早一点，拉计算尺速度很快，我就向她学习拉计算尺。总之一句话，放下架子，向一切比我强的同志学习。

米格 –21 装的发动机，苏联编号为 РД – 11Ф – 300，我国编号为 815 发动机，后来又叫涡喷 7 发动机。在摸透学习的过程中，我也写了两大厚本笔记，从原理开始，一章一章地学。

那时候我是单身，没什么负担，每天晚上都同大家一起加班、学习到半夜，完全是自觉自愿的。经常是领导来打招呼，说明天还得上班，硬是把我们赶回去休息。群众热情很高，部队气氛也很好。应该说六院属于国防科委管的那一段时间是黄金时期，真正按部队要求，工作作风很踏实、很正规，早上还要出操。至今我还十分怀念那一段军营生活。

当时的提法是"摸着石头过河"，用现在的话讲，叫做"消化、吸收、再创新"，就是要把人家的东西学深、学透、学活，看看有什么问题，还搞一些反设计，只有认真学习，摸透、消化、吸收，才能有所创新、有所前进。

606 所一个最突出的问题——与北航一样，男多女少，很多男同志没有对象。1963 年的四五月，所里交给我一项任务——参加国防科委组织的招生小组，代表六院在沈阳地区招生。这个招生小组有北京来的两位机关领导同志，606 所就我一人。出发之前，所政治部主任毛海广同志找我谈话，说给你一个光荣任务，如果有女孩子，要尽量多招一些进来，学习成绩差一点儿没有关系，但一定要了解她有没有对象，如果有对象就不一定招了。

当时公共汽车不到沈阳航校，只到北陵门口，我们每天要穿过北陵公园到沈航，全靠步行。那次我们从沈阳地区招了20多名学生，其中有八九位女同学。虽然政治部主任有过交代，但我们还是从沈航招来了王永安和石国凤两位同志，她们在学校就谈恋爱了。我回来后跟毛主任讲，我当时没有了解到这个情况。其实我是知道的，但还是把她们招了进来，因为这两位品学兼优，我实在舍不得放弃他们。后来她们结婚了，并同我一起调到了四川江油624所，王永安同我在一个研究室，后来调所科技处工作，石国凤担任过所的档案室主任。

与中航工业科技委原副主任张池同志合影

第一次到部队调研

歼6是亚声速飞机。歼7是超声速喷气战斗机，是引进苏联米格－21生产线而研制的。当时有一种说法，说歼7不如歼6，曾有“歼6万岁”的呼声。什么原因呢？歼 6 是在朝鲜战场打仗的主力机型，部队比较熟悉。那时的空战采取尾追攻击，必须绕到敌机屁股后面打，如果前面敌机突然减速，你一下子冲过去了，它就可以在后面追着打你。一般是一个回合，如果要打第二回合，必须绕一圈再飞到敌机后面去打，最多不会超过两个回合。歼 7 因为是超声速的，可以飞马赫数 2.05 左右，高度是 18 千米。要绕一圈，半径就非常大。所以，刚开始装备这种飞机时，部队感觉不太适应。但在改装成功后，空军还是非常希望大批量装备歼 7 飞机，因为它属于第二代战斗机，而歼 6 飞机是第一代，苏联早已淘汰退役了。

1963 年初，我曾被派到河北沧州空军十一航校听过苏联专家讲课，主要内容是歼 7 改装。比我先去的还有一室总体组副组长肖国树同志，他学习时间要长一些。回来后，他要把学到的东西讲给大家听，讲发动机的性能、结构、控制规律和空中特性，并有苏联专家提供的特性曲线。我们还要按照自己的方法，将发动机的高度速度特性、地面转速特性计算出来，再跟专家提供的数据进行比较，看看是否吻合、差多少？实际上就是用这种办法来校验我们的设计计算方法。

1964 年，围绕航空发动机自主研制问题，六院二所组织两个小组分别去部队调研。一个小组由工厂党委书记郑志卿带领，他是中校、老革命，现在还健在，已经 90 多岁了，他爱人叫谭复姒，是比我高一届的北航调干班同学，我叫她谭大姐（后来听说她去世了）。另外一个小组则由袁美芳带队，针对大推力发动机。我们这个调研小组有十来个人，去了安徽芜湖空军某师。主要了解部队对 815 发动机使用中的意见和改进建议。

当时部队反映的问题较多，主要集中在两个方面：一是 815 发动机军用状态推力偏小，腿短；二是高空加力推力脉动，飞行员感觉很难受。

回来要写调研报告。郑志卿同志对我说，你年轻，就由你来起草吧。于是我负责起草了报告初稿。根据部队意见，调研报告中对 815 发动机明确提出了两项改进建议：一是加大军用状态推力，如果要实现不加力带副油箱起飞，涡轮前温度大约要提高 100℃，这就必须采用气冷空心涡轮叶片；二是改进加力燃烧室，采用分圈分压直流式喷油嘴，以解决高空小速度飞行时加力燃油喷嘴的气塞现象。该调研报告经郑志卿书记修改后上报所领导。所领导对这份调研报告非常重视，为日后研制 815 甲发动机提供了重要参考。

在部队大熔炉中“蹲点”

1965 年，根据上级领导指示，所里决定派一个 4 人小组到空军某师“蹲点”，帮助部队进行歼 7 飞机改装，同时对 815 发动机在使用中存在的问题进行进一步的调查研究。所领导决定由我担任组长，同去的还有王秀泽（总体）、吕祖国（控制）和沈传懋（电气）三位同志。当时我还不到 28 岁，参加工作刚满 3 年。得知所里的这个决定后，感到压力很大，有点坐卧不安，担心完成不好这个重要任务。正在我顾虑重重时，吴大观副所长主动找我谈话：“大响啊，这次所里派你带队去部队‘蹲点’，是一次很好的学习和锻炼机会。这次任务很重，但所里相信你们能干好。你们要虚心向部队同志学习，要多了解他们对发动机的改进建议，有什么困难可以随时直接来找我。”吴副所长的热情鼓励打消了我的顾虑，增强了我完成任务的信心。

1965 年在空军某师蹲点（前左王秀泽，前右沈传懋，后排右吕祖国）

按照组织要求，我把党的临时组织关系也转到部队去了，与王海师长等领导在一个党支部过组织生活。

空军某师是一支英雄部队。在抗美援朝空战中，先后涌现出了王海、林虎、刘玉堤、赵宝桐、孙生禄、孟进、范万章、刘志田、孙景华、罗沧海等战斗英雄和“王海大队”、“赵宝桐英雄中队”的英雄集体。

在蹲点过程中，我们几乎每天都是跟地勤人员在一起摸爬滚打。在工作中接触最多的是地勤大队长，他是一个大胖子，文化程度不高，但专业技能很好，责任心很强。还有一位是地勤中队长史福海同志，他很虚心，要我们给地勤人员讲课，讲哪儿调了发动机转速会升高、哪儿调了之后温度会升高，哪些调节螺钉往左调还是往右调，调节中一响还是二响都要听清楚（调节螺钉转动时会有咔塔声作为标记），还有刻度等，每次听课他都很认真地做记录。

这次在部队“蹲点”锻炼，接触了实际，收获非常大。在部队这个大熔炉里，我们不但技术上有了很大提高，更重要的是部队指战员“一不怕苦、二不怕死”的革命精神对我们是很好的教育。他们在赤日炎炎的酷暑中，顶着大太阳，天天在外面作业训练，保障部队飞行，毫无怨言，真是了不起！他们顽强拼搏、一丝不苟、严谨务实的工作态度深深地影响了我们，使我们学到了许多书本上根本学不到的东西。

在我们蹲点期间，部队出了一次一等事故，空军司令员、参谋长，南空司令员等领导同志亲临现场分析原因，进行指导。空军某师的指战员们化悲痛为力量，认真开展整顿检查，总结经验，吸取教训。那种英勇顽强、不怕牺牲、勇往直前的无私奉献精神，深深地教育和感动了我们。

我们“蹲点”小组也多次开会，大家纷纷表态，一定要向英雄部队学习，向革命烈士学习，发扬革命精神，不怕艰苦、不怕疲劳、深入实际、认真学习，努力完成好这次“蹲点”调研任务，一定要把发动机存在的问题摸清搞透，提出切实可行的改进建议，用更好的发动机来装备我们的战鹰。

这次事故发生不到一个月时间，空军某师派往广西执行任务的小分队就打下了一架从越南方向侵入我国上空的敌机，捷报传来，锣鼓喧天，一扫多日来的沉郁气氛。整个军营斗志昂扬，指战员们又投入了新的战斗。这种让人热血沸腾的场面和氛围，不在现场是难以感受到的。

我们这次“蹲点”调研，主要是向英雄部队学习。整个过程中，除了每天与地勤人员一起维护、检查、调整发动机，以保证第二天飞行安全之外，还召开了多次座谈会，同地勤人员、飞行员、部队指战员分别座谈讨论，听取他们对歼7飞机，特别是对815发动机的改进意见。

当时部队反映最强烈的问题，主要有以下四个方面：

（一）不开加力时推力偏小。歼7的一个最大问题，如果挂上副油箱，不开加力就飞不起来，一开加力耗油率（单位时间耗油量）要增加一倍。飞不了多久，副油箱的油就用完了，得扔掉。所以说歼7腿短，也就是作战半径小。

部队同志提出，有没有办法在满载且带副油箱的情况下，不开加力就能够飞起来？如果能做到这一点，就解决了他们的大问题。

（二）高空加力不稳定。在高高空条件下，飞机速度出现忽快忽慢的情况。飞行员反映，他们都是经过严格训练的，飞得再快或者快速旋转、翻斤斗都没有问题，但一遇到加力脉动时就感觉很难受，有时甚至想呕吐。希望有所改进。

（三）发动机的调节太复杂了，地勤人员难以完全掌握。

（四）发动机空中停车时有发生。歼7是单发飞机，一旦出现空中停车，飞行员就紧张，处置不当容易造成事故。部队希望发动机在空中不停车，或者出现停车后能快速自动起动并恢复正常运行。

在“蹲点”期间，我们共写出13份调研报告，全面汇报了我们在政治、思想、作风、技术上的学习心得和部队对815发动机的意见，我们也提出了一些改进方案的建议。吴大观副所长看了这些调研报告后非常高兴，夸奖我们说：“这次任务完成得很好，看来，这6个月的苦你们没有白吃。”并指示我在全所大会上做报告。

我准备的报告稿经过 606 所的“大笔杆子”、党委宣传科科长严文锦同志修改润色，更加丰富和完整了。在 1500 多人参加的全所大会上，我做了有生以来的第一个报告。由于是第一次在这么多人面前作报告，心里有点发怵。吴副所长很支持我，他要我大胆讲、放开讲，他也坐在下面第一排听我作报告。这次报告我出了一身汗，但效果不错，用我们的所见所闻和亲身体验，宣传了部队指战员一不怕苦、二不怕死的革命精神和英勇顽强、一丝不苟、团结一心、无私奉献的高贵品质，更加坚定了我们研制 815 甲发动机的信心和决心。

回想起来，在部队“蹲点”锻炼的 6 个月，培养了我敢于面对困难、勇于在实践中学习的良好作风，成为我几十年科研生涯中非常重要的一段人生经历。

815 甲发动机研制

1962 年，在摸透米格 – 21 的基础上，沈阳 601 所开始自主设计研制歼 8 飞机，初步选定装两台 815 发动机，但希望 606 所对 815 发动机存在的主要问题进行改进，也希望进一步增大推力、降低耗油率。

为了研制歼 8 飞机的动力装置，606 所专门成立了第七设计室，负责 815 甲发动机的设计研制工作，主任是陈及恒，那时他已经是所里的副总工程师，兼任七室主任。章泓、陈大筏为副主任。我担任总体性能组副组长，后来担任组长工作。

根据 601 所对歼 8 飞机动力装置的要求，并参考两次到空军部队的调研报告，所里确定对 815 发动机做两项重大改型设计：一是将涡轮前燃气温度提高 100℃，计算下来推力可增加 30 多千克力①，以实现不加力带副油箱起飞，并适当降低了加力油耗率。当时我们总体组进行了计算分析，原来 815 发动机涡轮前

① 1 千克力 =9.8 牛。

温度是1188开，涡轮叶片材料尚能够承受，如果提高到1288开，超过了材料允许的温度值，所以必须要对涡轮叶片进行强迫冷却，这就需要将实心涡轮叶片改为空气冷却的叶片。当时，气冷空心涡轮叶片是国际上的尖端技术，国外对我国实行严密的技术封锁，而在国内没有任何经验和基础，技术难度很大。

我听说在六院唐延杰院长主持的会议上，吴大观副所长提出，815甲发动机设计难点很多，但问题要好解决一点儿，最担心的还是材料工艺问题，研制成败的关键是冷却涡轮叶片能不能加工出来。这时621所总工程师、国内著名材料专家荣科同志突然站起来说："如果你设计出来了，我们加工不出来，就把我的脑袋挂到你二所的门上。"老科学家的博大胸怀和坚定决心，给了与会参研技术人员以极大的鼓舞和信心。后来决定同时搞9小孔精铸和3大孔阳极穿孔两个方案，并且由中国科学院沈阳金属所和北京621所并行开展，分别由师昌绪和荣科两位老科学家挂帅主持，606所方文富、王俊才、陈爱华等技术骨干参加技术攻关工作。

815甲发动机研制的第二个重点是改进加力燃烧室。当时调研和设计分析的原因是一致的，即原来采用的加力气动雾化喷嘴系统有问题。发动机在高空低速飞行时，加力供油压力较低，气动雾化喷嘴会产生"气塞"现象，有时喷出来的是油，有时喷出来的是气，造成推力瞬时下降。这就是造成飞机速度忽快忽慢现象的主要原因。经过研究，决定采用分圈分压直流式喷油杆，将原来一圈喷油嘴，改为中间一圈加外面两圈直流式喷油环。随着飞行高度增加，高空燃油压力低了，就关掉一圈或两圈，喷油嘴数量的减少，相当于把喷嘴前的压力逼高了，喷油仍然是稳定的，以此来解决因喷油不稳定而导致加力推力脉动的问题。

为了搞好"三结合"，所里决定将七室部分人员从小河沿搬到410厂科研大楼办公，我在那里工作了两年左右，每天骑车去上班，夏天顶着太阳，气温很高；冬天严寒，道路结冰，经常摔跤。

由于815甲发动机第一次采用气冷空心涡轮叶片，涡轮前温度提高了100℃，发动机整机试车在国内也是第一次，存在很大的风险。为了做好试车准备，保证试车顺利进行，厂所领导决定成立联合“815 甲发动机试车突击队”，任命工厂试车台长周玉文为队长，我为副队长。当时 410 厂试车台车间副主任袁名鑫是我的学长，北航 59 级毕业生，搞“北航四号”时担任燃烧组副组长，后来调往贵州黎阳发动机公司任副总经理；车间技术副主任是张经武同志，后调任中国航空工业总公司发动机局副局长。

815 甲发动机第一次开车试验由我任现场指挥。试车前我们做了充分准备，设置了三套紧急预案，也严格规定了安全监控参数。一开车，原来 815 涡轮前温度 1188 开时基本上没有颜色，改型后温度提高到 1288 开，整个涡轮机匣和尾喷管全部变红了。试车时尽管这些安全监控参数都很正常，但第一次看到红彤彤的发动机，我心中着实非常紧张。稳定 3 分钟后就叫大家抓紧录取参数，然后尽快把转速拉下来。停车后大家到台架上按分工进行检查，发现一切正常，台上爆发出热烈的掌声，并高呼“毛主席万岁！”祝贺第一次开车取得圆满成功。这时，我一直悬着的心才放下来，长长地舒了一口气。以后的每一次开车，凡是推到了那个转速和温度，涡轮后肯定是红色的，大家习以为常，也就不那么紧张了。但对所有设定的安全参数，一定要严格遵守，而且建立了责任制，落实到每一个参试人员，以此保证了试车一直比较顺利，没有出现重大的问题。

至此，带气冷空心涡轮叶片的 815 甲发动机研制，第一次在国内取得了里程碑的胜利，上级领导和机关发来贺电表示热烈的祝贺！

后来，815 甲发动机不但用于歼 8 飞机上，也用在了歼 7 飞机上，一发两用，同时也开启了我国气冷空心高温涡轮叶片研制的先河，为国家安全和空军建设做出了重要贡献！

“遭遇起动”研究小组

“文化大革命”期间，七室的几位领导同志受到“冲击”，我是党支部副书记，所里任命我代理室副主任。因部队歼7飞机使用中815发动机空中停车次数较多，严重威胁飞行安全，1968年所里决定成立“遭遇起动”研究小组，决定由我担任研究组长，参与的成员有骆华、王秀泽、李华铸同志，还有601所的徐德起同志，后来他担任了601所的党委委员、工会主席。

据苏联资料中记载，歼7发动机空中停车之后，正常的操作应该是先俯冲加速、下降高度、拉平、保持一定的飞行速度，在8～12千米高度的规定包线范围内，在空中保持规定的自转状态，向燃烧室喷油点火，将发动机空中起动起来。在6千米高度以下，如果发动机还没有起动起来就危险了。而10千米以上空中起动时，一般还要向燃烧室中喷点氧气。

如果发动机在空中停车后，能马上进行喷油点火，因为主燃烧室气流温度还是热的，发动机处于热态，点火的成功率会大大提高。从原理上讲，什么时候停车就什么时候点火，发动机能很快地起动起来，这就叫“空中热起动”，可以大大提高空中起动高度。如果能自动地感受停车，又马上自动地接通空中点火系统，使发动机自动起动，用不着飞行员干预就能将发动机恢复到原有工作状态，这就叫“遭遇起动系统”。很显然，有了“遭遇起动系统”，发动机在任何情况下空中停车，都能自动起动起来，这就大大提高了飞机的安全性。

2009年2月5日，606所远方战友欢聚寒舍（左起张池、梁均襄）

我们五人研究小组，在沈阳完成了方案设计、加工和发动机改装，然后到西安阎良 630 所去试飞，我们在那儿待了半年多时间。

由于当时还没有高空台，要在高空中人为地制造发动机空中停车，这是很不容易的，也是非常危险的。因为只有由飞行员先把发动机油路切断，再马上推上去空中点火，风险之大不言而喻。

搞了一年多时间，应该说“遭遇起动”试验基本上是成功的，但后来我被调到四川，815 甲发动机的研制和“遭遇起动系统”的研究工作，全都移交给了 410 厂，后来进展如何？我就不得而知了。

“文革”岁月

1966 年 6 月，正当 606 所全体科技人员、工人和干部满怀激情地瞄准国际先进水平，开展航空发动机新机研制的时候，爆发了“文化大革命”。这场历时 10 年的所谓“大革命”，是一场全国大动乱、大浩劫，使我国的国民经济走到了崩溃的边缘，给党、国家和人民带来深重的灾难，造成了无法挽回的损失。这段不堪回首的经历，至今回想起来，仍有一种难以名状的苦涩。

“文化大革命”开始，我处于不理解和徘徊状态。当时席卷全国的“破四旧”，停产搞“四大”，“怀疑一切”、“打倒一切”，领导干部都靠边站，后来发展到打、砸、抢，“夺权”、“武斗”，都让我心存疑虑。

当时的口号是“毛主席挥手我前进”，“理解的要执行，不理解的也要执行”。自己尽管对许多问题不理解，但也得尽量“紧跟”、“照办”。

“文革”之初，我正在 410 厂参加 815 甲发动机研制和试车，所里贴出大字报，批判吴大观和一些技术骨干，说吴大观是“反动技术权威”，后来许多群众开始贴大字报，其中有些大字报的矛头又指向了所党委。

作为共产党员，在关键时刻不跟党委走，跟谁走？所以，我一开始是极力保党委的，结果“保错”了，党委执行了“资产阶级反动路线”。造反派开始批判保党委的人，说我们这些保党委的人都是“保皇派”，“站错了队”，要我们“反戈一击”。这样，群众之间的观点严重对立，分成了三大派。我所在的群众组织，绝大部分是机关干部和党员，被对方群众组织说成是“保皇派”。后来在极左思潮的鼓噪下，“踢开党委闹革命”，大家就都起来“造反”了，凡是领导干部都要拿出来批判一通。

606 所批判的主要对象就是刘、张、吴。刘就是所长刘苏，他是少将军衔，是老革命；张就是政委、党委书记张显，大校军衔，也是老革命；吴就是副所长吴大观，上校军衔，是爱国爱党的著名老专家。在那个是非颠倒的年代，刘苏、张显、吴大观不仅被打成“反党分子”、“走资派”，刘苏还被诬为“大特务”，张显被诬为“大叛徒”，吴大观被诬为“里通外国的反动技术权威”，惨遭迫害。

粉碎“四人帮”后，党中央拨乱反正，给他们平反昭雪，落实政策，恢复了工作。刘苏同志调原国防科委 29 基地任司令员。张显同志恢复任 606 所党委书记，后调北京 621 所任党委书记。吴大观同志开始恢复任 606 所副所长，后任 410 厂总工程师兼 606 所负责人，不久调到 430 厂任副厂长，主持斯贝发动机引进的研制工作，之后调航空工业部科技委任常委。

1966 年 8 月中旬的一天，在 606 所发生一起血腥的武斗事件，使我的思想急转直下。

那天，附近一家工厂的“造反派”驾驶汽车、带着武器到 606 所企图抢夺所警卫连的枪支，与所的另一派群众组织发生冲突。当时，我正在图书馆看书，突然听到枪声，后来才知道是来抢枪的“造反派”开枪打死了这个群众组织三个人。这三位同志都是很好的科技人员，我也比较熟悉，说实话，我当时很为他们的不幸感到痛心，至今还觉得惋惜。

这一事件的发生，一下子使 606 所“炸窝”了，这个群众组织的一些人造舆论说，那个工厂的“造反派”来抢枪、“血洗 606”是我参加的这个群众组织勾引来干的，这就使两派群众组织已有的矛盾更加激化。有一些人大打出手，声称要“为死难的阶级弟兄报仇”。在当时情况下，弄得人人自危，谁都搞不清楚是怎么一回事儿。所以，我们这个群众组织的人纷纷离开所的大院，有的回老家，有的投亲靠友到外面躲藏起来。我当时也离开了，在沈阳铁西区的堂兄刘金凯家里住了几个月。后来，经过军管会做工作，事态逐步平静下来，我们才返回所里工作。

通过这一事件，加上我父亲当时也受到严重冲击，使我的情绪极度消沉，便逍遥下来。我父亲在当地被“造反派”罗列莫须有的“罪状”，扣上“反动学术权威”和“逃亡地主”两顶大帽子，进行批斗、体罚。我认为父亲是无罪的，但是在极“左”思潮的蛊惑下，欲加之罪何患无辞。联想到所里的几位领导，给我的印象都很好，平时很敬重他们。他们都是入党几十年的老革命，出生入死，不可能一夜之间就变成了“反党分子”、“走资派”，许多人对此都无法理解。所以，后来我也就消极地“随大溜”了，想方设法找借口绕开“政治活动”，不再参加哪些无聊的勾心斗角、派性之争，尽量静下心来搞科研工作，或者看书、翻译资料，并努力争取出差机会，到外地待上几天，甚至一两个月。

1968 年年底，所里搞“大联合”，我继续当专业组长，后来所成立了“遭遇起动”研究小组，决定由我担任组长，便把主要精力放在科研工作上，一心一意“促生产”去了，一直到 1970 年分迁去四川江油 624 所。

现在回想起来，在 606 所工作的 8 年，应当说是我走出“校门”、走进“工作门”从理论学习到实际应用的 8 年。这个期间，虽然有“文化大革命”的干扰，但我读了不少书，除技术业务方面的书外，也读了一些马列、毛主席著作。尤其是通过到部队“蹲点”锻炼、参加 815 甲发动机设计、开展“遭遇起动”系统研究等工作，使我深深认识到：飞机没有发动机肯定不行，没有好的发动机不可能有好的飞机，这些观念就是在这段时间内形成的。对航空发动机有了更多的了解，也有了更深的感情，确立了“为发动机奋斗一辈子”的决心。我觉得，沈阳的 8 年是我打基础的 8 年，是对自己人生有重大影响的 8 年，也是我从冲压发动机转向涡轮喷气发动机的一个重要的时期。

与606所党委副书记常宏在一起

2001年，606所40周年所庆，所领导热情地邀请我回所，还要我在大会上讲话。我讲了这么一段简短的话：

“606所是中国航空发动机的摇篮。我对它充满了深深的感情，这种情感是无法用语言完全表达的。在606所工作的8年，给我奠定了坚实的基础，也给我铸就了人生的道路。我是624所的院士，也是606所的院士。

衷心祝愿606所为祖国的航空发动机事业做出更大的贡献！

衷心祝愿606所明天更美好！”

注释：

吴大观（1916.11.13—2009.3.18），原名吴蔚升，1916年11月13日出生于江苏镇江县（今镇江市）。1937年于江苏省扬州中学毕业，后进入长沙临时大学、昆明西南联合大学学习。1942年8月毕业，就职贵州大定（今大方）第一航空发动机制造厂，任技术员。1944年10月被派赴美国，先后在莱康明发动机厂、普惠航空发动机公司等企业学习。1947年3月回国，到航空发动机制造厂广州分厂做筹建工作。1947年10月—1948年10月任北京大学工学院机械系讲师。

1948年11月，在北京大学地下党组织的安排下，他携家眷奔赴解放区石家庄，受到聂荣臻同志的接见。后在华北人民政府企业部工作并参加了对北平（今北京）的接管。1949年10月，被调到新组建的中央重工业部，任航空筹备组组长。1949年11月加入中国共产党。1951—1956年，先后任航空工业局科长、处长，参与了新中国航空工业的筹建工作。

1957年，他奉命赴沈阳黎明发动机制造厂（410厂）组建发动机设计室，任主任。在此期间领导研制了我国第一型喷气发动机——歼教1喷气教练机用喷发1A发动机。

1961年，他被任命为国防部第六研究院航空发动机研究所（二所，606所）技术副所长。1963年参军，被授予上校军衔。1972年5月任606所革委会副主任，党委常委。1974—1976年厂所结合，任410厂革委会副主任兼主抓厂所协调和新机研制的总工程师。1976—1978年任606所革委会主任、党委副书记。在此期间，参与领导研制涡喷7甲（815甲），涡扇5（61F）和涡扇6（910）发动机的工作。

1977年年底，调任西安发动机制造厂（430厂）副厂长兼设计所所长，主抓涡扇9（斯贝）发动机的专利生产，组织了涡扇9发动机总装、试车、赴英考核试验等，并主编了《英国罗·罗公司斯贝发动机设计技术资料》，《斯贝发动机赴英高空台试验、部件强度考核试验结果技术资料》。

1982年8月，任航空工业部（后为航空航天工业部、航空工业总公司、中航第一集团公司）科技委常委、顾问。在科技委工作期间，他组织编制了涡喷、涡扇和涡桨、涡轴发动机通用规范、《发动机结构完整性大纲》、《发动机结构设计准则研究报告（涡喷、涡扇）》等。编写了《涡扇发动机及其系统的性能研究》、《涡喷发动机试车中的性能研究与故障分析》。参加航空发动机发展战略研究和许多重大科研项目的论证、评审和咨询研究，编写出版了《航空发动机研制工作论文集》。

1956年，吴大观同志被评为国家二级工程师。1990年获国家级第一批有突出贡献的专家称号，1991年被批准享受政府特殊津贴，1992年被授予航空航天工业部有突出贡献的老专家称号，1993年被国家人事部定为暂不离退休的专家。

2009年7月2日，中共中央组织部决定，追授吴大观同志“全国优秀共产党员”称号。

第五章　第 624 研究所

624 所的由来

1965 年 1 月 12 日，为适应航空工业的发展，第三机械工业部“65.1 会议”决定组建航空喷气发动机研究所，代号为第 11 研究所，隶属于三机部第六研究院领导，其建设以高空模拟试车台为重点。1965 年 10 月，三机部批准研究所设计任务书，明确所的性质、任务，主要是进行航空喷气发动机应用科学的研究，是全国喷气发动机科研、设计、生产和使用单位的主要技术后方和试验研究基地。

六院 11 所地处祖国的大西南四川西北部江油县（后改县建市）境内。当时被定为三线地区。“三线”这一概念出自毛主席关于三线建设的战略构想。在这个构想中，他把全国划分为前线、中间地带和三类地区，分别简称为一线、二线和三线。在 20 世纪 60 年代，台湾蒋介石叫嚣反攻大陆，蠢蠢欲动，美国在我国东南沿海地区发动攻势，不断制造事端，中苏关系也日趋恶化，形成对中国的包围圈，国际形势比较紧张。1965 年 8 月，在一次中央书记处会议上，毛主席说：“机不可失，时不再来，内地建设不好，我就一天也睡不好觉。”为了建立一个“打不烂、拖不垮”的战略大后方，1965 年年底中央决定在内陆中西部地区的 13 个省、自治区进行一场以战备为指导思想的大规模国防、科技、工业和交通基础设施建设。但不久即因“文化大革命”爆发而处于停止状态。到 1969 年初在中苏边境发生了“珍宝岛事件”，“三线”建设才开始取得实质性进展，形成了一个高潮。当时中央提出的建设方针是：靠山、分散、隐蔽。口号是：好人好马上“三线”。

在北京航空中心医院看望原624所苗逢润所长

624所的所址几经周折，最终选在四川省江油县松花岭地区，位于观雾山脚下一条山沟中的平坝上。1965年2月，将原606所负责基建的苗逢润（注）副所长调去当所长。在624所创业的最艰难时期，苗逢润同志与领导班子成员一起带领全所职工白手起家、自力更生、艰苦奋斗，克服初建中的许多意想不到的重重困难，精心谋划和组织，几十年如一日在山沟里建起了一座现代化的航空发动机研究所。苗所长事业心强，作风扎实，勤勤恳恳，兢兢业业，严于律己、宽以待人，正直厚道，在群众中享有很高的威望，为624所的创建和发展立下了丰功伟绩。调北京材料研究所刘子英同志任政委，他是1965年4月第一批入川的“十八勇士”之一。身先士卒，不畏艰辛，工作从精、生活从简，与大家同吃、同住、同劳动，深得群众拥护。董绍庸同志担任技术副所长兼总工程师，他参与了香港“两航”起义，是从国外回来的著名航空发动机专家，哈尔滨军事工程学院教授，写过很多书。当时我们学习发动机原理，主要有两本书：一本是俄罗斯斯切金院士写的，另一本就是董绍庸教授写的。606所有很多来自哈军工的优秀毕业生，都是他的学生。康毅同志担任副总工程师，他原在606所就当过副总师，为人正直、治学严谨、谦虚谨慎、平易近人，英语很好，是一位有很高学术造诣的航空发动机专家，后来担任过 624 所所长，为 624 所和高空台的建设做出卓越贡献。

随着领导机构的不断调整，六院 11 所的归属和名称也在不断地变化。1965 年—1968 年 3 月一直叫六院 11 所，1968 年 3 月所随六院划归国防科委领导，改称中国人民解放军第 624 研究所，此后六院 11 所的名称不再使用。624 所的名字一直沿用下来。1979 年 1 月，经上级批准 624 所对外开放，对外名称又叫中国燃气涡轮研究院（简称为 624 所）。

全室迁往四川

1970 年 10 月，经空军司令部批准，上级决定将我所在的 606 所第七研究室（815 甲发动机型号设计室）按建制分迁到 624 所，815 甲发动机型号和“遭遇起动系统”等研究工作均移交 410 厂负责。

在此前的 1969 年，六院决定从 606 所抽调一部分人到湖南去组建一个新所，主要从事直升机涡轴发动机的设计研究工作，就是现在位于湖南株洲的 608 所。当时我主动报名申请，因为我们俩口子都是湖南人，家里上有父母、下有弟妹都需要照顾，我爱人也非常希望去，因为我们在沈阳一东一西，相距太远，六年多来她早起晚归，两头都见不到太阳，实在太辛苦了，两个孩子也难以抚养。我原以为自己要求去湖南的条件和理由是很充分的，但没想到所领导不同意，说工作需要，就是不能放你走。

后来由沈阳 606 所调去了二十几位同志到 608 所，带队的是董秉乾同志，当时他是 606 所的三位副总师之一，后任 608 所所长。

那时正值“文革”期间，我虽然没有去成湖南，感到有点遗憾，但还是恪守自己常说的一句老话，那就是“一切听从党安排”。仍一如既往地搞好自己的本职工作。

我是七室专业组长，又当过党支部副书记，按照领导指示要协助党组织动员大家去三线。我知道自己是肯定要去的。南方人去四川工作，生活习惯不成问题，我向组织提出的唯一希望就是要夫人段兰芳跟我一起去。我心里明白，把她和3个孩子留在沈阳，他们的生活肯定会非常困难，这一要求得到了来沈阳接收人员的624所政治部副主任兼干部科长钱洪儒同志的同意和支持。

按照上级要求，接到通知后一个月之内就得出发，当时思想有些混乱，一些家在东北的同志就不大想去，说我到四川去干什么？但组织做了工作之后，大家都能服从组织决定，基本上都去了。那次共去308人，七室按建制全部都去，其余从各个科室和附属工厂中抽调，科技人员约占三分之二。

走进大山深处

1970年11月，我们举家搬迁，随同606所308人包乘一辆专列，千里迢迢，从沈阳出发了。我们是从繁华的大都市走向深山老林，尽管服从工作需要，但对沈阳毕竟充满了眷恋之情，对即将到达的川西北崇山峻岭，也有着许多未知的迷茫。

火车到北京停留两天，让大家在北京自由自在地玩一玩儿。我们带着3个小孩加上妹妹，一家6口首先去了天安门广场，给他们照相留做纪念。然后带他们去了我的母校北航，又游览了故宫、颐和园和北海。这些给一家大小留下了美好的印象和记忆。两天后我们又登上火车继续启程直奔四川。

火车开到一个叫中坝（后改名江油）的车站，下了火车上汽车，汽车行进在曲折蜿蜒高低不平的山路上，由于是第一次走这种山路，车子开得又快，大家的心都揪着，有些孩子吓得直哭，有些孩子却激动得直尖叫。

到了松花岭，一出公路隧道，感到豁然开朗，看到马路两旁的楼房，楼前插满彩旗，站着一排排化了妆的中小学生，手中拿着鲜花，高呼“欢迎！欢迎！热烈欢迎！”场面虽不算十分壮观，却显得非常热烈和真诚。

1970 年 11 月，分迁四川全家在天安门前合影

当年毛主席的指示是“靠山、分散、隐蔽”和“靠山、近水、扎大营”，后来林彪发挥了一下，演绎成“山、散、洞”，进山越深越好、分得越散越好、能进山洞更好。按照林彪的这些话，624 所就形成了一线五点 23 公里“羊拉屎”的分散局面。我们被安排在最里面的那个点——即北川县甘溪小镇，孤零零的一个设计室，孤零零的一栋三层楼，我们就在那儿办公了。

职工住房非常紧张，单身职工安排在稍加改造的澡堂子里居住。我们带家属的，就挤在办公楼里。上面两层办公，下面一层住家。做饭都在走廊里面。当时没有煤供应，开始我们就带着小孩和大家一起上山砍柴，拣枯树枝烧。烧柴禾谁都不习惯，有些人虽然带了蜂窝煤，也不会烧，底层一做饭，烟就直往上面冒，熏得我们在办公室眼泪鼻涕一起流，弄得大家都哭笑不得。有的同志趁机说俏皮话：“你老兄何必天天流下激动的泪水啊？”逗大家开开心。

兄妹天安门合影

刚来的时候大家还有点新鲜感，有说有笑的。但没过多久这种新鲜感就消失了，只剩下了郁闷和寂寞。由于四周都是高山，感到这里的天黑得比沈阳要早。到了晚上，仰望星空，就像一个带孔的锅盖，把自己扣在了大山里面，中间只露出那么一点点天，觉得自己真像是“井底之蛙”了。

孩子们永远是天真可爱的，他们高兴地数星星，比赛看谁数得多，而大人们则感慨万千，有的沉默不语、有的暗自伤心，心情十分复杂。

大约7个月后，我们住办公楼的人都搬到甘溪的梅家园去了。梅家园山坡上有一座古庙，据说1935年红四方面军路过时，徐向前司令员曾在那里开过会。到梅家园有3~4里路程，要过一条河，当年是铁索木板桥，我们去时已建成了能过汽车的钢筋水泥桥了。我家被分配住到半山腰上一栋三层简易楼顶层的一间半房子里，在那里住了大约3年时间。那时候要求隐蔽，房子的外表看起来要跟老百姓的房子一样。建房子用的是干打垒的方法，就是用河沙、石子再加一点水泥搅拌在一起，做成长方形的块料，一块块堆砌起来，屋内墙面连石灰都没有抹，谁要想打钉子进去挂点东西是很难的，屋顶有些是用瓦片，有些采用石板。

在沈阳时就听人说这里山上有“熊瞎子”，晚上睡觉前一定要把门窗关好。但我们住了那么多年，却没有一个人看见过“熊瞎子”。

成为 624 所一部分

后来听说，在我们分迁到 624 所之前，还有过一段小插曲。

1970 年 5 月，为加快“三线”建设步伐（另说是为执行林彪 1969 年 9 月的 001 号命令），空军司令部决定在成都建立飞机和发动机的第二设计研究所，由 601 所和 606 所分迁部分科技人员去组建，地址初步选定在成都军区空军指挥部所在地，两所各占一半，606 所的要略大一点，由 601 所、606 所军管会和革委会各派出一个小组前去考察调研。601 所的考察组回去后，写了一个报告，认为这个地方很好，同意将第二飞机设计研究所建在该处（以后发展成了现在的 611 所）；而 606 所考察组回去后，写的报告却不同意建在那里，据说有三条理由：第一，这个地方靠近武侯祠旅游风景区，不利于保密；第二，房子太破旧，一脚就可以踹倒，改建需要很多的钱；第三，周围全是农田，没有发展余地。当然还可能有一条理由是因为发动机试车，噪声较大，容易扰民。这么几条理由，606 所就将这个地方放弃了。

在这种情况下怎么办？上级领导提出希望 624 所暂时代管。但苗逢润所长明确表示不同意，他说，这些同志要是给 624 所，我们非常欢迎，可以单独成立发动机设计室，如果是代管，我们不好管，也管不好。

1970 年 6 月六院正式批准，明确 624 所将要承担型号设计任务，于是第二发动机设计研究所就建在 624 所，先建一个设计室，待条件成熟时再逐步扩大。这样我们就名正言顺地成为 624 所的一部分了。606 所分迁去的设计人员，绝大多数分配到了建在北川县甘溪小镇的设计室工作。

从甘溪到所本部松花岭有20多公里路程。交通只有一条弯弯曲曲、铺了一点小石子的泥巴公路，个别地方勉强能够会车。道路的一边是悬崖峭壁，山上“嵌入”的大小石块好像就要掉下来似的，令人望而生畏；另一边是大山沟，底下就是平通河，地势十分险峻，车子一旦掉下去肯定会粉身碎骨。我们刚去的时候，因为只有一部大轿车，要让给女同胞和孩子们坐，我们只好爬敞篷的解放牌卡车。汽车开在这种山路上，开始大家挺害怕的，真有点心惊肉跳的感觉，但时间长了也就习惯了。

来到这个偏僻的大山沟里，我们的主要任务是为了搞新型发动机设计。这个发动机的指标很高，是为“双三”飞机配套的发动机——飞行高度30千米，马赫数为3.0，代号“911”。在624所的编制中，成立了第一设计室，规模很大，大概有160人，由袁美芳担任室主任，杜仲泽、王靖寰、陈大筱为副主任，周振德为党支部书记，相当于一个中小规模的设计所了。

我在设计室担任总体性能组副组长。组长是李介玉同志，他是留苏回来的。我们俩人各负责一个总体性能方案。他原来是搞910的，他搞的方案是在910基础上改进设计；我负责的是以斯贝发动机为参考样机，重新进行总体方案设计。

与李启生（左）、李介玉（右）合影

现在回过头来看，这两个方案都是不可能实现的。刚开始接受任务时，我们就感到指标太高，很难实现。我们查了很多资料，采用涡喷发动机耗油率太高，而涡扇发动机虽可以明显降低耗油率，但当时世界上发达国家的涡扇发动机也还处在起步阶段，还没有一台涡扇发动机能够飞到马赫数3.0。再加上我国国产发动机还处于仿制阶段，自行研制才刚刚开始，技术基础太差，材料、工艺也很落后，要搞出这种高指标的发动机是根本不可能的。但林彪是毛主席的亲密战友，又是党中央唯一的副主席，他提出来要搞“双三”，要造航空动力的“长江大桥”，谁也不敢说一个“不”字。

1971年9月13日，林彪外逃，摔死在蒙古的温都尔汗，成为千古罪人。后来通过中央文件的传达和学习，才知道林彪反革命集团秘密策划“571”工程计划，妄图谋害毛主席，篡党夺权。

1972年5月，上级下达文件，911设计任务下马，一室基本上就没有什么新的具体任务了。此后的一段时间里，我们处于无明确任务的“真空期”，有些同志抓紧学学外语、看看资料，有些同志买点木头打打家具，有些同志因各种实际困难而要求调走。我也处在这种无所事事的状态之中，但每天我都能坚持按时上下班。

就在这一年的七八月，三机部发动机局王祖浒副局长带队来所进行调研。在座谈会上，我就“我国发动机为什么落后？今后应该怎么办？”等问题谈了一些自己的粗浅看法。我提出搞发动机不能像熊瞎子掰苞米那样，掰一个丢一个，最后什么也没得着；我讲了自己在空军部队蹲点6个月，了解到部队很需要815甲发动机，应抓紧搞好；也讲到910发动机是我国第一型自行研制的涡扇发动机，即使出现一些问题，也应该坚持搞下去，坚持到底就是胜利；还提出应加大资金投入，加强预先研究工作，要认真打好技术基础等多项建议。这些观点和意见得到王局长的赞许，他当场进行了肯定，评价颇高。后来王局长负责主持制定《1973—1980年三机部航空发动机发展规划（草案)》，点名借调我到北京参加编写组工作，住在航空部第一招待所，每天到北兵马司开会讨论和编写，大约持续了3个月。我在624所因长期坐敞篷车，落下坐骨神经痛的毛病，有时爬车都很困难。在北京搞“规划”这段时间，坚持每天到附近的北京中医院进行针灸和理疗，效果明显，做到了工作治病两不误，心情十分舒畅。

1973年10月21日，三机部做出决定：将815甲和910型号设计任务仍移交

606 所负责，六院决定从 624 所第一设计室抽调 70 名科技人员返回 606 所工作，这 70 名同志又回到离别 3 年的沈阳，而我则被留了下来。

山青水秀屋顶漏

624 所地处的江油县，物产丰富，人文荟萃，山川奇丽，历史文化底蕴深厚。江油是唐代伟大诗人李白的故乡，素有“李白故里，九寨门户，蜀道咽喉，华夏诗城”之称。县城中建有太白公园和李白纪念馆。附近青莲镇留有粉竹楼、太白洞、磨针溪、洗墨池、李白衣冠墓等著名景点，古木缪翠，风光奇绝。

观雾山下的 624 所，山青水秀，鸟语花香

624 所的所在地松花岭，归江油县大康乡管辖，距江油县城 25 公里。这里群山环抱，风景秀美。太华山绵延起伏、观雾山层峦叠嶂，林木密布，绿叶常青。每到春天，漫山的映山红与田野中的油菜花，红黄衔接，交相辉映，加上湿润清新的空气，令人赏心悦目，心旷神怡；山间的平通河，流水潺潺，清澈透底。汛期一到，洪水汹涌澎湃，一泻千里。

在松花岭 30 公里以内的地方，还有许多名胜古迹。如位于大康乡的佛爷洞是川西北最大的喀斯特溶洞。1934 年，因人们在通天暗河内发现了一尊 3 米多高的石刻如来佛像，故此洞名曰：佛爷洞。

位于武都镇郊涪江河畔的窦团山，是国内著名的丹霞地貌风景区，为川西平原上的一颗明珠。诗仙李白少年时游过此山，曾留下了“樵夫与耕者，出入画屏中”的千古绝唱。

与 624 所老所长康毅在四川江油窦团山

凡是到过 624 所的人，恐怕没有人说这个地方不美的，这的确不是溢美奉承之词，尤其经过 40 多年的建设和发展，今天这块热土显得更加美丽、更加令人赞叹不已。但当年我们到达 624 所时，曾流传着一幅对联，也是一个不争的事实。这幅对联就是——山青水秀屋顶漏，鸟语花香厕所臭。

“山青水秀”，的确不假，有山有水。高空台供气站的压气机组，在试验时都需要大量的冷却水，所以高空台必须建在有山有水有电有气的地方。我们在太华山的半山腰上，修建了一个 16 万米^3 的大水池，人们都叫它“天鹅湖”，利用这个位差，从平通河用泵把水打上去，沉淀以后放下来冷却机组，之后就直排到平通河里去，那个时候也没有认真考虑环境污染问题。

“屋顶漏”则是所内房屋的真实写照。我们办公和住的都是“干打垒”房子，建设标准低，住在顶层的人家都会遇到屋顶漏的问题。我住过的甘溪梅家园那栋三层简易楼房顶层，外面下大雨，屋里下小雨，我只好买了四五个塑料桶和盆来接雨水。找领导想办法修一下，也只能等到不下雨的时候，来修的人多半是当地农民，不下雨时又不知道哪儿漏，就胡乱给你抹点水泥了事，到了雨天还是一个“漏”字。

“鸟语花香”，用来形容当地风光，确不为过。当地一派田园风光，空气新鲜，夏天不太热，冬天不太冷，真有点陶渊明笔下“桃花源”的感觉。

艰苦的办公条件——房屋漏雨

“厕所臭”也绝非夸大之词。当时为保守国防机密，要求房屋建设要与当地老百姓的房子一致，以迷惑敌机空中侦察。在信息技术飞速发展的今天，这当然会令人哂笑，但当时的决策层领导就是这么想的，因此，所有的家属宿舍都没有室内洗手间，只有室外的公用厕所。我在梅家园和望江楼的住房都是顶层，到厕所有200多米的距离，每天都要从三楼跑下来去上厕所。我的肠胃不好，清晨起来第一件大事就是奔厕所。人多“坑”少，有时“内急”难耐，就只好在野外“方便”一下。如果山风骤起扑面来，那可就满脸尽是带尿的“珍珠”了。我们的厕所还算不错，蹲坑用的是水泥板。有的厕所就用两块木板简单架起来，蹲下去摇摇晃晃的，让人提心吊胆。据说还真的有人不小心掉下去过。

当年的624所人就是在这种环境下生活的，条件确实很艰苦。但为了祖国的航空事业，为了建好“争气台”，大家无私奉献，无怨无悔，最后都挺过来了。我常常在想，比我们更艰苦的是那些最先来到这里的同志，像刘子英政委、赵诚副所长、姜长信委员等十八位勇士……当年他们披荆斩棘，头顶青天，脚踏草原，住茅草房，吃地瓜藤，不怕千辛万苦，一镐一锹开垦了这块处女地。今天我们的条件要好多了，千万不能忘记这些先行者，他们才是真正的先驱、真正的创业者！

624 所建所“十八勇士”（部分）

献了青春献终身

说起“三线建设”，有一句很流行的话——“献了青春献终身，献了终身献子孙”。在 624 所，有人在那句话后面又加了一句，叫做“子孙没人要”。

我 33 岁走进山沟，待了整整 30 年，离开的时候已是 63 岁了，可以说生命中最宝贵的青春年华和大半辈子的生活是在山沟里度过的。我爱人的工作在二区（白果寺），我工作在最里面的甘溪小镇，住在梅家园，两地相距 20 多公里。她每天早晨天不亮就要带着小孩赶到白果寺上班，晚上很晚才能赶回来，有时乘坐的只有敞篷卡车。无论是酷暑烈日还是严寒雨雪，都是这样度过的。碰上我出差，她只能一个人为孩子忙活。这种情况当然不止我一个，在那里所有的同志都是这样。

如此艰苦的环境，比我去得早的还大有人在。当年的先驱者，很多人退休后就留在那里养老，安度晚年，不少人已经作古，“死在松花岭，埋在观雾山”。他们为祖国的航空事业贡献了一辈子，真正地做到了“鞠躬尽瘁，死而后已”。一个人的能力有大小，贡献也不一样，但那种“艰苦奋斗、顽强拼搏、团结协作、无私奉献”的革命精神，我们应该永世不忘，代代传承，发扬光大。

大家所说的“子孙没人要”是指职工子女的教育和就业问题。

624所是一个封闭的小社会，除“火葬场”之外，其他所有的社会职能机构都很齐全。“三线”单位，从幼儿园到小学、中学，大都是单位自己开办。偌大的山沟里独此一家，送孩子到县城学校去读书，路途太远，能去的人很少。所以子女只能放在自己办的学校里读书。老师哪里来？基本上来自家属。随爱人来到这里的家属，大部分安排在行政、后勤服务部门，如到职工医院去当护士，验血、打针，读过大学但专业不对口的，所里没有合适岗位，就只好安排去学校教书了。

这样的学校，教学质量很难有保障。恢复高考后，我们所办中学的高中毕业生几年高考全剃“光头”，一个没考上。后来只好自办技校，使孩子们就业能有一技之长。

由于孤零零一个单位，孩子又考不上大学，就业成了一个最突出的问题。自谋职业也很困难，卖大碗茶没人喝，擦皮鞋也没有生意。所以老同志们感慨——“子孙没人要”。

那时山沟里没有糖供应，因为孩子小，一有机会到北京出差，业余时间最重要的任务就是买糖。我记得北京的商店里有一种白糖，一毛钱一小包，不要票证，但要排队，限量一人只能买一包。我们去了商店就排队，排到了买一包，再转回队尾接着排。排到第二、第三次，往往会被售货员认出来，厉声训斥，“你刚买过，怎么又来了？下次不许再排了！再排也不卖给你！”我们则只能低首小声，请允再买一包。之后到另一商店，故伎重演。

因为邻居和好朋友家中大都有小孩，所以买回去的白糖，首先要给大伙儿分一点，给家里留一点，就这样忍辱负重为孩子们买一点白糖回去。

在外如此，所内也会有一些不太愉快的事。当时买副食品等都要票证，副食店的售货员烜赫一时，成了“大爷”。记得那时买肉要肉票，副食店卖肉的售货员见到熟人，一刀下去肥瘦搭配，不认识的人来了，半斤肉中一小半是皮。有的领导去买，基本上是好肉，引起后面排队群众提意见，有时还会发生一些争吵。

在那个山沟里，与大城市相比，条件差得很多。住房面积小，房子质量差；医疗设备水平低，医生专业不齐全；教育水平低，孩子考不上大学；物资供应少，工资比城市低；就业岗位少，孩子没人要……凡此等等，不一而足。但为了党的事业，大家都在拼命努力地工作，祖国航空事业的需要就是我们的志愿。这些同志的确都做了无私的奉献。

苦中也有乐

在 624 所这块热土上，当时条件确实很艰苦，但大家的思想觉悟还是很高的，工作全力以赴，干劲十足，经常加班加点，有着很多感人的故事。

1970 年 11 月，当我们从沈阳出发的时候，所里给每户做一个大木箱，算是“嫁妆”。比较细心的同志打听到要去的那个地方没有煤，一个箱子不够用，就自己弄些破木箱带些蜂窝煤去。我们多数人没有带煤去，就只能从当地老乡手里买些木柴，星期天也会领着小孩子上山拣枯树枝烧，孩子们当然很高兴，觉得很新鲜、很好玩，看着孩子们高兴的样子，我们也从中体会到一丝苦中的乐趣。

由于我们所处地区山太高，接收不到信号，所以 624 所很长时间看不到电视。为解决这个问题，所里决定自己动手建一个电视转播站。电视转播站需要建在山顶上，大家自觉地参加义务劳动，把砖、石等建筑材料一点点往山上背，苗逢润所长已年过半百，身先士卒，带头参加，一次也要背上三五块砖。转播站建起来后，山沟里就有电视可看了。

出席党的第十五次全国代表大会

但是，20 世纪 70 年代彩色电视机非常昂贵，14 吋的要好几千块钱一台，还要凭票，一般职工用五六年的积蓄都难以买得起。因此，所里没有几家买彩电的。那时看露天电影是一项最重要的娱乐活动。当时没有大礼堂，只好在医院旁边的苦竹沟弄出一块小坡地，建了一个像碉堡一样的小屋作为放映室，每到周六或周日晚上放电影。一到傍晚，放映室外面就聚集起看电影的小孩和大人，自带小板凳早早等在那里，熙熙攘攘、热闹非凡，一派欢快愉悦的气氛。

1980 年，我因参加斯贝发动机高空模拟考核试验，在英国待了半年时间，回国时买了一台旧电视机。那个时候出国，生活费一天 1 元钱人民币，我们把积攒下来的钱换成英镑，临回国时大概有 100 英镑，有些人买收音机、录音机，我买了一台 24 吋的二手黑白电视机，回来请人改装后收视效果还可以。我这台旧电视机可是发挥了不小的作用。1980 年 11 月，最高人民法院特别法庭审判“四人帮”，周围邻居都拥到我家里来观看电视直播，但我家的屋子太小，坐不开，也没有那么多凳子可坐。于是我就决定将电视机搬到楼下，每天晚上由几个小伙子帮着搬，大家自带板凳坐在露天观看，看完后再帮我搬回家。算是增加了一个大家看电视的场所，周围几十户邻居看审判“四人帮”实况转播，就全靠我那台旧电视机了。

从松花岭再往山沟深处走有一个研究所，是搞核工业的。我的一位北航毕业的同学在那里当副所长，是管后勤的，十几年了，我们就在相距不远的两个单位工作，但一直不通音信。我走上 624 所领导岗位后，他们单位出过几次重大车祸，因为事故地点在我所附近，所里立即派出医护人员前去紧急抢救伤员，他代表单位来我所表示感谢。就这么一个偶然的机会，我才与他建立了联系。

他们的供应比较好，经常有挂“子 9”红牌的车队给他们送东西，肉、蛋、鱼、虾、蔬菜、水果……一车车的往里面拉，以保证他们的生活。他们那儿的条件比我们还要艰苦，是进洞的，经常要在山洞里面工作。从我们松花岭进去还有几十公里路程，所以国家供应标准高，而且有保障。

有一次我半开玩笑地对他说，你们供应这么好，我得留下一点“买路钱”，能不能分给我们一点啊？他很慷慨地说行，你就扣下一两车吧。就这样，我们不时也可以分一点紧俏物资了。当然这只是杯水车薪，更多的供应还是要靠我们管后勤的同志，积极想办法到外面去拉些食品回来卖给职工，逢年过节有时也作为福利按人头分配。那个时候很有趣，全所各家的餐桌上几乎都是一样的，要吃鱼就家家都吃鱼，要吃鸡就家家都吃鸡，还有苹果、鸭梨什么的，几乎家家都一样。固然是由于供应过于单一的原因，但还真有点“有福同享”的味道。

还有的就是要靠当地老百姓了。每到周六，大家就互相问，明天去不去“赶集”？也就是去买鸡蛋、鸭子、天麻之类的东西。约好之后，第二天一早，我们的自行车“远征队”就出发了，人人肩上背一个背篓，到更深的山沟里去买老乡的家禽、土特产，越往深山里面走就越便宜。我们在山路上骑自行车，上坡推着走，下坡就一溜烟“飞”下去，痛快极了，当然刹车不灵会有麻烦。那个时候，我骑自行车的水平比在北航时有了很大的提高，但车闸还是需要的。

那时没有自行车，买鸡蛋什么的就没有办法去，走路需要 3 个多小时，买了东西再走回来，一天时间就没了。

有一次，我们组里有一位姓孙的同志自行车丢了，我是副组长，就发动全组同志帮他找自行车。以前也有丢了自行车后找回来的例子。那天，他也借了别人的自行车一起去，将近 20 来个人兵分两路去找。我带一队，找了一大圈，最后还是没有找到。

虽然车没有找到，却也不虚此行，而且收获蛮大，每人都背了一把藤椅回来。我们到了一处很偏僻的地方，看到老乡家里摆满了藤椅，编得很好，因交通不便，难以运出来，所以价格也就很便宜。于是大家选藤子又好、又便宜的就买了。回来的路上，几乎每个人背上都用绳子捆着一把藤椅。

我们刚去624所时，当地的鸡鸭很便宜，大概2元钱就能买回一只。经济条件好一点的同志，每个星期都可以杀只土鸡吃。有人就编个谜语，“某某家的鸡，打一地名”，谜底是“长沙”（谐音“常杀”）。鸡蛋也很便宜，开始是3分钱一个，后来5分钱一个，但越往后价钱也就越贵了。

有一次，一位同志买了一背篓的鸡蛋，已经背到住的大楼里面，背绳突然断了，鸡蛋摔在地上几乎全部打碎，懊丧不已、哭笑不得。

类似这样的趣事还很多。624所人并没有被困难所吓倒，面对所有的困难，大家都处之泰然。现在一些老朋友相聚在一起，谈到当年的情景，苦中有乐，乐在苦中，总觉得大家在一起是难得的缘分，也是人生难忘的一段经历，回味无穷！

注释：

苗逢润（1920—2009），山西襄垣人，生于1920年2月，1936年5月参加革命工作，1940年1月加入中国共产党。历任山西沁县决死队班长，山西太岳军区总队侦察连班长、排长、副连长，太岳同蒲游击二支队、太岳三军分区司令部、太岳军区13旅68团参谋，四纵河南军区参谋科副科长、科长，河南军区警二旅六团副团长，独立16团团长，洛阳军分区副参谋长，空军24师副参谋长，南京军事学院空军系训练处副处长，北京空军指挥学院训练部教务处处长、支部书记，国防部第六研究院二所副所长，第三机械工业部第六研究院第11所（即624所）所长、党委书记、顾问等职务。1985年11月离职休养。2009年10月28日，因病医治无效，在四川江油逝世，享年90岁。

第六章　高空模拟试车台

高空台是国家战略性大型设备

所谓高空台，就是在地面上模拟飞机在整个飞行范围内各种飞行状态和环境条件，对全台发动机进行试验的大型地面试验设备群。它是一项技术复杂，难度很高，规模巨大的国家重点工程项目，是独立自主研制新型先进航空发动机不可缺少的试验手段。由于高空台具有试验范围广、功能强、效率高、风险小、状态可重复、不受天气限制等许多特点，20 世纪 60 年代以后，发达国家研制的各种先进军民用航空发动机，无一例外都是从高空台“飞”上蓝天的。

据美国国防部和 NASA 联合调查组宣称：一个现代先进航空推进系统计划，在 5 ~ 6 年的周期内，高空台试验要进行 5000 多小时，并占用 3 ~ 4 个试验舱。正因为如此，从 20 世纪 40 年代中期开始，美、英、苏、法等国家，均不惜花费巨额投资，相继建立了 60 多个各型高空舱和推进风洞，这对迅速提高发动机研制水平起到了重要作用。对一个航空强国来说，高空台是具有战略意义的重要大型设备。

1962 年 11 月 2 日，国防部六院向张爱萍副总参谋长和国防科委就风洞和发动机高空台的建设问题提出建议。1964 年 2 月，聂荣臻元帅批示：“要抓紧空气动力中心和高空模拟试车台的建设，如再迟迟不动，将来势必造成大的被动。”遵照聂帅指示，同年 7 月，国防科委组织成立了马庆祥、刘亚真、姚文江、杜鹤龄、唐瑞成、唐狄毅等 12 位同志参加的高空模拟试车台技术小组，开展高空台技术论证工作。

624 所高空台

1965 年 1 月 12 日，第三机械工业部“65. 1 会议”决定组建航空喷气发动机研究所，1965 年 6 月 15 日正式行文成立六院 11 所（即后来的 624 所），所部暂设北京市北苑，开始筹建高空台建设，由刘正惠、吴大观同志担任筹备小组正、副组长。

我国高空台经国家批准立项，经过全国近百家企事业单位团结协作，上万名建设者的共同努力，历经了 30 个春秋的艰辛磨难，凝聚了两代人的理想追求和聪明才智，最终于 1995 年通过国家验收，正式投入使用，使我国成为世界上继美、俄、英、法之后第五个拥有此类大型试验设备的国家，在这一高科技领域占有一席之地。

“八大金刚”之一

1973 年年底，从 606 所分迁到 624 所的科技人员中，有 70 多人又奉命返回沈阳，我被留下来搞高空台，这一留就在山沟里待了整整 30 年。

1974年春节前的一天晚上，康毅副所长突然来到我的“寒舍”找我谈话，传达所党委的决定，将我留下来并调我到高空台设计室当副主任，分工主管高空台的调试和发动机高空模拟试验工作。他有点担心我不太理解，就反复给我讲了高空台试验的重要性和复杂性。康所长曾担任过606所副总师，是我崇敬的领导人之一。当天天气寒冷，又爬一座山，我真有点儿过意不去。我感谢党组织和所领导的关怀，表态说既然留下来了，工作就一定服从组织的安排。

1974年4月22日，苗逢润所长签署文件，任命刘亚真为第11研究室第一主任、陈大筏为主任，汤建勋、王润宗、孙树臻和我等4人为副主任。所党委任命徐生淑为书记、朱光亮为副书记。

高空舱运抵624所现场

当时高空台不是由第四设计院承担非标设备设计工作，而是由624所自己负责设计，再加上从原进洞方案变为洞外建设方案，工作量大，专业面广。所以11室是一个大室，既是整个高空台的设备设计室，也是高空台和地面台的发动机试验研究室，最多时曾达到128人。由于有8名干部，被群众戏称为“八大金刚、一百二十八将”。

作为技术副主任，我分工主管高空台的试验工作，也就是说在高空台建起来之后，负责设备的调试和将来的发动机试验研究。由于当时许多设备尚未安装，还谈不上开展调试和试验工作，所以，开始时我也参加了主试验厂房部分设备设计和下厂跟加工，再就是对未来设备的调试方案做些技术准备。

1974 年年底，所领导找我谈话，说歼 8 飞机要开展定型试验工作，这个飞机所选用的动力装置是 815 甲发动机，就是我曾在 606 所参与设计和试验的那种发动机。领导要我带队到北京去，利用 31 所 CS－01 高空台（在云岗）完成 815 甲发动机的高空台定型试验。

当时，三机部与五院达成一个协议（注 1），由三机部投入 300 万元，对这个台进行必要的改造和调试，并完成 815 甲发动机试验，31 所不另收取试验费用。这项工作原来是由孙树臻同志负责的，我调到 11 室工作后就把任务移交给了我。

CS－01 高空台是暂冲式的高空台（624 所在建的是连续式的）。所谓暂冲式就是用压气机把储气罐内充满空气，大约有 20 个大气压力。试验时把高压空气放出来，通过超声喷管，气流的马赫数可达到 3 倍声速以上。但一次放气试验，最多也只能维持 5～10 分钟，大家戏称它是“吹一口气”的试验。有时发动机参数尚未稳定下来，气就放完了。

我带领 624 所一个发动机试验小组的技术人员和工人总计 20 多人长驻北京，负责发动机试车、参数测量、数据分析及最终试验报告的编写，设备操作由 31 所同志负责。开始时主要是调试设备和校准测试系统，制定试验大纲，编写试验程序等，所以，我也经常带队去沈阳与飞机、发动机厂所的人员进行技术协调。

CS－01 高空台从储气罐后加温器进入试验段有一个垂直拐弯段，在模拟高马赫数试验时容易造成进口流场畸变而引起发动机喘振。开始不太了解这一问题的严重性，试验中发动机“放炮”（即喘振）就觉得是发动机出了问题。后来发现发动机喘振可能是进口流场畸变引起的，我们与 31 所领导商议后，决定在发动机进口前加一个整流装置，使进气流场均匀一些，情况就大有好转。

在31所同志的大力支持下，我们在北京用了将近一年半时间，完成了815甲和815乙两型发动机的高空台试验任务。为歼8飞机的定型做出了贡献，后来815乙发动机也用于歼7改型飞机，并初步摸索出发动机高空模拟试验的一些经验。

1976年1月，刚完成发动机在CS－01高空台上的试验，准备撤回四川时，正赶上周恩来总理去世，整个北京和全国都沉浸在无限悲痛的气氛中，开追悼会的前一天，我到北京饭店向正在那里开会的624所党委书记刘平同志汇报815甲发动机试验结果，他留我住了一个晚上。

第二天我到长安街上，参加了北京人民十里长街送别周总理的悼念活动，我与所有的人一样热泪盈眶，痛哭失声，为失去敬爱的总理而哀恸。在与刘书记交谈中，我们也谈到了党内政治斗争问题，虽然周总理追悼会是邓小平致悼词，但当时已“黑云压城城欲摧”，我们已经强烈地预感到，一场新的政治风暴即将来临，小平同志可能又要“下台”了。“文革”何时才能结束？中国的命运如何？中国的前途在哪里？刘书记感到无穷忧虑，我也就更加迷茫了。但当时这些想法只能深深地埋在心里。周总理追悼会后的第三天，我带着沉痛的心情返回四川。我暗下决心，要化悲痛为力量，为根治飞机“心脏病”尽自己的微薄之力，以告慰周总理的在天之灵。

赴英参加斯贝发动机高空台试验

斯贝MK202是英国在20世纪60年代中期研制的一种性能较为先进的涡扇发动机，具有推力大、油耗低、可靠性高、维修性好、使用寿命长的特点。英国在70年代初用该型发动机换装了从美国引进的F－4K战斗机上的J79涡喷发动机，美国也引进了该型发动机的制造权，经改进后用在A－7攻击机上。可见，斯贝MK202在当时世界各型涡扇发动机中处于领先地位。

基于我国航空发动机技术相对落后的状况和装备的需要，国家决定引进斯贝发动机制造专利进行生产，以学习国外先进技术。在此基础上，再通过消化、吸收来提高我国发动机的技术水平，应该说这在当时是正确的、必要的。现在回过头来看，如果没有当年的斯贝引进，就没有今天的“飞豹”飞机。

但引进斯贝这件事，却引起了一场轰动全国的“政治风波”，被江青批判为“卖国主义”、“爬行哲学”，即所谓的“蜗牛事件”。王洪文也跳出来横加干涉，对不同意引进斯贝发动机的信件批示“应当重视”。

沧海横流，方显英雄本色。1975 年 5 月 11 日，叶剑英副主席毅然批示：“我的意见，不可不买，不可多买”，“目的是引进国外技术，促进自己发展”。李先念副总理批示“我看对”，“两条腿走路比一条腿好”（指引进和自行研制）。1975 年 6 月，他们又分别批示：“我同意引进新技术，加速我国飞机工业发展。”“这一件事情是我和剑英同志提议的……因英国的飞机发动机的制造和质量还是有可取之处的。”最后由周恩来总理拍板决定引进。很显然，正是周总理、叶帅和先念副总理等老一代无产阶级革命家，以他们的雄才胆略和远见卓识，顶住了“四人帮”的干扰和施压，才使斯贝引进得以实现。

1975 年 8 月，中英双方进行实质性谈判，12 月 13 日，签订了中国引进英国斯贝发动机专利合同。斯贝发动机的中国型号定名为涡扇 9，定点在西安 430 厂试制生产。在试制生产中，国家高度重视，做出了相应的部署，在经济十分困难的条件下给予了足够的经费支持，并决定王震副总理亲自担任领导小组组长。

为了加强技术领导，1977 年年底，三机部调吴大观同志到 430 厂任副厂长兼任厂设计所所长，全面负责英国斯贝发动机专利技术引进和试制工作，担任斯贝发动机总装、持久试车、部件强度考核和整机高空模拟试车台考核试验的中方技术负责人。

经过 3 年多的努力，1979 年 7 月 25 日，第一台使用罗·罗公司毛料制造的零组件以及该公司的购件和附件完成了斯贝发动机装配。到 11 月，分两批装出了 4 台发动机。同年 11 月 13 日，由中英双方共同在 430 厂完成了 150 小时持久试车考核。

按照专利引进合同的规定，中国生产的斯贝发动机需要送到英国去进行高空模拟试验、－40℃条件下的冷起动试车和5大部件的循环疲劳强度试验。只有这些试验通过了，才算是我们掌握了斯贝发动机的专利生产技术。

1979年8月，接到上级通知，要我去430厂参加对英谈判。这次谈判的主要任务是国产斯贝发动机送英国罗·罗公司进行高空台和零部件强度考核试验的有关问题。中方代表团长是三机部发动机局任家耕副局长，吴大观为副团长兼技术负责人，成员有王智忠、王振华、王通北和我共6人，翻译为王大伟同志，他后来长期担任中国航空技术进出口公司的副总经理，为开拓我国航空技术的进出口业务做出了突出贡献；英方代表团长为斯考菲小姐，团员有贝克特、法洛斯、海因斯等人。谈判先在430厂进行，达成了初步意向，经向正在工厂视察工作的莫文祥部长汇报，获得批准同意，然后又转到北京中国机械进出口总公司继续谈判，最终签署了协议和合同。在这次谈判中，吴老指示要我与王振华同志两人负责发动机高空台考核试验的试验状态、考核内容、验收标准的技术准备和主谈，这是我工作以来第一次参加重要的外事谈判。

赴英国维克斯公司考察访问

1979年10月，三机部决定组团赴英参加考核试验工作，仍由任家耕副局长担任团长，吴大观为副团长兼技术总负责人。为了搞好斯贝发动机考核试验，代表团成立了临时党支部，由任家耕担任书记，吴大观、王大伟和我3人为支部委员。代表团下设两个考核试验技术小组，吴老指定我担任高空台考核试验小组组长，430厂王振华同志为副组长，624所去的还有杜鹤龄、庄廷科、夏光义、王青生和卢传义同志（翻译）；606所王通北同志为零部件强度考核小组长。

吴老非常重视技术学习和资料的积累，要求每个人每天要把看到、听到的技术信息都记录下来。他还特别嘱咐我们："要抓住这个难得的机会，既要完成好斯贝发动机的考核试验，又要学习好英国先进的发动机高空模拟试验技术，回国后将我国自己的高空台建设好、调试好。"

斯贝发动机高空台试验（左二为吴大观）

我记得斯贝发动机整个高空台考核试验总体上很顺利。但也存在两大技术问题：第一个问题是五个性能考核点中有二个单位燃油消耗保证点超过合同规定值。考虑到合同允许高空台的测量误差为±2.5%，仍分别超过合同规定的上限值。罗·罗公司在达比试验现场的专家认为这是因为高空舱尺寸小，存在着

“舱效应”，使高空台试验中产生了发动机的性能漂移，只要对其进行“动量修正”是可以达标的，但具体修正方法说不清楚。吴老问我怎么办？我与高空台试验小组同志研究后向吴老汇报，认为因高空舱尺寸小，试验中的确存在着“舱效应”，这是高空台试验中特有的技术问题，再加上发动机是在模拟高空条件下进行试验，所测得的推力、耗油率并非是发动机的真实值，对测量参数做“动量修正”是合理的、必要的。但我们对英国高空台的具体修正方法必须要有所了解和掌握，这不但对评价这次斯贝发动机考核试验结果是否达标很重要，而且对今后我国高空台的发动机试验也很关键。所以，我建议一定坚持要英方提供合理的、正确的修正方法。

英方开始不太愿意提供具体修正方法，认为合同中没有规定，只要提供修正后的最终结果就行了，但中方不同意。经任局长、吴老据理力争，反复交涉，英方才勉强同意由吴老带队，我与庄廷科参加、卢传义为翻译，一行四人坐火车到位于格拉斯哥的罗·罗公司发动机性能总部，与性能工程师一起研讨约一周时间。自然，英方先按照他们常用的方法进行修正，但耗油率仍然超标，他们也一时感到不大好办。

赴英参加斯贝发动机高空台试验的部分同志

我与庄廷科、卢传义同志研究后认为，地面台试验中本身也有误差，单位燃油消耗率比验收曲线规定值高0.68%，这种误差也自然地带进了高空台试验中，所以还必须对这种误差做出修正。我们推导了一个修正公式，提出具体的修正方法和步骤，经吴老审查同意后向英方专家做了介绍，他们听后觉得有道理，可以考虑试一试。他们本着尊重科学、求真务实的科学态度，重新对自己常用的修正方法做了一些必要的修改和完善。

用双方都同意的新方法对试验测量参数进行修正后，斯贝发动机高空台五个性能考核点的试验结果都达到了合同规定指标要求，符合验收标准，双方都很高兴，英方专家对我们的科学态度和合理建议给予了充分肯定和高度评价。

在这个修正方法的基础上，我写了一篇《高空模拟试验中发动机的性能漂移及其修正方法》的技术报告，我们又开展并完成了《高空模拟试验技术研究——发动机高空性能修正》课题研究，获得1989年度航空航天工业部科技进步二等奖。又将《高空模拟试验发动机性能修正方法》编写成规范，以国军标发布贯彻执行。

第二个问题是按合同规定，斯贝发动机要在高度18898～19200米、飞行马赫数2.46～2.51的模拟状态点进行加力燃烧稳定性功能试验，但英方负责试验的领导突然提出因设备老化，这个状态点不能达到合同规定的207℃试验值，否则有可能烧坏排气冷却器。因斯贝发动机曾经在英国国家燃气涡轮研究院（NGTE）做过这一点的试验，他们可以提供该点的试验报告给中方，以证实斯贝发动机是可以在这一飞行状态下正常工作。吴老对我说："大响，你考虑一下怎么办?"我建议召开一次技术分析会进行讨论。

在当晚的"高空台考核小组"会议上，经过认真讨论，我谈了三点意见：（1）这个点是斯贝发动机最大飞行马赫数状态点（功能考核点），温度负荷最高，气动负荷也相对较高，是对发动机功能考核最严格的一个点，它影响到飞机的作战使用性能，所以这一状态点试验是不能减少的；（2）这个考核点在西安和北京谈合同时曾有争议，但英方最后同意了这个点的试验，并写入了合同，中方对这个点试验是付了费的，不能不试；（3）为了体谅英方的设备困难，如果英方坚持不能试到这个试验点的温度，可以同意适当降低进口温度进行试验，但这个点是必须要做的，同时希望英方提供斯贝发动机在 NGTE 高空台上进行该点试验的相关报告，并争取安排我们参观英国 NGTE 的高空台。这个意见是我与 430 厂王振华主任和 624 所几位搞高空台试验的同志事先慎重研究后提出的，并提出了一份要英方提供的资料清单。

吴老同意这些意见，第二天他向英方负责人提出了这些建议。英方对中方的谅解表示感谢。但他们经过慎重研究，还是尊重合同的规定，决定对设备做了一些必要的检查后，仍按合同要求进行该点试验，实际的试验状态只达到 182.7℃，模拟状态为高度 17755 米、马赫数 2.354。但试验的第二天我们到达试车台，发现英方专家脸上往日的笑容没有了。他们对吴老说："吴先生，很遗憾，昨天晚上的试验，我们的设备坏了。我们在排气冷却器下方看见有一滩水，说明排气冷却器的水管被烧裂了。"

因为这个原因，试验暂停了一个星期，他们对设备进行维修。接着才进行其他状态的试验。但当时在代表团中有个别同志认为我们不应该坚持做这个点的试验，引起了一些争执。但至今我仍然认为当时我们的观点是正确的，对英方设备的困难是谅解的、友好的，设备故障的责任不在中方，这也正是高空台试验中存在许多风险的一个具体表现。

1980 年 5 月 30 日，中英双方代表签署了中国斯贝发动机考核试验成功的文件，圆满完成了国产斯贝发动机高空模拟、低温起动和 5 个重要零部件的考核试验任务，为我国日后涡扇 9 发动机国产化打下了坚实的基础。

到 2003 年 7 月 17 日，国产涡扇 9 发动机终于通过了国产化工程技术鉴定，获准投入批量生产。实现国产化的涡扇 9 发动机被命名为"秦岭"。使中国有了一台推力适中、可靠性高的涡轮风扇发动机，填补了空白，有效提高了我国自行研制发动机的水平和能力。

要搞好中国自己的高空台

从英国回来后，吴老又要我组织进行出国技术总结，将430厂有关技术人员集中到624所封闭总结、编写报告，最后出了三大册约120万字的技术报告，在内部发行。报告中对英国高空台的总体构成、气源站设备、加温和降温设备、管网系统、试验操作程序、进气压力、温度的调整和控制、测量系统组成及其校准、测试结果的误差分析、高空模拟试验发动机性能修正方法、试验安全监控、应急情况的处置预案、高空台的调试要求、步骤和方法、高空台的对比标定、高空台与地面台、飞行台的交叉校准、高空台上开展一些环境试验的可能性及方法、高空台和地面台上进口流场畸变的试验方法和要求，等等，都做了详细的分析，还对进气畸变模拟板及其在地面台、高空台上进行飞机进气道/发动机畸变相容性试验等相关技术做了较深入的叙述，其中有些问题是我们以前没有想到过或不得其解的，用“满载而归”四个字来形容这次斯贝发动机高空台考核试验的收获是不过分的。这些资料对624所高空台建设和设备调试、高空模拟试验技术研究，以及发动机的高空模拟试验，都起到了十分重要的借鉴作用。

记得刚到英国时，吴老就语重心长地对我讲：“大响，为什么叫你们624所来这么多人呢？第一是要保证把试验做好，因为你们是搞高空台试验的，这是我们的主要目标。但还有第二个目标，就是试验回去之后，你们要把我国自己的高空台建设好，调试好。”

面对吴老的嘱咐，我深感责任重大。多次与624所去英国参试的同志一起商量，如何既要将斯贝发动机考核试验搞好，又要向英国学习更多的高空台试验的实际经验。我按照6个人的不同专业和特长，做好分工，各有侧重，白天做试验，晚上回来就交流、对笔记，并确定第二天每位同志需要重点了解和掌握的问题。希望通过这次斯贝发动机考核试验的难得机遇，最终对英国高空台的设备、系统和试验方法，能够有一个较全面的、系统的了解和把握。

斯贝发动机部分参试人员

我对吴老说，我们不但要把高空台这些试验程序、过程一一记录下来，还要学会对发动机试验性能如何计算、修正和分析。这些都很关键，我们一定要做好。此外，还有一个更重要的工作，我们想把他们这个台的一些主要设备给画下来。因为我们来的这些人中有一个搞测试的同志，叫王青生。他画图很好。吴老听后问我："怎么画?"我说："我们每天下去测量几个参数，记到小本上。然后晚上回来就画图。"吴老说："哎，他有这个本事?"我肯定地回答："有这个本事。"他点头说："好，那你们有什么要求?"我说："唯一的要求就是给我们每个人买一个小卷尺。"

开始英方对我们限制很严格，不让我们单独下到台子里去。后来通过种种工作，与试车台领导和参试人员的关系搞得很融洽，对我们的限制也就放松了。我们提出在试验休息的时候，想钻到高空舱里面去看一看。他们同意了，开始有英国人跟着我们进去，后来就不跟了。这样，我们每个人下去，按照分工量几个尺寸。王青生同志就按照大家测量的尺寸画图。图画得非常漂亮，有些还是立体的轴测图，吴老看后非常高兴，大加赞赏。回国之后，我们据此出了一本书。我们的 SB101 高空台同英国罗·罗公司高空台比较相似，所以，这些图和资料对我们有很大的参考价值。

为了搞好我国自己的高空台，我们不仅仅要了解高空台的系统构成、试验方法、开车程序，还有一个至关重要的问题就是第一个高空台是怎么调试出来的？如何判断试验结果的精度？我们带着这些问题，与英方专家进行广泛交流，他们给我们介绍英国高空台要测量多少个点的参数。因为高空台里面的温度和压力分布是不均匀的，测的点数太少了就不能代表平均值，但测点太多，不仅要多花钱，而且还有一定的危险。他们的这些宝贵经验，对我们高空台后来的调试，也起了比较重要的技术支持作用。

在英国期间我曾向吴老汇报，按照国际惯例高空台调试完成后，要与国外高空台做对比标定试验。即用同一台发动机在两个高空台上做同样状态点的模拟试验，通过数据的分析比较，从而得出我国高空台的试验精度，这种校准是必不可少的。在西方美、英、法三国之间的高空台，就做过 26 次这样的对比标定试验。

我请吴老出面，一起跟英国人谈一谈，探讨一下将来能不能跟他们的高空台做这种对比标定试验。吴老同意后，我们就此问题，单独同英方谈了一次，对方原则上同意做这件事，但报价要 200 万英镑，那真是太贵了。

后来我又跟吴老商量，建议将在英国做考核试验的 002 号国产斯贝发动机运回国之后，在 430 厂油封后保存起来，所有可调整的部位都不能变动，将来就用这一台发动机在我国高空台上做对比试验，用这次考核试验的数据来标定和校准 624 所的高空台，这样我们就可以为国家节省 200 万英镑，可以达到同样的对比标定试验效果。吴老同意我的观点，并答应回去后要将 002 号斯贝发动机好好地油封保存起来。

后来我了解到，吴老回国后确实向厂领导和有关部门交待了这件事。但十分遗憾的是，我同吴老商量好的这件大事没能得以实现。主要原因是 624 所高空台被列为缓建项目，建设进度被大大推迟了，002 号斯贝发动机也过了“油封期”，需要改装做其他试验；另一方面是不久后斯贝发动机的国产化计划也被取消，吴老又从 430 厂调往北京航空工业部科技委担任常委工作，这件事也就办不成了。

直到 1995 年，624 所高空台与俄罗斯 Ц－4H 号高空舱完成了对比标定试验，这比当年准备用斯贝发动机与英国罗·罗公司高空台进行对比标定试验的设想整整晚了 14 年。

自己动手，缓而不停

我们 6 人小组参加完成斯贝发动机高空台考核试验后，于 1980 年 6 月返回 624 所时，大家情绪高昂，摩拳擦掌，准备把在英国学到的先进技术和试验经验，用于我国自己的高空台建设，但却碰上了 1981 年国民经济大调整，高空台被列为缓建项目，等于给我们头上浇了一盆凉水，全身心都感到有点“发冷”。

什么叫缓建？就是投资锐减（一年的投资仅为 96 万元），国家不再给建设和调试的经费了。明确 624 所在“六五”期间（1981～1985 年），除生活区外，高空台只把进气部分搞上去，排气冷却器作为争取项目。

当时，在 624 所搞基建的施工队伍撤走了，正在安装的设备停了下来，与吴老约定的用在英国试验过的 002 号斯贝发动机来标定我国高空台的想法也破灭了——真的成了一个“噩梦”。

这次调整缓建，对高空台建设的影响很大。马上就出现了两种情况：一是人才大量流失，因为高空台暂缓建设，不少技术人员、骨干陆陆续续调走了。那时已经进入 20 世纪 80 年代，改革开放的大潮冲击到三线，外面的世界很精彩、吸引力很大。有好多人纷纷要求调走，个别人甚至不辞而别，什么档案、调令、户口都不要了，直接到了广东、深圳等地去工作。二是留下的人无所事事，前途迷茫，不知道要干什么。

当时我已是高空台试验研究室主任，高空台的主要技术人员都集中在这个室里。面对这种突然而至的“冲击”，我们该怎么办？的确给我造成了巨大的思想压力和负担，可以说真有点“寝食难安”的感觉。

在英国时我们深切地感受到，没有高空台，一个国家要想独立自主研制航空发动机只是一句空话。英国人为了保住机密，宁肯试坏设备，也不愿多给我们一份资料，更不愿安排我们到NGTE高空台上去看一眼。我想我们一定要争这口气，哪怕只剩下几个人，也一定要把“争气台”搞上去。

于是我与室里其他领导研究，首先要做的就是稳定军心，区别不同情况做好思想工作。我们本着实事求是的原则和对同志负责的精神，凡工作能够离开而本人又确有实际困难的同志，我们就表态同意放走，不勉强其留下来；对承担重要工作而暂时离不开的，先做好思想工作，并承诺待完成他所承担的任务后再想办法帮助他调走。我们室有位同志叫吴荣华，是广东人，他温文尔雅，大家都叫他秀才。他工作一贯勤勤恳恳，十分热爱高空台事业，自1965年西北工业大学毕业后一直两地分居，在山沟里无私奉献了21年，家中上有高堂，下有老婆孩子，但他本人却以工作为重，从未因家庭困难而影响过工作，对这样的好同志我真有点舍不得他调走，但又有点儿于心不忍。1986年我已是所的副总师了，分工主管高空台的技术工作，我主动找他谈心，了解到他家确有实际困难，而他所承担的管网系统工作已基本结束，就帮助他做所领导的工作，最终所里同意他调深圳工作，走时我们热情欢送，他依依不舍，热泪盈眶，真是“少小离家老大回，乡音无改鬓毛衰”。至今我们仍保持着联系，他还年年给我发来自制的精美贺年卡。

对于愿意留下的同志，我们更要做好思想工作，讲清高空台的前途是光明的，缓建只是暂时的，让大家树立必胜的信心。我曾几次召开全室动员会，说服大家留下来，动员大家一定要坚持到底！当时也确有一批高空台铁杆骨干分子，不少同志表示，我这一辈子就奉献给高空台了，不搞出中国自己的“争气台”，誓不罢休！

我们虽然做了很多工作，但因这次“缓建”，的确走了不少科技骨干。1974年高空台设计研究室曾有128将，除少数调到所内机关或其他研究室之外，走到最后只剩下60来人了。当然后来每年又给我们分来一些新同志，不断补充一些新鲜血液，这些年轻同志现在大都已成长为高空台的顶梁柱了。

624所高空台部分老同志欢送吴荣华同志（中）

面对庞大而复杂的高空台，虽然遭遇到“缓建”之痛，但一期工程的主体设备都已安装好了，只是有些管路没有完成清洗。当时我想，施工单位撤走了，我们能不能像二区设备那样自己来干收尾工作呢？5年缓建，我们总不能坐等5年吧。如果真是那样，5年之后，我们辛辛苦苦干了十几年的高空台，弄不好真有可能被人家言中了——将变成一堆“废铜烂铁”。

本着这个想法，在所和一区的坚强领导下，我与室里其他领导和一些高空台技术骨干商量后，采取了3项措施：一是组织自己的“安装收尾队”，我向一区和所领导提出建议，从机动处借调顾云泉、刘文吉、钱根保等五六位老技师，加上我们室自己的工人和技术人员，再请一些农民工，我自己也亲自带头去当工人，同大家一起干活，共同完成了设备和系统的安装收尾和管道清洗工作。对有些管子长短不一的，就重新进行弯管，以保证系统能顺利的稳定运转起来。接着我们对主试验厂房的20多套工艺系统，一个一个地进行精细的调试。二是由我起草了一份《尽快恢复SB101高空台重点工程建设》的建议书，我记得一区副主任姜长信同志（大家都亲切地叫他姜委员）第一个表示支持，第一个签名，我们室和整个一区有几十位同志也都集体签名，经所领导上报给部机关，这对摘掉“缓建”帽子，提前于1983年恢复重点工程建设起了一定的促进作用。三是我与杜鹤龄、徐通源、焦天佑、彭友梅（注2）等同志一起，编写了《高空模拟试验技术研究》和《高空台一期工程总体性能调试课题研究》两项建议书，得到部机关柳承美、刘孝安等同志的大力支持，他们在经费十分紧张的情况下，为我们争取到少量的科研费，开展课题研究工作。1982年10月航空工业部发动机局通过调整科研任务，又将结余经费7000多万元转做高空台调试费，并补充下达了高空模拟试验技术研究两项任务，使这两项研究课题得以圆满完成，为日后的高空台一期工程直接排大气调试奠定了坚实的技术基础。

在这种极端困难的条件下，在上级领导的支持下，在所领导的带领下，我们高空台的全体同志，发扬“自力更生、艰苦奋斗、团结协作、无私奉献”的624所精神，大家边调试，边研究，硬是把缓建的3年变成了热火朝天搞研究和调试的3年，把在英国学到的先进技术应用到中国高空台上。1985年SB101高空台用815发动机直接排大气调试获得成功，1986年又完成了涡喷13AⅡ发动机进口流场畸变模拟鉴定试验，不但为我国自行研制的歼8Ⅱ飞机定型做出了贡献，而且使高空台一期工程提前8年投入使用，也为高空台二期工程建设赢得了宝贵的时间，从而鼓舞了志气，也增强了上级领导和大家对高空台建设的信心。

高空台二期工程安装现场留念

有时需要点儿“自作主张”

624所高空台几经调整，最终确定为“双二五”，即模拟高度为25千米，飞行速度为声速的2.5倍，又叫马赫数2.5。但还要考虑发展为模拟高度30千米、马赫数3.0的可能性。这就要求将一定流量的发动机进口气流温度达到300℃以上。

所以，加温炉是空气系统的一个主体设备，它是高空台必不可少的重要组成部分。其作用就是根据发动机试验的需要，把来自DA1000压气机的压缩空气加热到500℃，然后与另一股未经加温的压缩空气在空气混合器中进行掺混，使其达到试验模拟状态点的温度。需要多少温度就可以调到多少温度。有点像洗澡用的冷、热水龙头，常用热水管和冷水管不同的开度来调节水的温度，原理上十分简单。

624所高空台3个加温炉

对发动机进口空气的加温有3种方法：一是直接加温法，即在进气系统中用发动机主燃烧室加温，既省钱又方便，但进入发动机的是带有燃气的污染气体，会影响发动机试验性能的准确性。二是电加温法，空气不会污染，但耗电量大，很不经济，只能用在空气流量较小的试验装置上。三就是间接加温的“冲天炉”法。

624 所一共有 5 个加温炉，很多人叫它“冲天炉”，高空台 3 个，二区的燃烧实验室有 2 个。加温炉的直径约 10 米。工作原理也很简单，就是用天然气给空气加温。是什么构造呢？里面是用耐火材料砌成的，中间有好多天然气喷嘴，喷出天然气燃烧加热炉中的几十根不锈钢管，气流从钢管中通过，温度就提高了。每个炉子可以将 25 千克/秒流量的空气加温到 500℃。

大概是 1988 年，当时我已经是 624 所总工程师了，并且分工主管高空台的技术工作。有一位叫郭铭焕的同志，是负责二区加温炉的设计和试验。他找到我说：“刘总，现在研制出来一种新型保温隔热材料——硅酸铝纤维，它具有容积轻、导热系数小、热容量小、抗温变能力好、抗震性和吸音性好等许多优点，施工也很方便，采用高温黏结剂就能直接贴在原炉衬的内壁上。在 1000℃下能长期可靠工作。

由于历史条件限制，加温炉衬里采用轻质耐火砖内墙加膨胀珍珠岩保温结构、炉顶、炉底及烟囱采用轻质耐火混凝土保温结构。其致命的弱点是升温和降温速度很慢，必须要开三十几个小时才能慢慢地将温度加到 500℃。如果稍不注意，加温速度过快，很容易将炉子“烧塌”了，而且加温时不能干烧，必须开一台或几台压气机组供气。今天要做试验，必须提前两天开加温炉。加温过程中，加热的空气是放空的，还要有几班人跟着，浪费就非常大，耗气、耗电很多，会大大增加试验的成本费用。

选用这种新材料以后，只需五六个小时就可以加热到规定温度了。我一听很高兴。说这么改造需要多少钱？他讲，一个炉子可能要 20 多万元。

我就向王靖寰（注 3）所长汇报，并与基建处徐国生处长、骆宽能科长等商量，我们自己花钱，先把二区的一个炉子改好，待做完试验后，看看效果如何再定其他炉子的改造问题。但这件事没有事先向部里请示。有一位领导同志对我说，你们这些炉子刚建起来还没怎么用，马上就改造，这怎么能行呢？对我进行了批评，并派人下来调研检查。我对他们说，这样改造后将来试验时会节省很多的钱。加温炉开一个小时耗多少电、多少气？开 30 多个小时，试验完之后还不能一下子就停火，还得慢慢地降温，又要几十个小时。这两项加起来，将来的试验费用是非常昂贵的。

二区炉子改好后进行调试，为了摸清规律，先从 30 小时缩短到 20 小时，再缩短到 10 小时，最后达到 5～6 小时，试验时我亲自在现场跟着。整个调试用了 80 多个小时。后来起动升温很快，温升率接近英国 NGTE 高空台加温炉的先进水平。这一次试验的总费用为 11.5 万元，比改造前节省约 30 万元。后来所里就决定对其他 4 个炉子都进行改造。

这件事后来得到了航空工业部建设局刘正惠局长的肯定和表扬，又给 624 所增拨了改造经费。经进一步的改造，后来升温时间已缩短到了 3 个多小时，只是原设计的十分之一，不但大大节约了试验经费，也给国家节省了大量的电能和天然气能源。现在看来，当时我们 624 所自作主张对 5 个加温炉进行炉衬的技术改造是完全必要的，原来批评我的那位领导同志也改变了态度，肯定了我们的这个决策是正确的。

数采系统引进费周折

高空台试验是很花钱的。一方面是根据模拟状态的不同，开动设备的数量也不一样，每小时的试验费用可能在 5～20 万之间不等；另一方面由于试验范围宽，无论设备或发动机的参数变化范围也就很大，所有的传感器要适应 -100～+500℃ 环境温度的变化，所以，要求测试的参数不仅种类多、测点多、精度高、数据量大、重复性好，参数变化范围宽广而复杂，数据需自动采集、处理和修正计算，对安全参数能实时监视和越限报警。

可见，数据自动采集、监控和处理系统（简称数采系统）是高空台必不可少的重要设备，是一套十分庞大而复杂的系统。没有它就不能有效地开展高空台的联合调试，也不能很好地完成发动机高空模拟试验任务。但是当时国内还没有这么先进的、完整的数采系统。

为了稳妥可靠起见，经高空台领导小组批准，高空台数据采集系统拟采用从国外全套引进，是项“交钥匙工程”。1988年初我带领一个代表团赴美考察和谈判，就数采系统的引进达成全部协议和条款，于1988年3月由中航技公司与美国某公司签订合同，并经巴黎统筹委员会批准，拟于1989年12月在现场调试交付。这个公司是专门为美国高空台和其他大型试验设备搞数采系统的。但是1989年“六四”风波之后，美国政府无理制裁我们。该公司总师给我来信，说现在没有别的办法了，他们只能尽最大努力去争取。

1991年11月12—13日，美国商务部官员布里兹尔和美驻成都领事馆总领事布伦南来所，核查从美引进高空台数采系统的用途。为了便于美国政府审批，该公司还建议我们将合同更改一下，换一个名字。我们就换用了“新都机械厂”名称。但这也不行。美国人的情报搞得厉害，很了解底细，说“新都机械厂”就是624所，就是江油的那个研究机构。他们后来又寄给我们一个美国国防部给他们公司的批件，上面说，江油的高空台设备是为成都飞机设计研究所研制新型战斗机所必需的重要试验设备，中国高空台发展会威胁美国安全，所以这个系统不能出口。美国国防部下了这么个文件，就等于单方面将合同撕毁了，所幸我们没有向美方支付一分钱的经费。

面对这种情况，上级领导征求我们的意见，怎么办？用国产的行不行？我说，用国产设备肯定不行，因为当时我们的电子产品质量不稳定。该怎么办呢？在所里研究时我提了一个建议——“总体自主设计，硬件分散引进，软件自行编制，现场联合调试”。这一建议得到王靖寰所长和有关领导的支持。于是我专程到北京汇报，高空台领导小组组长、部建设局局长刘正惠召开一次专题会议讨论，所里的方案和建议被采纳了。

之后我们又找了美国另一家公司，这家公司老板跟我们的关系不错。但他只承诺负责帮我们买到最先进的设备和元器件，不负责总体方案设计和软件编程，也不负责系统的集成和联合调试，这就不是“交钥匙工程”。软件要由我们自己来编写，并负责总体方案设计和联合调试，实际上主要工作要由我们所自己承担，很显然风险和压力是非常大的。

为了搞好这一任务，所里专门成立一个领导小组，由我担任组长，基建副所长刘忠义同志任副组长。技术方案由我负责，组织吴行章、杜鹤龄、王六成、刘振兴和郭薇青等同志等成立专项攻关小组。1992 年 2—3 月，由我带队再到美国去考察和谈判，边考察、边谈判、边签合同，将美国政府不批准我们原来的“交钥匙工程”的采购合同分拆为若干个小合同，仍然从美国采购了大部分先进的仪器、设备和部件，自己确定总体方案，自行编制软件，自己负责调试，最后研制成功一套当时我国水平最高，达到国外同类系统先进水平的高空台数据采集、处理和监控系统。这些合同在谈判签约后的第二年即到货交付，并在次年完成了集成调试。从再次谈判签约到集成联调、交付使用，实际上只花了两年多一点儿时间。

1994 年 9 月 19—23 日，部发动机局成立了以航空工业总公司科技委张池副主任为组长的 15 人专家组来所现场测试、进行技术鉴定。结论认为：该项目达到预期技术指标，系统配套集成在高空台上应用，属国内首创，其技术性能与美国某公司集成的具有 90 年代初世界先进水平的高空台数据采集、处理、监控系统相当，而且该系统还具备压气机特性线实时跟踪监视显示、高空台试验数据实时修正计算处理以及等直线作图输出等功能，是美国某公司的原有系统所不具备的。

该系统的集成联调成功，不仅为高空台性能联合调试、与俄罗斯高空台对比标定和中推核心机的高空台试验创造了条件，也为日后“太行”、“昆仑”等多型发动机和中推核心机的高空台试验奠定了基础。同时，该系统的功能增强了，比按原“交钥匙工程”引进的方案节省了 25 ~ 30 万美元。

从设计、引进到集成联调一次成功，再一次证明 624 所人是有能力的，能战胜前进中的一切困难。在数采系统的整个引进和安装联调过程中，培养了人才，锻炼了队伍，积累了经验。

在美国验收高空台数采系统

参与完成高空台调试和标定

1979年，第三机械工业部决定高空台的二期工程排气冷却器转由四院负责设计，624所派出朱万顺、马祯祥、雷寅生、刘文冀等十几人参加，也有一些技术骨干如伍焕章同志等调到四院工作。

高空台的调试，特别是总体性能联合调试，是高空台从建设到使用必不可少的重要阶段。高空台建成后如何调试，怎么标定？原来高空台建设费用中并没有包括这些钱在内。为此，我曾多次到北京专门向刘正惠局长做了汇报。我说调试是高空台从建设到交付国家验收不可逾越的重要阶段，调台费和标定费一定要单独拿出一笔钱，否则高空台难以投入试验，即使做了试验，数据能否令人相信？精度是多少？现在没有人能说清楚。他问我，将来高空台如何调试？如何标定？我说调试和标定两者有一定关系，但不是一回事儿。调试主要靠自己，有了斯贝发动机到英国的考核试验经验，那几年又开展了“高空模拟试验技术”研究，总体调试相对要有把握一些；而对比标定则一定要与国外的高空台用同一台发动机进行对比试验，但标定试验必须在先完成总体性能联调的基础上才能进行。

经机关协调，1982 年从发动局科研费中筹集到 157 万元课题研究费，包干使用。我们采取先易后难，先单机后系统，再到总体联调的思路，一步步地摸索着向前走。先采用喷口可调的“调节筒”对气源设备的串并联、管网系统、阀门控制、机组、冷热气流掺混等进行调试，到 1985 年完成了一期工程直接排大气的联合调试，使高空台直接排大气的功能提前投入使用。

建设初期的高空台

对比标定试验是高空台建设十分重要的关键环节。1980 年我与吴老在罗·罗公司与英方谈过一次，报价要 200 万英镑，实在太贵了，而美国就根本不同意我们去考察。直到 1989 年，苏联对中国人开放了，当时我向王所长提出给部领导写个报告，争取对苏联的高空台进行考察和谈判。1989 年 10 月所向部呈报了《关于用一台发动机在国外高空台上试验以标定我国高空台进行考察的请示》，得到部领导的同意。1989 年 12 月 18 日，航空航天工业部批准我当团长，带领一个团组到苏联访问。经过考察和谈判，我们与苏联中央航空发动机研究院（CIAM）签订了高空台对比标定试验的合作意向书，苏方的初步报价相对合理。

1990 年 11 月，CIAM 派克林斯基为团长的专家小组来所实地考察，进行技术和商务谈判，双方签署了合作协议书。1990 年 12 月，624 所又向部发动机公司上报《关于请苏联标定中国高空台的立项请示》，提出了标定的必要性、标定内容、指标、方法和经费需求，获得批准。后经多次互访和技术交流，中俄双方正式签订了高空台对比标定试验合同。

1991 年 8 月 12 日，部发动机总公司任命焦天佑（注 4）同志为所长，所领导班子重新做了分工，要我集中精力搞好高空台数采系统的引进和集成联调。所以，与俄罗斯合作进行高空台对比标定试验的工作，移交给焦天佑所长亲自负责。

为了加强对高空台总体性能联合调试的技术统一领导，1993 年 11 月 10 日，所里研究决定成立以我为组长的高空台调试领导小组，要求抢在 CIAM 正式进行对比标定试验之前，一定要先完成整个高空台的总体性能联合调试。

1994 年 11 月 23 日—12 月 21 日，我们用 815 发动机和新引进的数采系统，第一次用供、抽气气源模拟飞行包线的真实高度和速度，完成了高空台 6 个飞行状态下的联合调试。这次调试任务的完成，标志着我国自行设计建造的、亚洲第一大型连续式气源航空发动机高空模拟试车台，在全飞行包线范围内的总体性能调试顺利结束。它不但考核了数采系统的精确性，也考核了二期工程冷却器的性能及供、抽气系统的联网运行，还考核了我们已初步掌握的复杂的高空模拟试验技术。至此，高空台完全具备了与俄罗斯高空台进行对比标定试验的条件。

1995 年 2 月 12 日—3 月 2 日，俄罗斯 CIAM 代表团来所，双方共同用在俄罗斯 Ц－4Н 号舱中试验过的 Р11Ф－300 发动机，在我国 SB101 高空台上相同模拟状态下进行对比标定试验，两个台上发动机修正后的主要性能参数的相对误差在 ±0.7% ~ ±1.8% 之间，优于美、英、法三个高空舱之间对比标定的精度（他们在 1.0% ~4.5% 之间），充分表明我国高空台的试验技术及测试精度，达到世界同类设备的先进水平，使我国成为世界上拥有如此大规模高空台的 5 个国家之一，为中国人民争了气。

某发动机在高空舱中待试

1995 年高空台通过国家验收，1996 年被评为“九五全国十大科技成就奖”，1997 年又荣获国家科技进步特等奖。

航空发动机战略研讨会专家合影（左二为刘大响）

“中国人是魔术师”

1989年12月，我第一次到苏联中央航空发动机研究院进行考察时，开始他们以为我国还没有高空台，有些专家就从ABC讲起，反复给我们说高空台如何复杂，如何重要，如何昂贵，说中国如果建不起来，将来有需要，可以把发动机送到他们那里去做试验。

我跟他们讲，我们的高空台已经建起来了，正面临着调试。现在需要的是跟你们做对比试验，以确定我们双方高空台上发动机试验参数的测量结果能达到什么精度。

改革开放后，不少外宾来所访问和交流，俄罗斯人、英国人、美国人、法国人、印度人等，每年都有好几批。有时我陪同参观时，他们总是竖起大拇指，或者点头微笑，认为中国真了不起。有些外宾感到大惑不解，有专家说公路和铁路的山洞隧道那么窄小，这么庞大的设备，你们是怎么把它运进来的？甚至有的专家非常感慨地说：“你们中国人真是魔术师！”

624所总师刘大响为来宾介绍高空台模型

在我们那个山沟里，参加建设的安装队伍前前后后有好几批，加上所内职工家属，有一万多人。我们搞设计的时候，最早是128个人。最后剩下来有五六十人吧！是他们艰苦奋斗、无私奉献，坚持到最后，克服了千难万险，终于完成了高空台的建设和调试，交付国家验收，投入使用，至今已完成了十几种型号的试验工作，为飞机提供健康、强劲的“中国心”做出了重要贡献。

原来有不少人预言，这个高空台会遇到很多难题。因为建设近30年才交付使用，而且许多都是碳钢设备，怎么来保证它的可靠性和稳定性。而且还有一个很严重的问题就是管线全在露天，日晒雨淋。在我担任总工程师期间，就决定把所有的阀门部位用一个像小庙一样的小屋子把它罩起来，中间弄个小门，与外部隔离。虽然有点难看，但很管用。我曾经想过，在两个气源厂房之间是错综复杂的管道走廊，能不能中间打几个柱子下去，上面加上盖，最后搞基建的同志经过实地勘察说不行。因为山里的风很大，屋顶很容易被掀掉，所以一直没有做。我们也曾讨论过，到适当时候，能不能将管道全换成不锈钢的。俄罗斯在经济困难时也将管道全部换成不锈钢的了。我们到美国去看，阿诺德空军工程中心的、航空宇航局的、GE公司和普·惠公司的高空台管道，全是采用不锈钢的。我们用的是碳钢，一般只有30年的寿命，而实际上现在已经45年了。我们过去所能采取的措施，一是每隔几年在管道外部刷防锈漆，这一点得到了原国防科委刘成海同志（后来他担任总装电子信息部副部长，少将军衔）的大力支持；二是试验之前爬进管道中去清除锈皮，以免打坏发动机。我自己也曾经带头爬进去过，但这不是解决问题的根本办法。

从1965年到至今的45年间，高空台经历了松潘、汶川两次特大地震灾害的考验，虽然经过624所人的顽强拼搏，很快就恢复了试验，但设备毕竟受到了伤害，并处于地震多发带地区。现在国家已决定异地重建，这是非常必要的。真诚地希望认真总结历史的经验教训，将我们的新基地建设得更加美好。

高空台重点实验室学术委员会议

注释：

1. 六院大事记记载：1962 年 11 月 2 日，六院向张爱萍副总长和国防科委就风洞和发动机高空性能试车台的建设问题提出建议，要点如下：……利用五院三分院的气源，在长辛店建设中型超声速涡轮喷气发动机高空性能试车台……

1964 年 1 月 23 日，六院与五院达成改建简易高空模拟试车台（CS－01）的协议。

2. 彭友梅，1942 年 9 月出生于河北省栾城县。1965 年 8 月毕业于中国人民解放军哈尔滨军事工程学院空军工程系发动机设计专业，先后在中国航空工业部第 624 研究所、集团公司科技委从事航空发动机科研工作。主要从事航空发动机高空模拟试车台建设、航空发动机预先研究和航空发动机软科学研究。历任研究室主任、所副总师、集团公司科技委副秘书长等职。

3．王靖寰，1936年2月出生，河北武安人。1960年哈尔滨军事工程学院毕业。1960—1970年沈阳606所历任干部科干事，强度及传动研究室党支部书记。1970—1991年在624所历任总体研究室主任，科技处处长、副所长、所长。高空台工程项目荣立一等功，高推重比预研荣立二等功。1991—1995年任无锡614所所长，试验器项目获部级二等奖。1995—2004年无锡调峰电厂、成都全堂调峰电厂任副总经理。

4．焦天佑，1942年出生，云南曲靖人。1965年至今一直在624所工作。1991年8月—1998年2月任624所所长，1998—2002年12月任中国燃气涡轮研究院院长。荣获国家科技进步特等奖1项，部级科技进步奖多项，获四川省学科带头人称号。

第七章　高推预研和中推核心机

开局良好，过程曲折

20 世纪 70 年代中期，世界航空装备开始更新换代，第三代空中优势战斗机陆续投入使用，其动力装置也从加力涡喷发动机向推重比 8 一级的涡轮风扇发动机过渡，当时美国先进的 F404 涡扇发动机刚刚投入使用，在世界上引起了轰动。

我国航空发动机为什么造不出来呢？主要原因之一就是技术基础薄弱。由于历史原因，我国航空发动机走的是一条“从维护修理—测绘仿制—改进改型—型号研制—预先研究”的过程，与国外正好是一条相反的路子。由于缺乏技术储备，型号研制成了“无米之炊”，往往型号久攻不下而中途下马，形成搞一个丢一个，熊瞎子掰苞米的局面。发动机行业长期处于“引进、测绘、仿制”的怪圈之中徘徊不前，严重制约了飞机乃至整个航空工业的发展。

“高推预研”是高性能推进系统工程预先研究的简称，是我国第一个按系统工程组织管理的航空发动机大型预研项目。在第三机械工业部六院领导下，于 1976 年开始论证工作。

1978 年三机部在天津召开会议，吕东部长特别强调“预研先行”的重要性，他说：“如果有两分钱，要拿一分钱投入型号、一分钱投入预研；如果只有一分钱，就要先投到预研里面。”吕东部长的话讲得很形象，也很深刻，说明当时高层领导对预研工作十分重视。

1979 年 6 月，三机部召开“高推预研选题论证工作会议”，同年 8 月部以三计字［1979］1276 号文下达 69 项预研课题（后又补充 51 个，总计为 120 项课题）明确624所为预研技术抓总单位，任命所总师袁美芳为高推预研总工程师。为了加强领导、明确责任，六院又成立了项目领导小组，由当时分工主管发动机工作的航空研究院副院长张池（注1）同志担任组长。

高推预研按照“统筹规划、分步实施”的原则，试行技术经济合同制管理，分阶段、有步骤地开展关键技术预先研究工作，有全国24个单位，1000多位知名教授、专家参加，是一个既瞄准世界先进水平，又符合中国国情的正确决策。高推预研的开拓者袁美芳总师（注2）为此付出了艰辛努力，做出了重要贡献！

高推预研的开题，一般都要经过充分论证，专家评审和友好协商，有些重点课题由相关单位组织“联合预研组”承担，发挥各自优势，共同参与，取得较好的效果，一时形成了十分热烈而有序、团结协作的大好研究局面。

1983年1月，高推预研项目领导小组在昆明召开工作会议，第一阶段的技术基础研究课题取得良好进展，许多课题进行了验收，并开始转入第二阶段——先进部件技术的研究工作，不少人感到发动机这一下有希望了。

但高推预研有点生不逢时，过程十分曲折。立项刚开始不久，就碰上国民经济调整时期，624所高空台被列入“缓建”项目，高推预研经费也大幅缩减，1980年规划时的费用，1981、1982两年科研经费就大幅调减。为此，不得不调整其研究目标和内容，一是缩短战线，以突出三大高压核心部件为主；二是三大高压部件也做了调整，将高压压气机7级减为前4级，短环形燃烧室从气动雾化喷嘴改为蒸发管，高压涡轮全尺寸试验件，改为0.8缩尺模型性能试验，唯一保留了两个高压涡轮叶片的高效冷却试验研究。

到了1985年8月，部召开GD－25技术开发座谈会，决定将GD－25摸底列入高推预研项目，统一规划，分工管理，明确624所为摸底组长单位，606所为副组长单位。这实际上不但挤占了缩减后的高推预研经费，而且以摸底代替了原来规划的预研工作。1986年部发动机局任命邵忠甫副总师为GD－25摸底主任工程师，606所李晋年同志为副主任工程师。因经费受到限制，至1991年GD－25原计划开题96个，实际只开题44个，完成20个，验收技术报告180多份。1991年8月部决定将GD－25摸底工作纳入“太行”发动机研制计划，并改由606所任组长单位，624所任副组长单位。

由上可以看出，高推预研项目定位准确，起点很高。从1979年8月正式立项开始，到1989年底，大致经历了10年时间。在执行过程中，虽经多次调整，一波三折，但始终没有停止过。在全行业的共同努力下，取得了许多骄人的成绩，为后来中推核心机的研制奠定了坚实的技术基础。

1991年10月7～11日，部召开“七五”预研总结表彰和“八五”预研工作会议。在会议上何文治副部长做了《总结“七五”经验，落实“八五”任务，把航空预研工作向高水平推进》的报告。在随后由部发动机总公司陈浚（注3）总经理主持的会议上，周晓青（注4）副总经理兼总工程师做了《抓住机遇，埋头苦干，夺取航空动力预先研究的新胜利》的报告，我在会上做了《高性能推进系统工程预研“七五”工作总结》的发言。我说截至1989年年底，高推预研累计开题120个，其中“六五”期间完成62个，“七五”期间完成58个……获得国家级和部省级科技成果奖200余项。其中有的部件突破了技术关键，为我国自行研制新发动机带来了希望。最后我就发动机预研工作提出五点建议：

1. 充分认识预研工作的重要性、先行性和复杂性，应保证必要的投资强度，坚决把高推预研持续不断地推向前进。

2. 正确协调处理好预研与型号的关系，坚持走核心机派生发展的道路。

3. 正确处理自力更生与对外开放的关系，以立足自己的预先研究为主，积极开展国际合作，努力吸收国外先进技术。

4. 加强和完善系统工程管理，保持高推预研的系统性和完整性。

5. 继续开展全行业大协作，实行指令性计划和技术经济合同制相结合的管理办法。

关键时刻接重担

1986年10月，上级批准陈及恒所长和袁美芳总师调广东省佛山市工作。组织上任命王靖寰接任所长，我接任总工程师。袁总把接力棒交到了我的手中，这是我事先没有想到的。因为在众多副总师当中，我是提拔较晚的一个，不少同志的工作能力和经验都比我强。袁总是我国航空工业动力行业的知名专家，在群众和行业中享有很高的威望。我能挑得起她的这副重担吗？我该从何处入手呢？自己既感到突然，更感到茫然。

当时正值国家改革开放之初、大搞“军转民”之际，外界“诱惑”很多，对三线地区“冲击”很大，可以说所内的形势十分严峻。主要表现在：一是“孔雀东南飞”，人心思走，不少人都希望冲出山沟，到大城市中去，到改革开放的第一线去；二是高推预研经费只剩下几百万元了，其中近200万元还要用于90年代发动机预研的论证和开题，能否获批立项仍是一个未解之“谜”；三是外界对高推预研有各种不同看法，有些人甚至认为高推预研只是“毫无用处的一堆废纸”、“对型号没有任何应用价值”，所内干部和群众的认识也相当混乱；四是高空台刚从“缓建”的阴影中走出来，经费较以前仍有明显减少。认为高空台最终可能用不上，将成为一堆“废铜烂铁”的观点也大有人在；五是为了生存和创收，所里不得不将部分军品科研骨干分流出去，开发与发动机毫不相干的民品项目，军品科研到了难以为继的程度。所里的几位大领导都调走了，群众中有点“人心惶惶”。

624所的前景如何？出路在哪里？当时恐怕谁也想不明白，说不清楚。

所长王靖寰为人正直，聪明睿智，善解人意，有号召力。1962年我到606所报到时他在干部科工作，第一个同我谈话的就是他，从那时起我们就成了好朋友。后来有些好朋友开玩笑地对我说：“你和王靖寰早就是一对难兄难弟，这次‘受命于危难之际’，大家要看看你们有什么‘灵丹妙药’呀？”我也只能苦涩地笑一笑。

俗话说：新官上任三把火。我不知道该烧什么火，从那里烧起？烧的结果如何？会不会引火烧身呢？当了总工程师后，很长一段时间内，我好像没有找到感觉，自己一点儿也高兴不起来，感到的都是压力和忧虑。

记得当时搞民品开发，厂家付不起款，就用一台日本原装的皇冠3.0轿车做价抵账，这是当时624所最好的一辆轿车，坐起来既舒服又神气。但所里经费紧张，开支已十分困难，在征得其他所领导同意后，我打电话向在外地出差的王所长汇报，建议卖车解困，以应一时之急，他表示同意。我就同主管后勤的冯金贵副所长拍板把车给卖了。好在我们是事业单位，大家的工资还能照常发出去。

当上总工程师之后，我面临的第一个最尖锐的问题，就是高推预研要不要继续搞下去？能不能搞下去？怎么搞下去？我到王靖寰所长家里做了一次较深入的长谈，我们都认为高空台正处于二期工程建设安装阶段，经费投资和安装队伍都比较落实，矛盾不很突出，关键在于高推预研怎么办？他希望我能提出一个解决方案。我答应先找一些骨干谈一谈，再开一些座谈会，也到部机关和兄弟厂所院校去做些调研工作，然后才能提出一个比较切实可行的方案来，他同意我的观点。

于是，我首先分别找邵忠甫、吕激、钱笃元、冯心海等副总师谈，找科技办的左臣富、刘俊波、周巽一和高推办的斯永华、陈爱华等同志谈，找二区各个研究室主任和朱鸿义、张国政、詹寿楠、周拜豪、胡正义、邓化愚、程信华等一批老同志谈，找工厂的厂长熊应祥、潘泽清等同志谈。

根据这些调研，经过反复考虑，我逐步形成了搞中推核心机和验证机的想法，提出了“在高推预研基础上开展三大高压性能部件和核心机、验证机预研”的设想和建议。我请高推办斯永华同志按照这个思路整理出一份资料，提出《开展三大高压性能部件和中推核心机、验证机研究》的初步设想，召开两次总师办公会进行讨论，得到了王靖寰所长、谢士玉书记和其他所领导的支持。

为了更好地统一思想，也想谈谈自己的“设想和建议”，投石问路，我向所长建议一起召开技术骨干和中层干部座谈会，围绕高推预研成果的应用和今后的发展方向，请大家帮着出主意、想办法，集思广益。座谈会上的发言很踊跃，当然也免不了有个别同志发发牢骚、说说怪话。但主流的、一致的观点认为：高推预研的大方向是正确的，一定要坚持继续向前走。624 所只能前进，不能后退，后退是没有出路的。否则，高推预研真的会成为“一堆废纸”，有可能会前功尽弃。

不少同志建议要想办法恢复高推预研的“原貌”，即将压气机后三级搞出来，恢复到七级；将主燃烧室继续推进到带气动雾化喷嘴的全尺寸短环形燃烧室，涡轮要恢复到带气冷叶片的全尺寸高压涡轮部件试验件。座谈会上大家七嘴八舌，你一言我一语，气氛十分热烈，真是“三个臭皮匠，顶个诸葛亮”，群众中蕴藏着的极大的积极性被激发出来了，这些骨干的信心很足、决心很大。我的眼前一亮，一条中推核心机和验证机的金光大道显现在我的面前。我感到非常高兴，因为这些技术骨干与我的想法不谋而合，事情就好办了。

当时我认为：继续加强和推进“高推预研”是我国自主发展航空发动机的迫切需要，是势在必行的事情。经过前 6 年的努力，“高推预研”已经取得了许多重要成果，为其继续发展打下了良好的技术基础，争取将“高推预研”恢复到原来确定的研究目标和内容，在部领导层中比较容易取得共识。在座谈会上我也谈了自己的一些想法，抛出了个人不成熟的设想和建议，提出在高推预研成果的基础上，以恢复“三大高压性能部件研制”为突破口，实施“三步走”的发展思路。即：第一步，恢复被砍掉的三大高压性能部件研制，包括七级高压压气机，带气动雾化喷嘴的短环形燃烧室和带气冷叶片的全尺寸高压涡轮部件；第二步，在三大高压性能部件的基础上完成中推核心机研制；第三步，在前两步的基础上完成中推验证机研制，走出我国自行研制先进航空发动机的道路来。

我的这些想法得到了参加座谈会的技术骨干们的同意和认可，有的人说我想得比他们要更加深刻、更加长远，更具有可操作性。座谈会实际上变成了交心会，我不但了解和摸清了中层干部和技术骨干的想法，他们也了解了我这位新上任总师的想法。最后王所长做了慷慨激昂的总结发言，座谈会又变成了搞三大部件和中推核心机的动员大会，收到了意想不到的好效果，初步找到了 624

所的问题和出路所在。

在上级没有正式批准之前，我们可以先做一些计算、分析和方案设计工作。于是我通过每周一上午的总师办公会逐步落实不需花大钱的设计工作。先安排三大部件的设计研究，在完成后三级设计工作的基础上，采用先进的设计方法（如全三维计算、叶片弯扭技术等）对整个七级高压压气机再做进一步的修改完善，并强调一定要与前四级很好地匹配起来，形成一个能达到美国 F404 发动机水平完整的先进七级高压压气机方案，并准备安排在所内工厂加工，需外协的项目和单位由工厂自定，所里提供经费支持；同时开展气动雾化喷嘴的全尺寸短环形燃烧室试验件和带气冷叶片的全尺寸高压涡轮部件试验件设计，但设计参数和前后接口尺寸，都要与新的七级高压压气机匹配起来，以便将来能够串装成一台完整的中推核心机。

在所内调研和安排好三大部件设计工作的前提下，我又与高推办斯永华、陈爱华等同志一起到所外单位进行调研，包括北航、南航、西工大、中国科学院工程物理所、清华大学、中国科技大学等，工厂有 410 厂、420 厂、430 厂和 460 厂等，几乎跑遍了大半个中国。斯永华同志由于长期担任高推办主任，对高推预研和后来的中推核心机、高性能发动机预研都做出了重要贡献，大家都叫他“高老板”或“斯老板”，对他有异乎寻常的亲切感。之后，我们又到航空工业部向有关机关领导做了汇报和沟通，得到发动机局龚局长和秦学兴、周晓青、刘孝安、马恒儒等同志的关心、理解和支持。

柳暗花明又一村

完成所内外调研和初步汇报后，我们形成了一份建议稿，经王所长同意，于 1988 年 2 月 13 日向航空工业部发动机局上报了《关于调整高性能发动机设计技术研究立项论证报告的意见》，建议将高压压气机由四级试验件恢复为七级高压压气机部件，同时恢复带气动雾化喷嘴的短环形燃烧室和带气冷叶片的全尺寸涡轮部件研究，需新增经费2000万元。当时发动机局原则上同意先行恢复七级高压压气机研究，经费1000万元，但需要听听专家的咨询意见。

1988年6月9—14日，新成立的航空航天工业部科技委发动机专业组在贵阳460厂召开会议，共有两项议程：一是审议624所提出的《九十年代高性能推进系统预研论证报告》，大家一致认为技术指标合适，研究关键明确，课题选择配套，经费预算合理，顺利通过评审；二是讨论高推预研七级高压压气机攻关问题，则出现了明显的、尖锐的分歧，有支持的，也有坚决反对的，一时难以达成统一意见。当时发动机专业组组长枉云汉（注5）老厂长问我怎么办，我建议如果不能形成发动机专业组的一致意见，就以专家个人签名方式形成评审意见，报部发动机总公司做最后决策。结果绝大多数与会专家同意签名，并肯定624所开展七级高压压气机研究攻关是十分必要的，方案设计是合理可行的。

但会议开到最后两天，我终于坚持不住，病倒了。

贵阳那个地方卫生条件较差，苍蝇、蚊子很多。我开始就有点腹泻，后来越来越严重，一天拉20多次，吃药根本止不住，坐在便桶上有时就起不来，很快身体就出现虚脱，感到自己一点儿力气都没有了。

460厂姚克佩总师和011基地二所江和甫总师一起到招待所来看望我。他们一下子就看出我有点儿脱水了，说这样不行，你一定要马上去住院。我考虑第二天会议将结束，想坚持回到所里后再住院。但他们立即打电话叫来救护车，硬是把我拉到工厂职工医院输液治疗。

我在工厂医院住了3天，624所留下一位同志照顾我。到机场后，用机场的磅秤称了一下，比来时的体重掉了4千克。可见那次腹泻对我的身体影响是很大的。我至今仍很感谢姚克佩和江和甫两位总师，当时要不是他们坚持让我住院的话，后果不堪设想。后来有人说我为了这1000万元，连命都豁出去了，这的确就是我当时的心情。

1988年8月16日，部发动机总公司在北京召开“高压多级轴流压气机技术攻关”工作会议，我带领詹寿楠、周拜豪等四位同志参加，方案顺利获得通过。

这真是“山重水复疑无路，柳暗花明又一村”。高推预研工作从此跨入了一个新阶段。

在申报七级高压压气机攻关之前的1987年，我还专门找到所外的一些单位和领导，得到空军第八研究所发动机室副主任常淑清同志、011基地二所江和甫总师和420厂枉云汉老厂长的大力支持。因为当时624所定位为预研所，是不能搞型号的，担心领导出面干预，所以没有正式向部领导和机关进行过系统的汇报，完全是我找他们几个人自发酝酿的。后来有人说我们这是在搞“地下活动”，也可以这么说吧。因为当时我想，如果部里立项走不通的话，就先在底下几个单位联合起来干，以后再慢慢去说服领导。

我们当时也准备分三步走：

第一步：完成总体方案和图样设计，由624所负责。以七级高压压气机为龙头，再设计一个与其相匹配的带气动雾化喷嘴的短环形燃烧室和带冷却空心叶片的全尺寸涡轮部件，并形成中推核心机；在此基础上配上先进的风扇和低压部件系统，形成7500~8500千克力的中等推力小涵道比涡扇发动机的验证机。

第二步：是进行加工制造，由420厂和460厂分工负责，经费先行挂账、厂内垫付，待项目立项后再如数奉还。

第三步：分步完成部件、核心机和验证机的地面台和高空台试验，经费由624所自筹解决。

但是，这件事没有进行下去，因为没过多久部里就知道并且立项了，也就没有必要再遮遮掩掩了。

中推核心机登上历史舞台

1989年1月底，我应邀参加中央军委刘华清副主席召开的歼10和“太行”发动机汇报会，没想到突然领导要我汇报高推预研进展情况和下一步开展中等推力核心机和验证机研制的设想。听了我的简要汇报后，刘副主席当即指出：中等推力发动机的研制工作应该开始论证了。

1989 年 4 月初，航空航天部工业发动机总公司和空军科研部联合发出通知，决定分南北两片成立两个专家小组（两个组 624 所均派人参加），开始中等推力发动机研制方案的论证工作，正式纳入了部的计划及管理渠道，中推发动机终于浮出了水面，提到议事日程上来。

624 所想搞三大高压性能部件和中推核心机的想法和要求，很快就被林宗棠（注 6）部长知道了，他很支持我们这样做。林宗棠部长解放前毕业于清华大学机械系，曾任国家经委副主任。航空、航天两部合并后，他出任航空航天工业部部长。林部长不仅是管理型政府官员，也是技术水平高、学术造诣深的全国知名专家，在机械工程界享有崇高的声誉。

1989 年 4 月，所值班室接到部办公厅电话，叫 624 所准备“F404 发动机的特点、高推预研的进展情况和今后预研工作的打算，派主要领导到北京向林部长汇报”。这是 624 所期盼已久的好消息。我们按部里的要求做好了准备，王所长和我与斯永华 3 人一起进京。那天的“发动机预研工作汇报会”阵势很大，规格很高，由林部长亲自主持，出席的主要领导有：何文治、姜燮生两位副部长，王昂总工程师、毛德华等几位副总师，科技局、发动机总公司、飞机总公司、财务局等相关局级领导都来了。在会上我代表 624 所做汇报，王所长做补充，汇报提纲是按照部要求的三个问题准备的，但我又增加了一个“国外航空发动机发展的规律及启示”，特别强调了借鉴国外的成功经验，加强预研，打好基础，是我国自主研制发动机的必由之路，明确提出了“在十年高推预研基础上，开展三大高压性能部件和中推核心机、验证机预研”的工作设想和建议。讨论时几位副部长和机关主要领导同志做了发言。最后，林部长在会议总结时做了重要讲话。他首先明确表示同意 624 所的汇报和建议，并强调指出：在搞三大高压性能部件的同时，就要开始中推核心机的预研，否则，等三大部件研制成功后再决策就晚了。林部长讲话高屋建瓴，全面深刻，具有远见卓识，一直成为 624 所开展三大高压性能部件和中推核心机预研的行动指南。

1989年6月12日，部发动机总公司下达《关于进行高性能推进系统三大核心性能试验部件研制的通知》，明确624所为该项目的技术负责单位和研制任务的具体承担单位。

1989年7月20日，部发动机总公司任命所内担任三大核心性能试验部件研制项目指挥系统的负责人：王靖寰为常务副总指挥兼现场总指挥，刘大响为副总指挥兼总设计师，钱笃元、朱鸿义为副总设计师，斯永华为办公室主任。

与钱笃元（右）、斯永华在绵阳

1989年7月28日—8月1日，部发动机总公司在624所召开“三大高压性能部件研制工作会议”，评审研制规划及技术方案。会议由我汇报“高推预研三大核心性能试验部件研制方案论证工作”，有关主任设计师汇报“三大核心性能试验部件的技术设计方案”。与会领导和专家称赞说：“汇报得很好，真没想到在短短时间内你们做得这么细致和深入。”所有项目都顺利通过了专家评审。部发动机总公司陈浚总经理在讲话中说：“这是我们经过近一年的论证和调研后做出的决策。中推发动机三大高压性能部件，研制周期3年，投资3000万元。”624所与会同志报以长时间的热烈掌声。经费这一项是我们与发动机总公司反复测算和协商之后取得的共识，其数额超过了624所1988年2月13日申报的2000

万元。老实说，研制经费提多少合适，当时是颇费思量和斟酌的。提少了怕“入不敷出”，人家说你搞“钓鱼”工程；提多了又怕把领导给“吓”回去了，一时立不了项。因此，1988 年在规划时我们反复细致测算，我提出“实事求是用好每一分钱”的原则，也就是说凡是 624 所能干的事就自己办，如七级高压压气机后三级的加工，虽然所内工厂的设备条件较差，经验不足，但我们立足在自己工厂加工，并且没有把振动传感器、二次仪表等项目列入预算中，下狠心将申报经费需求压低到 2000 万元，显然这是偏低的。但林部长和发动机总公司的领导非常了解 624 所的困难处境和基础条件。经反复深入协商，把经费指标调整为 3000 万元，这反映出他们实事求是的科学态度。因为以前我们向部机关申请经费时，上面只有“砍”而没有“加”的，这次没有“砍”反而增加了，破天荒地给我们增加了 1000 万元。

1990 年 6 月 15—17 日，部发动机总公司按照林部长指示，又组织专家对 624 所提出的三大高压性能部件的匹配技术（即中推预研核心机）方案进行了评审。

1990 年 12 月，国防科工委召开预研工作会议，将中推核心机技术研究列入国防科技“八五”期间 18 项关键技术之一。至此，中推核心机研制正式立项，登上了我国航空发动机研究的历史舞台。

“三大高压性能部件研究”和后来的“中推核心机技术研制”正式立项启动，是 10 年高推预研工作的重要转折点，可说是“起死回生”的里程碑，624 所的预研工作由此走出困境，开启了一个可持续发展的新起点。

领导关怀是无穷动力

自从航空航天工业部和林部长决定开展三大高压性能部件和中推核心机研制之后，中央军委、空军、国务院各部委领导相继来所视察、检查和指导工作，成为624所开展和完成中推核心机研制工作的无穷动力。

1989年10月21日，中国人民解放军副总参谋长何其宗少将，在空军副司令员林虎中将（注7）、王昂（注8）副部长陪同下来所视察工作，传达了中央军委副主席杨尚昆对航空发动机研制工作的重要指示：加快航空装备发展问题，首先就是发动机的问题，飞机的主要难点也在发动机。要走自力更生的道路，研制出自己的发动机来。

1990年2月28日，国防科工委科技委副主任叶正大中将一行11人，来所视察和检查工作。

原国防科委副主任叶正大（左三）视察624所

3月2日，国防科工委副主任怀国模中将一行4人来所视察和检查工作。

3月26日，国防科工委主任丁衡高上将一行16人来所视察和检查工作，调查研究，为中央专委会议做准备。

4月，中央专委会议专门为中推预研做出决定，指出“八五”期间要抓紧中等推力涡扇发动机关键技术的预研工作，取得成果后转入型号研制。

5—12月，航空航天工业部林宗棠部长相继四次来所视察和检查工作，要求我们集中力量打歼灭战，要有强烈的时间观念，用拼搏精神来搞预研，来确保质量；他深入基层，看望群众，并强调指出：三大高压性能部件和中推核心机预研工作都已经定了，不能动摇，要马上进行工作，要坚持“七事一贯制”和“四个到现场”（注9），把研制工作做得更好。

与原航空航天工业部林宗棠部长（左一）在一起

1990年8月31日，中央军委刘华清副主席在省委、省军区和部等各级领导陪同下来所视察，因王所长出国，由刘俊波（注10）书记和我陪同。刘副主席考察了高空台，又参观了高推预研成果展，我全程向他做汇报和讲解。在接见全所职工代表的大会上，刘副主席发表了热情洋溢的重要讲话，他说：“航空发动机预研非常重要，看了你们的发动机预研成果展，感到很高兴、很满意，很有希望。党中央、国务院、中央军委非常关心航空工业发展问题，关心航空发动机的发展。搞航空发动机，自力更生是根本，这是国策，是毛主席制定的。希望航空战线的同志们上下一股劲、一条心，以无私奉献的精神把航空发动机预研搞上去，把航空工业推向一个新阶段，攀登新高峰，取得一个很好的结果。”在讲话结束时，刘副主席站起向大家挥挥手，激动地说：“中推发动机一定要靠自力更生，靠你们624所把它搞出来！越快越好！”

1991年10月8日，空军林虎副司令员在葛文墉副参谋长和王昂副部长陪同下来所视察。他说："中推我们太需要了，一般的飞机应该装两台发动机，这样要更安全一些，欧洲大部分都是中推发动机，只有美国和俄罗斯才搞大推力级的，一定要下决心把中推发动机搞出来。"后来，我与林虎副司令员就非常熟了，成了好朋友，至今仍有往来。

向刘华清副主席汇报中推预研

领导的视察和重要讲话，给我们全所职工以巨大鼓舞，看到了所的前途和希望，同时也感受到巨大的历史责任，大家决心要用我们自己的双手，把中推发动机搞出来，去攀登航空发展历史上的新高峰！

全所沸腾了。所党委召开中推研制誓师动员大会，7月6日所党委代表全所职工向部党组发出《关于承担中推发动机高低压系统匹配技术预研的请战报告》。群众中蕴藏着的极大积极性被调动起来了，人人都有点热血沸腾的感觉，几位已经调走的科技人员主动申请返回所内工作获领导批准，就连幼儿园的阿姨晚上也主动加班，小车司机随叫随到，保证行车安全，炊事班保证加班人员吃上可口的热菜热饭，人人都想为中推做点力所能及的贡献，这种局面连我们几位所领导都没有想到会来得这么快速，这么猛烈！

一次冒风险的决策

七级高压压气机攻关，是三大高压性能部件的关键，也是中推核心机预研能否成功的关键。我国发动机行业研制的几个型号，都是因为高压压气机性能未达到设计指标而延误了研制进程，所以高压压气机被认为是发动机研制中的第一大关键部件。

为了早日上台试验，林部长派刚从120厂调到部里准备当副总工程师的张洪飚同志（注11），在他尚未正式上任之前就先到624所连续“蹲点”70天，坐镇督战，现场指挥；又派全国知名的压气机专家、部科技委张池副主任来所指导设计工作约30天。洪飚同志不愧为工厂出来的老总，对生产组织非常内行。一天，他从斯永华那里要去零级网络图，认真研究后约我去招待所面谈一次，提出我们的网络图中还有潜力可挖，进度还可以再快一点。第二天我们一起上观雾山，与工厂领导和工艺员共同讨论，采取几条并行工程的措施，将我们原来预留的一点点余地都“挤”了出来，最终结果是提前50天完成后三级的加工，并与前四级组装成一台七级高压压气机试验件。

七级高压压气机试验已成为部领导和全行业关注的焦点。初战必胜，只许成功，不许失败，否则就会动摇所有人的信心和决心，我们每个参试人员身上的担子和压力有多大就可想而知了。1990年9月23日晚上零点，我国第一台自行设计的七级高压压气机首次上台运转。所有的人都屏住呼吸，瞪大双眼“盯”着它，生怕出现一点点异常。结果还好，这个初生的“天之骄子”还比较争气，安全地运转到10500转/分，顺利地通过了“机械磨合”运转状态，停车检查一切正常，大家终于松了一口气儿，开始有人小声地有说有笑了，我到室外去放松一下情绪，呼吸一点儿新鲜空气。一个小时后开始当晚的第二个状态点试验，大家似乎没有刚才那么紧张了。但推到 0.8“设计转速”（大约 13500 转/分）时，我们最担心的问题终于出现了，最高振动值瞬间达到 13*g*，远超出安全规定值，只好将转速降下来，以保护试验件的安全。当晚试验就这样结束了，大家回去休息，只留下少数人进行检查和分析。经多次分析决定第三天继续进行试验，结果与第一天差不多，试验只好暂时停下来。

七级高压压气机加工现场

我们组织了一个攻关小组，由周拜豪同志负责，研究解决排除振动过大的措施，每次会议我都去参加。经过近两个月的种种努力，转子下台分解 4 次，仍未完全排除振动过大的故障。振动过大是非常危险的，应力会成倍增长，搞不好转子会“飞”出去。

我记得在北京亚运会开幕的时候，七级高压压气机就开始上台试验，亚运会结束时还没有达到最大转速状态。我们采用了多种方法，先是把原来的刚性支承、改成采用挤压油膜轴承的弹性支承，后又改为用尼龙绳把两个盘固定的柔性方式。对台架设备也翻来覆去做了大量工作。但是很遗憾，多次试验都没有成功。

1990 年 11 月 23 日，晚上做试验时，洪飏老总和王所长亲自上台“督战”，第一遍开车下来还是不行，振动值还是偏大。我们就在现场开会研究怎么办？试验进行了两个月，各种办法都想到了，能上的措施也都用上了，但转速还是推不上去，试验遇到了“拦路虎”。大家都很焦急，讨论中提出多种不同的看法和建议，可以说百花齐放，众说纷纭。最后王所长说：“大响，你是总设计师，这件事你来下决心拿主意，你说怎么办就怎么办！”也就是说现场总指挥给我下达了指令，把这个难题交给了我。在讨论时我注意到有几位同志都提出这可能是“临界转速”，只要想办法冲过去就好了。我请搞振动测量的同志把所有振动数据拿出来分析一下，发现只要接近这个转速振动值就增大，偏离这个转速振动值就明显减小。说明转子的动平衡是合格的，唯一的办法就是快速通过“临界转速”，但这要冒非常大的风险，弄不好，整个转子可能会“飞”掉，设备也会被打坏。

那天晚上，我面临着转子“飞”出去的巨大风险。

这两个月的每次试验我几乎都参加了，我发现负责试验指挥的张富存同志非常小心谨慎。这位同志是一位中专生，但工作认真负责，搞试验很有经验，经我推荐所里“破格”把他提拔为三室主管试验的副主任。因为1986年年底在这个设备上，曾经发生过一次因振动值偏大而导致试验件“飞”出去并打坏了设备的大事故，所以他指挥这次试验十分“小心谨慎”是无可非议的。但问题在于如果是“临界转速”的话，慢推油门就是很危险的。但要想快速冲过“临界转速”，风险又很大，一旦出事，必须有人来承担这个责任。

根据大家对数据的分析，我也判断很可能是“临界转速”问题，这是许多发动机研制中经常碰到的头痛问题。“临界转速”试验最大的特点是转速不能停留在那个值上，一停留就可能出现重大事故。解决的办法，一个是把“临界转速”降到很低，在低转速时快速通过，危险性就会大大减小。再一个就是把“临界转速”提高到工作转速之上，到达工作转速之前都不出现临界转速，压气机试验都会是很平稳的。但这些都需要在设计上做大量的结构修改工作，设计、加工和装配的周期会很长。

在这个基本判断的前提下，我提出采取一个冒险的办法，就是快推油门使转子快速通过“临界转速”，使振动值减下来，先将试验做下去，而且，判断这是不是“临界转速”也必须要做这个试验。而如何解决“临界转速”问题，只有在这个试验之后的结构设计修改中，再研究采取什么样的方案和措施。当时，我们大家都意识到快速通过“临界转速”一定要冒巨大的风险，但如果不冒这个风险，七级压气机试验就很难有大的进展。

当时洪飚总师、王所长都在现场，他们俩人表示同意我的判断，也同意冲一下看看。因为方案是我提出来的，我说：“如果出现了转子‘飞’掉的情况，我是第一责任人，但这是没有办法的办法。”他们两位领导当即表示：就按你提出的办法试验，如果出了问题，我们一起共同承担责任。

我对张富存同志说，试验还是由你来指挥，但快接近振动值增大时要猛推油门，快速通过。如果转子“飞”了，由我承担责任；如果确实是“临界转速”，我估计振动值马上就会掉下来。

开始试车了，大家都很紧张，我当然最紧张了。随着转速的增加，我的心脏也在“嘣嘣”地加速跳动着 。

当转速快到“临界转速”前而振动值尚未达到最大值时，我忍不住轻轻地喊了一声“快推”，油门杆操作员一下子就推了上去，这一推，振动值马上就掉到了3*g*。

振动值在5*g*以下试车是安全的，一下子掉到3*g*。哎哟！当时全场沸腾了，大家高兴得直鼓掌！我也很激动。说实在的，下指令快推油门的那一瞬间，我的“心”都快要跳到嗓子眼儿了，全身都在冒着冷汗。

1990年11月23日，我一辈子都忘不了这一天的晚上，是我前半生中为了航空发动机事业做出冒巨大风险决策的一天。我相信洪飚老总、王所长和在场的所有同志，也是难以忘记的。

七级高压压气机终于推到1.0设计转速值（16800转/分）。按照这种试验方法，到1991年年底，共进行了9次开车试验，累计运转13小时，共录取了5条压气机特性曲线。为了安全起见，那次没有安排录取喘振边界点的试验。

11月26日，林宗棠部长和部发动机总公司发来贺电，祝贺七级高压压气机试验成功，首战告捷！

此后，经过认真准备，从1991年2月7日开始七级高压压气机喘振边界测定试验，接着又陆续完成了设计安装角条件下的总性能试验、重复性试验、最佳安装角性能调整试验和低转速下的调整试验，累计开车37次，共计435小时，其主要性能指标均达到当时美国F404和CFM－56发动机高压压气机的先进水平。

1991年6月5日，陈逡总经理致函林宗棠部长，建议对中推七级高压压气机开展立功授奖活动。林部长批示："这是一项重大突破，对发展我国涡扇发动机具有重要意义，应予特殊鼓励。部可发特别嘉奖令。"

1991年7月，部发动机总公司在沈阳召开中推预研汇报会，林宗棠部长指出：中推七级高压压气机的研究，完全是自力更生，依靠自己的力量，从理论计算到试验，取得了突破性的进展，说明中国人并不笨，只要认真地干，完全可以干出和国外差不多水平的事情。

设计是龙头，人才是关键

在刘华清副主席的亲切关怀和国防科工委、航空航天工业部的直接领导下，三大高压性能部件和中推核心机都已完成了立项程序，并积极地开展研究工作。但是，如何才能保证又好又快地完成研制工作任务呢？我认为在发动机研制工作中，设计是龙头，是第一道关。设计搞好了才能得到好的三大高压部件，也才能完成先进的中推核心机研制任务。如果设计搞错了，后面的加工和试验也都错了，不但造成人力、物力和资金的巨大浪费，也会耽误整个研制周期。

设计工作要搞好，人才最关键，要有高水平的学科带头人和一批能打硬仗的人才队伍，而且要很好地有效地组织起来，沿着同一个目标，形成合力，才能奋勇向前。但624所原有的设计人员，不少人已经转去搞民品开发了，留下的也散落在各个试验研究室中，很难集中精力和组织协调，很难建立起技术责任制，也很难保证设计工作的高水平、高质量。所以，我向所长提出尽快建立中推核心机设计室是当务之急，并建议取名为一室。实际上就是要恢复原来在甘溪的老一室。王所长当过老一室主任，他很理解和支持这一建议。当时我还向所长提出，组建这个室，人要我来点。有一些人已经是民品开发的骨干力量了，我可能要把他们抽回来，不知所长能否同意？王所长说："当然可以啊，我们必须尽快把一室组建起来。要什么人你就点吧，点完后我们再来下决心，共同做好他们的思想工作。"

有了所长的全力支持，我就同钱笃元、朱鸿义、斯永华等相关同志一起研究，拟出了一个初步名单，并一个一个地进行摸底谈话，也的确从民品线和开发点上抽回来一些骨干力量，只是个别人手中的工作需要用一定的时间进行交接。

这样就把原来老一室留下的人大都集中起来了，当然也从各方面抽调补充了许多新生力量。新组建的一室，共成立了 8 个专业组，组长都是出类拔萃的。如总体结构组的李荣仁、唐登发、詹壁亚，总体性能组的张国政、江义军，压气机组的詹寿楠、周拜豪、马琨，燃烧室组的胡正义、赵清杰，涡轮组的邓化愚、程信华，强度组的王旅生、邢德顺、龚梦贤，控制组的怀寿章、王戈一，传动及润滑组的何光东、肖育祥等。这些人即使放在 606 所也都是很出色的，其中很多人是从民品线上硬抽回来的。

当时碰到一个最大的问题，就是各专业组的力量都很强，不少人将这 8 个组长叫做"八大金刚"，一个比一个"牛"，那么谁来当这个室主任呢？的确把王所长和我都给难住了。因为这个室主任不太好当，他必须资格老，有较高的威信和一定的组织领导能力，思想、业务上要比较强，令人信服，但同时性格上又要能团结同志，以柔克刚。我思来想去觉得李介玉同志比较合适。我一提出来，王所长就说：对，就是他，就请他出来当这个室主任，我负责找他谈话。

李介玉同志是留苏回来的，在 606 所时搞过 910，有型号设计背景和经验。到 624 所后，他是一室总体性能组组长，我是副组长。他的最大优点就是能团结人，技术业务上也很棒。所以，我力挺他出任一室主任。刚开始时确有个别组长来找过我，以对本专业技术负责的名义，对室主任在技术文件上签字表示不同意见。我不客气地说："这件事不能由你说了算，这是个系统工程，建立五级签字制度是所里档案制度明文规定的，分工明确，责任到人。你是组长就是这个专业的主任设计师，要在审核栏中签字，并负技术责任，室主任除了要审查技术文件的本身之外，还要协调各个专业的关系，室主任栏中只能由李介玉同志签字，要各负其责，否则就乱套了。"最后我还是把这位同志给说服了。

李介玉同志当室主任后，工作认真负责，也积极为全室谋福利，大家都觉得挺好的。他退下来之后，常驻莫斯科京科公司，为航空发动机的对俄合作做出了重要贡献。

第一研究室成立后，没有办公地点，就先把劳动服务公司占用的教学楼倒腾出来，在一个半山腰上的俱乐部旁过，大家戏称为"劳教楼"——开玩笑说这帮人都是"臭"知识分子、要进行"劳教"。那时，每天晚上大家都主动加班到半夜，既没有加班费，也没有加班饭。在利益面前没有发生你争我抢闹别扭的现象，大家一心一意、憋着一口气要把中推核心机尽快地搞上去。后来我建议所里增加了夜班饭，有时晚上 10 点多钟我就去"赶"他们回去休息。

在我们技术线上的几位副总设计师都是非常棒的，他们工作认真细致，责任心很强，给了我很大的帮助和支持。钱笃元副总师分工主管总体结构方案设计，审查部件结构及尺寸协调、强度计算等，除总图以外所有结构图样都请他代表总师签字，我和大家都喜欢叫他"钱老板"；朱鸿义副总师分工主管总体性能方案、气动热力设计，后来也兼管试验方案和电气附件工作，我们常叫他"朱老总"；冯心海副总师是国内知名专家，有关转子动力学和振动力学方面的问题，我就请他出来帮助把关，因家庭困难和工作需要，所里安排他到佛山点上工作，后来又调到佛山大学当教授和副校长，当时我真有点儿舍不得。为了建立严格的质保体系，我向所长、书记建议提拔任汝根同志为副总师，兼中推项目的总质量师，在他的努力下，整个 624 所的质保体系和全面质量管理上了一个大台阶。

王所长是所里的项目总指挥，就是这个项目的总负责人，我只是在他领导下负责技术工作，协助他处理技术问题，帮助做一些具体的组织工作。他对我是很信任的，也很支持和放手。他常对我说：“大响，你大胆地干，我们俩是一根绳上的两个“蚂蚱”，谁也跑不掉，我支持你甩开膀子干。”

当时所领导的人数比较少，在副所长中只有夏光义、刘忠义和冯金贵三位同志，分别主管财务、基建和后勤工作。我当时要管三项技术工作：即高空台、中推核心机预研和民品开发。有时所长出差了还要代理所长工作，感到任务太重了，难以集中精力。我多次向所长和书记提出，建议增加一位副所长，至少先把民品开发工作接过去。后来部里任命焦天佑同志当副所长，分工主管经营和民品开发工作。

焦天佑同志工作能力强，才思敏捷，善于观察，勇于改革，是位难得的人才。从1974年我到11室当副主任后，我们就一直在一起共事，有着多年的友谊和深入了解，我为他当副所长感到高兴，工作配合也很协调。1991年，王靖寰同志奉调任614所所长，部里机关来所考察干部时，我就力举焦天佑出任所长，因为他具备当所长的潜质和能力。

但因为他曾经一直是我的下级，又刚当上副所长不久，有些领导同志担心怕我有点想不通。其实这是一种多余的担心，也是对我的性格缺乏了解所致。因为从1962年参加工作以来，我一直不大想搞纯粹的行政管理工作，我比较喜欢搞具体的技术研究工作，只要钻到某一个技术领域中，我都比较投入，一旦取得突破和进展，能从中体会到无穷的乐趣，对领导职务我并不十分看重，最多只能接受兼管一下技术管理工作。所以，我一再请领导放心，并在全所宣布任命的大会上，特意表态我会像支持王所长那样全力支持焦所长的工作。

又好又快完成中推核心机设计

七级高压压气机试验成功，初战告捷，给所有参试人员以巨大鼓舞，也为中推核心机开始设计奠定了基础。1991年1月27日—2月1日，林部长、洪飚副总师和陈浚总经理又亲临624所召开中推预研工作会议。在会上我代表624所汇报了《中推预研发展总体规划》。共提出75、83、85千牛级推力3个总体方案以供讨论，分三大高压性能部件、预研核心机和技术验证机等3个阶段组织实施。当时根据我们的调研，认为75千牛级发动机因结构、尺寸的原因，难以直接用于在役的歼7、歼8飞机上用来替代815甲系列发动机，如果用于配装新研制的飞机，推力又嫌偏小，将来应用会带来许多问题，而中推核心机研制都需要对三大部件重新进行设计，所以在会议上我们倾向于按85千牛级推力的方案，组织开展中推发动机的各项预研工作。

会议对这三个总体方案进行了热烈讨论，参会人员分为两种不同的观点展开了激烈的争论，直至第二天凌晨两点才休会。当时“三张一枉”——即张洪飚、张池、张汝谋和枉云汉四位同志坚决主张按75千牛级组织实施，主要担心如果改为85千牛级，三大高压性能部件都需重新设计、加工和试验，必将延长研制周期，而中推技术验证机本身不是一个型号，主要应尽快突破关键技术，尽快完成验证机的研制工作。

第二天上午复会，在个别专家做了补充发言后，由林部长做重要指示。他首先肯定624所做了大量深入细致的调查、研究和分析工作，75千牛和85千牛级两个方案各有优缺点，但很难做到“两全其美”。85千牛级方案较多地考虑了将来飞机的使用问题，是有一定道理的，考虑到中推目前仍处于预研阶段，应以尽快突破和掌握关键技术为主，所以他倾向于按75千牛级组织实施，对85千牛级方案要进行更广泛的深入调研，积极开展方案的计算和不同方案的对比分析工作，待将来转入发动机型号研制时，根据使用部门和飞机设计单位的要求，再确定具体的推力量级。

因为我代表624所提出的倾向性方案是85千牛级，他有点儿担心我们想不通。林部长说完后一再问我是否同意他的观点。我表示，站在不同角度上有不同的观点是很正常的。早在1980年高推预研立项时，主要瞄准F404发动机，推力量级就是75千牛级，现在林部长做出这种决定是顺理成章的事。但我们原来的想法是考虑到不论多大推力量级，中推发动机的预研，都需对三大高压性能部件重新进行设计，早晚都可能要适当地放大，所以我们提出85千牛级可能更符合将来的使用需求。现在林部长拍板定案了，我们一定坚决按照部长的决定和指示办。

按照这次会议的决定，1991年2月我们正式开展中推核心机总体方案的设计工作。为加强组织领导，5月所内调整了现场指挥系统。王靖寰为总指挥，焦天佑为常务副总指挥，刘俊波、吕激为副总指挥；刘大响为总设计师，钱笃元、朱鸿义为副总设计师；任汝根、左臣富为正、副总质量师；潘志鸿、叶国雄为正、副总会计师；斯永华、陈爱华为办公室正、副主任。要求6月完成总体性能、总体结构设计及气动、结构、强度设计准则的编制工作。

在工程设计阶段，我们采取并行工程、“设计、加工、试验”三结合的方式，突出了四大特点：一是紧扣未来验证机目标，确定合理的设计程序和原则，即先进行中推验证机方案设计，再将核心机从中“取”出来，并考虑按照在高空台上试验的特点完成工程图设计，这样有利于核心机与验证机的衔接；二是大胆吸收国内外的成功经验，采用一些必要的新材料、新工艺和新结构，以保证核心机的先进性；三是把消除临界转速的振动值过大作为重要目标，在原有刚性支承的基础上，再增加“挤压油膜”和“弹性支承+挤压油膜”两个方案的设计及研究工作；四是大胆采用单元体结构设计方式，与现代国际先进技术接轨。

1991年9月，在部发动机总公司周晓青总师主持下，北航陈光教授担任专家组长，对中推核心机的技术设计进行评审，认为设计合理、方案可行，可以转入工程设计阶段，又好又快地完成了中推核心机的设计工作。

最可贵的“中推精神”

什么是“中推精神”？我们后来归纳为“艰苦奋斗、努力拼搏、团结协作、无私奉献”，与“两弹一星”精神一脉相承，这种精神是最宝贵的。有了这种精神，就不怕一切艰难困苦，就能人心齐、泰山移，就能创造出人间奇迹。

1990—1991 年两年中，林部长 6 次来所检查指导工作，10 余次主持研制工作会议，非常认真仔细，并指派张洪飚总师、陈浚总经理、周晓青总师和科技委张池副主任长期驻所内现场坐镇指挥。空军林虎副司令员也 3 次亲临指导，给大家以巨大的鼓励和支持。林部长每次开会，都要 606 所陈尚志所长带上 10 来位顶级专家来所，帮助我们审查设计中的问题。林部长事先跟我打招呼说："大响，你要有思想准备，我带陈尚志他们来就是挑你们的毛病的。"我说，非常欢迎，624 所没搞过型号，缺乏工程经验，不怕问题多，就怕想不到，我们非常希望有高人指点。每次开会我都安排人做记录，会后梳辫子，一条条检查，能采纳的意见一定采纳，不能采纳的我们加以解释。陈尚志所长放下所内的繁重工作，多次带多名骨干来所指导设计，提了很多好的建议，这种团结协作、无私援助，对保证中推核心机研制成功，起到了十分关键的作用。

中推核心机是按照推重比 8 一级涡扇发动机的技术指标设计的，其采用的材料、制造工艺和结构方案具有"第三代发动机"的典型特征。材料：DAGH4169，GH907，GH903，GH141，DZ4，DZ22 等；制造工艺：复杂型芯涡轮叶片无余量精铸，燃烧室扩压器机匣整体精铸，涡轮盘 DA 工艺锻造，圆弧榫齿榫槽加工，激光打孔，磨粒流抛光，电火花精密小孔加工，电火花磨削，真空电子束焊等。这些新材料和新工艺在国内都是首次应用，技术难点很多（后总结为突破了 68 项关键材料和工艺技术），工厂的设备条件和工艺经验距此要求有一定的差距，而中推核心机又相当于一台"整机"，加工工作量大，当时发动机行业工厂的批生产和民品开发任务都很重，任何一家工厂都难以独立承担该项试制任务。我们向领导提出了"全行业大协作"的试制方案，对主要关键技术采取"联合攻关组"的组织形式，得到了林部长、发动机总公司和有关厂所高校的积极支持。这样就把加工工作量分散和工艺攻关项目分散，发挥各家的特长，为缩短加工周期提供了可能性。

中推核心机加工制造的总承制单位定点于西安 430 厂，其他有 23 个单位甘当配角，他们从不计较名利得失。当时经费不足，许多单位采取挂账办法，先干后付款，一切服从工作需要。430厂开始时杨乃适同志当厂长，后来汪鑫炎同志接任，都把中推预研任务当做工厂的头号任务来抓。1650开的定向结晶叶片，加工难度最大，周期最长，在林部长和洪飚副总师协调下，将加工周期从24个月压缩到17个月把叶片拿出来了，没有一种“拼搏、奉献”精神是根本不可能做到的。我记得430厂负责带导流叶片整体机匣浇铸的是一位女同志，很年轻，我问她能不能搞出来？她说虽然这是第一次，但会全力以赴组织攻关，保证没问题，充满了必胜的信心。

420厂承担的一些紧急加工任务完成后，都由枉云汉老厂长亲自押车，将工件连夜送往试验现场；621所、625所承担的新材料、新工艺，都组织了专门的攻关小组，在较短时间内取得突破，保证了研制任务的需要。

自1962年参加工作以来，我一直从事发动机总体性能设计和试验研究工作，对工艺、材料等不太熟悉，加上我还要主持高空台调试，工作量很大，这也是完成中推核心机试验必不可少的条件，在国内是第一次搞，难度大，任务重。所以，在中推核心机总体方案和结构设计初步完成并即将下厂试制加工时，深感自己的担子太重，分身乏术，难以内外兼顾，就多次向林部长提出调011基地二所江和甫总师来所主持中推核心机试制工作的建议，得到林部长的大力支持。

1991年12月13日，航空航天工业部重新调整中推核心机研制指挥系统：张洪飚任总指挥，陈浚任第一副总指挥，焦天佑等6人任副总指挥，刘大响任第一总设计师、江和甫（注12）任总设计师，任汝根任总质量师，唐智明任办公室主任，斯永华、陈爱华为副主任。

正是在这种最可宝贵的“中推精神”支持下，中推核心机研制步入了发展的“快车道”，只用了短短的3年时间就完成了设计和加工制造，1992年年底我国自主设计、制造的第一台推重比8一级的中推核心机“呱呱”诞生了。

在中推核心机旁留影

核心机地面台试验一举成功

1992年11月21日，群山环抱中的松花岭，阳光明媚，风和日丽。16时30分由部发动机总公司周晓青总工程师和430厂汪鑫炎厂长亲自率领的车队，载着凝聚了全行业24个单位智慧和心血的我国第一台中推核心机，经过3天长途跋涉，沿着被称为“难于上青天”的蜀道终于来到624所试验现场。夹道欢迎的群众顿时欢呼雀跃，群情激奋，掌声雷动，不少人流下了激动的泪水。

经过认真而紧张的准备工作，11月28日中推核心机在地面台上进行首次启封运转，又进行了20多次冷运转和9次假开车，12月3日23时20分首次点火，一次成功。12月4日中推核心机连闯起动、点火、冷悬挂、一阶临界转速等难关，6次点火，均获成功。12月5日21时顺利达到11673转/分，超过慢车状态的9.48%，提前21天完成了第一阶段试验任务，取得“三个一次成功”，即冷运转一次成功，点火一次成功，到达慢车转速一次成功，充分表明中推核心机的设计、制造和地面台的设备适应性改造都是成功的。

向有关领导介绍中推核心机

就在中推核心机第一次达到慢车转速时，12 月 7 日航空航天工业部党组发来一封很长的、热情洋溢的贺电，指出：中推核心机的研制是我部突破航空发动机这个薄弱环节，推动航空发动机自行研究发展能力上台阶的关键步骤，必将为我国大中型涡扇发动机的发展起到重要作用，并将与其他重点型号一道为建立航空发动机设计体系，研制推重比 8 一级涡扇发动机打下坚实的基础。在谈到三大部件预研成果时指出：这些事实充分说明，党中央、国务院、中央军委关于开展中推核心机研制的决策是正确的，组织是非常得力的，成果是异常显著的。实践证明，我国航空发动机行业具有一支勇于无私奉献、敢于知难而上、善于拼搏攻坚的科技职工队伍，只要我们信任和依靠他们，充分发挥主动性和创造性，很多技术关键是可以较快攻克的。贺信对完成今后繁重的任务提出了希望：发动机是航空工业最关键、最薄弱的环节，涡扇发动机上不去，航空工业的发展就没有希望。通过中推预研提高我国航空发动机的自行研究发展能力，是实现航空装备以自力更生为主发展不可逾越的阶段。首台核心机实现慢车运转成功，标志着中推预研进入一个新的阶段，下一步的任务将更加繁重。又说：希望你们进一步贯彻落实党的十四大精神，发扬成绩，再接再厉，继续拼搏，严肃认真，周到细致，稳妥可靠，万无一失，为进一步突破发动机关键技术，全面完成中推预研任务做出更大的贡献。我们相信，经过发动机行业的团结协作，奋力拼搏，一定能够走出我国航空发动机自行设计发展的道路。

航空航天工业部党组的贺信，给624所和全体参试人员以巨大鼓舞。12月9日又进行了4次开车，通过调整使起动时间由117秒缩短到87秒，达到了设计要求值；最高振动值由6g降到1.2g，中推核心机运行情况良好。

按照所内分工，由我负责主持中推核心机的地面台试验工作。原计划中推核心机达到地面慢车转速11150转/分时应下台分解一次，专家组评审意见也坚持要下台分解一次。但试验现场对于要不要分解的问题出现了较大分歧，较多的同志认为应按规定下台分解，另外一些同志认为用不着分解。作为技术负责人我十分认真地听取两种截然不同的意见，必须做出一种选择。

我仔细地检查了所有参数记录，一切都很正常，于是在会上说：原来试验大纲规定要分解一次，坚持下台分解的意见是对的；但具体情况要具体分析，现在一切情况正常，涡轮后排气温度比设计值低100多摄氏度，振动值不到2g，滑油回油滤检查也很正常，如果下台分解，重新装配，不但会耽误很长时间，而且这次分解装配在所内是第一次进行，能否达到430厂的装配质量还不好说，可能需要一段较长的时间。从试验监测参数来看，我判断继续试验不会有大的问题。所以，我的意见这次暂不下台分解，可以继续进行高转速试验。这个意见得到了在试验现场的部发动机总公司周晓青总师的同意。

12月12日，陈洝总经理代表林部长来所检查工作，观看核心机地面台高转速试验。结果安全顺利地推到了地面台上的最高转速13614转/分（换算转速为101.3%）。短短的14天时间，比原定计划提前3个月完成了地面台试验任务，为第二台核心机的加工制造赢得了宝贵的3个月时间，极大地鼓舞了全体参试人员的士气。

1992年12月29日，空军林虎副司令员受中央军委刘华清副主席委托，在空军葛文墉副参谋长，国防科工委张国治局长，航空航天工业部林宗棠部长、朱育理（注 13）副部长、张洪飚总工程师陪同下第四次来所视察检查工作。期间，林部长又在现场召开了中推核心机研制工作汇报会。林副司令员、林部长在会上做了激动人心的重要讲话。

1993 年 2 月 25 日，经过试车考验的中推核心机首次下台分解，对其进行全面检查和测试，第一台核心机完好无损。由于零备件和工装不足，直到 5 月 8 日才完成所内的第一次分解、装配工作，随后上台安装，开始第二阶段试验工作。由于核心机的特点，我们进行了多个喷口面积的试验，全面录取了性能参数，经过换算，其总性能和各部件性能均达到了设计值。

自 1991 年 11 月 28 日至 1993 年 6 月 26 日，中推核心机共开车 98 次，运行 545 分钟。试验次次成功，次次安全，测得的数据准确可靠。整个地面台试验，可以说是一帆风顺，完成试验大纲规定的全部内容，圆满地达到了预期目的。

1993 年 7 月 25 日，新成立的中国航空工业总公司党组发来贺电，对我国第一台核心机圆满完成地面台试验表示热烈祝贺和亲切慰问。

核心机地面试验成功后，原党委副书记周振德同志赋诗一首，以致祝贺。

贺核心机初战告捷

周振德

1992 年 12 月

千军万马世堪恢，机转炉红犹劲催。
戴月披星冲要隘，禅心极力镁珍瑰[①]。
捷音传蜀惊同道，喜报驰京动杰魁。
倘若诗仙魂魄在，吟哦助兴岂三杯。

①珍瑰：指中推核心机。

顺利完成设计状态的高空台试验

由于我国没有专用的核心机试车台，利用高空台来模拟发动机风扇出口温度、压力条件进行核心机试验，在国内是第一次，在世界上也可能是“绝无仅有”的。这种试验方法我们要承担两大风险：第一要承担核心机的风险，这是全新设计的项目；第二要承担高空台的风险，高空台尚未调试完毕。当时，高空台还没有完成总体性能联合调试，很多规范和操作程序也没有制定出来，近200位参试人员分布在十几个厂房内的不同岗位上，任何一个地方出了问题，都会导致整个试验的失败。一旦出现紧急情况，如何安全退出？如何保护高空台的设备？如何扑灭现场的火灾？这些问题都严肃地摆在我们面前。据外刊报道，美国在高空台试验中，曾经发生过因发动机爆炸而把高空台损坏的严重事例。试验的巨大风险是显而易见的。

经中推指挥部和所里研究后，仍决定由我担任核心机高空台现场的试验总指挥。但这次我提出了一个要求，即要有最终的“技术决策权”。因为高空台试验时到场的领导很多，专家很多，参试人员很多，我肯定会充分发扬民主，认真听取所有领导的指示，也会虚心听取所有参试专家和科研人员的意见，但我必须要有最后的“技术决策权”，否则，我不知道该听谁的，整个试验将会陷入进退两难的状态。这个要求领导同意了。焦天佑所长也很支持，他对我说：“试验现场的技术决策，我授权你了，该开车还是该停车，紧急情况如何处置，都由你说了算，我全力支持你。”

当时，的确有几位好朋友私下替我捏一把汗，悄悄地劝我不要冲到试验第一线去指挥，否到出了问题你就是第一责任人，想推脱都没有办法。我很感谢这些朋友的关心。但我想从1986年起，自己就是高空台和高推预研的技术负责人，是三大高压性能部件研制的总设计师，现在又是中推核心机的第一总设计师，当时在所里既了解中推核心机，又了解高空台试验技术的人，领导认为我是比较合适的人选。俗话说“大敌当前，匹夫有责”。我不挑重担谁来挑？把难题推给别人，出了问题我仍然逃不脱主要的责任，自己内心也会终生不得安宁的。所以，尽管自己思想压力很大，但有这么多领导和群众的信任、支持和关心，我还是同意去做中推核心机高空台试验的第一个吃“螃蟹”的人。

1993 年 6 月，航空工业总公司在西安召开中推核心机工作会议，430 厂汪鑫炎厂长和我在会上分别就第二台核心机加工和第一台核心机地面台试验情况做了汇报。航空工业总公司朱育理总经理、张洪飚副总经理出席会议并做重要讲话，要求 430 厂 10 月 15 日前完成加工和装配并发往 624 所，624 所必须在 9 月底前完成上台前的一切准备，年底前在高空台上完成中推核心机主要的性能试验任务。

624 所党委和现场指挥部对核心机高空台试验进行全所总动员，建立了强有力的现场指挥系统。要求：领导重视，精心组织；大力协同，保证进度；严格管理，确保质量；全所动员，务必全胜。

中推核心机的最大转速为 16800 转/分，根据多个单位的计算，其二阶临界转速在 14500～15500 转/分之间，很接近最大转速值，这对试验是很大的威胁。1993 年 6 月，在地面台上完成第一阶段试验后，我们又将核心机下台分解检查，并装上由北京航空航天大学李其汉教授和周明博士负责设计的“弹性支承 + 多孔挤压油膜轴承”，再次上台试车，摸清它对一阶临界转速的影响，以判断二阶临界转速的可能变化范围。试验表明，带多孔挤压油膜阻尼器的弹性支承，具有明显的降低临界转速和减振的双重功能，决定在第二台核心机上应用该装置。

为了确保试验安全，在核心机上高空台之前，我们又对二、四级压气机盘和涡轮盘进行了加温超转试验和破裂转速试验，结果都达到了通用规范要求。

另外，我们还采用调节筒和 815 发动机，按照核心机在高空台上进气加温加压试验的要求，对高空台进行 3 次模拟试验，既考核了高空台设备和各系统的完好性，又检验了开车程序的合理性，还训练了发动机和设备、系统操纵人员的操作技能。在完成一系列充分准备工作的前提下，8 月 24—25 日顺利通过了航空工业总公司发动机局组织的专家评审。

1993 年 12 月 22 日 16 时，第二台中推核心机披红戴花安全运抵试验现场，624 所举行了隆重的欢迎和交接仪式。经过 3 天紧张的准备，上台安装完毕，27 日上午通过质量评审和安全检查，下午在大气进气条件下进行启封、冷运转，检查外部管路和测试受感部的密封性和可靠性，并摸索起动点火的供油规律。29 日下午核心机首次点火，一次成功，在高空舱开盖情况下，将转速推到 65%，超过了慢车转速。至此，核心机高空台试验的准备阶段顺利结束。

12 月 30 日上午，中推核心机正式进入高空台模拟进口加温加压的试验阶段。在高空台上，中推核心机第一次采用空中风车起动程序，起动一次成功，紧接着顺利通过“二阶临界转速”，平稳地达到 86%，超过 1992 年地面台的最高物理转速，核心机运转正常，排气温度和振动都低于允许值，在 76% 转速下收喷口录取性能参数，获得了满意的试验结果。

12 月 31 日晚，继续进行更高状态的进口气流加温加压试验。开车的时候，负责推油门杆的试验工刘君兴同志有点儿紧张，我站在他旁边，看见他的手有点儿发抖，就鼓励他说：“你要像平常一样大胆地操作，出了问题由我负责任。”可以看出当时现场的紧张气氛。核心机在进口气流温度为 100℃、压力 0. 2195 兆帕状态下，转速推到 15500 转/分（相对换算转速为 92%），估算的涡轮前燃气温度为 1350 ~ 1400 开，核心机工作正常。至此，不开加温炉的高空台试验顺利结束，超额完成了航空工业总公司下达的 1993 年底中推核心机的试验任务。

时已夜深，1993 年即将过去，1994 年悄然来临。试验现场灯火辉煌，欢声笑语，焦天佑所长、刘俊波书记备好了丰盛的酒菜和瓜果，在现场举行辞旧迎新晚会，所里的老领导康毅、周振德、郑志卿、吕凤阳等同志及现任领导，都赶来与全体参试人员欢聚一堂，热烈祝贺试验取得成功，感谢上级领导的亲切关怀！感谢全行业的大力支持！感谢全所职工的团结拼搏！大家互相祝贺新年快乐，万事如意。林宗棠老部长、张洪飚副总经理、陈浚局长先后从北京打来长途电话表示祝贺，叮嘱我们要再接再厉，稳步前进，给大家以巨大的鼓励。

按原定试验大纲，在进口气流温度 100℃ 的试验后，中推核心机应下台分解检查。但因为试验参数很正常，根据地面台试车的经验，在试验分析会上，有些同志主张不下台分解，乘胜继续试验，以便早日将转速推到1.0（即16800转/分）。但负责振动监控的同志向我报告，核心机振动监测基频正常，但2倍频瞬间冲高后回落，这一点引起了我的高度注意。考虑到中推核心机高空台试验是第一次，下一步要进行163℃试验，转速要推到16800转/分，其气动和热力负荷均达到最高值，必须确保试验万无一失；2倍频瞬间冲高不是好的征兆，可能会存在某种隐患，分解是必要的，虽然要耽误一些时间，但会更加稳妥可靠，于是我坚定不移地建议中推核心机下台分解。我的意见得到周晓青和焦天佑等领导的同意和支持。

1994年1月3日，核心机下台分解，在转子重新平衡时，发现不平衡量高达318克·厘米，远远超过5克·厘米的规定值，实际上避免了一次重大的事故隐患。后来有些同志赞赏我在地面台和高空台上两次截然不同的决策，夸我有大将风度，料事如神。其实根本不是如此，因为这是第一次吃“螃蟹”，没有现成经验可以借鉴，在整个试验过程中，我的思想压力一直很大，内心的矛盾和折磨是大家都不知道的，那段时间我吃不香、睡不实，我的心始终是“悬”着的，真有点忐忑不安，七上八下的。但为了稳定参试人员的情绪，树立信心，我必须沉着冷静，表现出“胸有成竹”的样子。同时我认为，作为一个重要而复杂的大型试验现场总指挥和技术负责人，一是要敢于承担责任，尤其要为下级承担风险，为他们撑腰，排忧解难；二是要充分发扬民主，让大家讲话，情况明，才能决心大；三是要胆大心细，全面掌握千变万化的试验情况，不放过任何一点蛛丝马迹，要反复考虑到每一个细节，因为很多大事情，往往是“细节决定成败”；四是既要根据事先设定好的程序办事，又要具体情况具体分析，实事求是地做出科学的判断和正确的决策。

1994年1月15日，经过重新平衡和装配后，中推核心机开始进入第二阶段试验。陈浚局长，马恒儒、唐智明处长亲临现场指导，通过加温炉和空气混合器依次将进气温度加到110～130℃，最后于16日凌晨7时24分提高到163℃、进口压力0.29兆帕，试验获得成功，转速和涡轮前燃气温度均达到设计值，核心机运转正常。陈浚等领导同志很高兴和激动，在焦所长陪同下来到试车间，向我和大家表示热烈祝贺。我代表全体参试人员，感谢领导的亲切关怀和兄弟单位的大力支持。

1994 年 1 月 26 日，航空工业总公司、空军组成联合专家组来所评审中推核心机高空台试验结果并观摩高空台试验。一台新发动机试验的随机性和不确定因素很多，虽然中推核心机已经通过了第一次试车的考验，也难保第二次试验不出现问题。这次试验有上级机关领导和专家在场，又有军方人员督阵，试验的成败和结果显得更加重要。试验中果然出现了一些事先没有预料到的惊险场面。

第一遍开车就没有推上去，主要原因是转子轴向力偏大，这样很容易损坏轴承。于是我发出指令：核心机按规定程序停车，加温后的气流从旁路排空。通过调整核心机泄荷腔压力，使转子轴向力达到平衡，反复调整两次都没有达到要求。这时，专家组陈光教授（他是我北航的老师）跑过来对我说："大响，你们别试了，这样太危险啦，我们承认你原来的试验结果。因为好几个领导和专家都在现场观看了你们的试验，我们这次也看到了试验的录像，你们就不要再往上试，这样太难了！"我非常感谢陈老师的关怀和好意。但我说这样恐怕不行，不能让专家组只看录像，还是要继续调整再试下去。第三次将轴向力调整到了最佳值，试验接着继续进行。

出现的第二意外是超温。当时我在试车间指挥开车，看不到外面电子屏幕上的共同工作点的走向，但我看着排气温度表报警超温了。主要是喷口面积过小将温度"逼"上去了。当时我真的急了，大声呵斥操作喷口面积的人，"你怎么搞的？为什么不稳住！"她回答我说："哎呀，刘总，我没有办法，是它自动收进去的，我一停下来，它自动地收进去了。"我指挥马上拉油门降转并停车！

停车后才知道，我们选用调节喷口面积的是涡喷 6 发动机的喷口作动筒。我的北航老同学、专家组中空军工程学院的陶增元教授跑过来对我说："你们选用的涡喷 6 发动机喷口作动筒本身就有点漏油，在部队使用中曾多次出现过类似的漏油故障，喷口自动收小，导致燃气超温而烧坏过发动机。"知道是这个原因之后，我向搞喷口操作的同志表示道歉，说："对不起，这不是你的责任，是我刚才不了解这个情况，我错怪你们了。”

那么试验怎么办？看来更换作动筒是来不及了。经过研究后，我认为唯一的办法是在较大面积时停止收喷口的操作，让少量的漏油推动作动筒继续收小喷口面积到设计状态。这种操作方法当然有点儿冒险，但却是不得已而为之。我们先在不开车条件下进行了几次收放喷口的演练，摸索漏油能将作动筒移动多少距离，再计算和实际测量喷口面积的大小，这样反复多次，基本摸清了喷口作动筒控制与喷口面积的关系。

按照这种逐次逼近的调整方法，核心机继续开车，经过四次喷口调整试验，最终平稳地达到了设计状态点，转速达到16800转/分，反算的涡轮前温度达到1600～1650开，表明中推核心机的质量是好的，试验是成功的。在试车间隔壁观看监控电视的专家们报以热烈的鼓掌，他们高兴和激动的心情不亚于我们。

专家组通过观摩、查看试验数据，第二天上午召开评审会，给出的评审结论是：中推核心机在高空台模拟风扇出口状态下，涡轮前温度和物理转速同时达到设计指标，这是我国航空发动机行业取得的重大突破，是在自行研制航空发动机道路上跨出的具有战略意义的一步，对我国航空发动机行业的振兴发展将会产生巨大的推动作用和深远影响，并建议上级批准中推验证机尽快立项研制。

中推核心机在高空台试验过程中，总体上看是很顺利的，但也出现过3次较大的故障和险情，但都被我们一一“抓住”并排除了。一是1994年1月15日，第一次达到设计状态（16800转/分）后，为了迎接航空工业总公司和空军联合专家组到所检查和观看试车演示，1月16日下午进行试车准备时，发现转子卡住不动了，我当即决定核心机下台，连夜组织分解检查，结果表明后轴颈被“抱死”了，追根求源是我们的传热计算方法不准确，后轴承腔的计算温度比实测温度低了约300℃，后轴颈材料选得不合适，高温下产生塑性变形造成“抱死”现象，经工厂加工修复后继续用于试验，同时决定采用GH4169材料加工一个备换的后轴颈，换上后再也没有出现过“抱死”现象；二是1月26日，试验时超温，初步估算涡轮前温度可能达到1720～1750开，当时我心里想这一下核心机可能“烧坏”了，只是没有说出来而已；三是1月26日，专家组看完试验后回招待所休息时，我在试验现场指挥停车，但转速表指示突然停止，开始大家担心是否转子又“抱死”了，但打开舱盖后听声音判断转子仍在转动，分析后认为可能是“鼠笼式”弹性支承断了，虽然不会造成转子的损坏，但卡住了转速指示表的传动齿轮，使转速表指示突然消失。1 月 28 日核心机下台分解，结果令人意外，核心机并没有被烧坏，只有 6 ~ 8 个涡轮叶片烧出了小手指大小的小“缺口”，燃烧室壁面有局部过热现象，涡轮叶片经更换重新平衡装配后照常进行试验，说明核心机尚具备 70 ~ 80℃ 的温度潜力。而“鼠笼式”弹性支承正如我们所分析那样确实断了，我们更换了事先准备好的备用件，并对“鼠笼式”弹性支承设计做了修改，在以后的试验中表现良好。

后来，航空工业总公司领导将中推核心机试验情况向中央军委刘华清副主席做了汇报，刘副主席很高兴，做了高度评价，认为中推核心机是：“十年磨一剑，一朝结硕果。”

从在高推预研基础上开展三大高压性能部件研究，到中推核心机研制工作的完成，只用了 4 年多时间，比原定计划提前 7 个月达到设计指标。中推核心机研制为什么这么快呢？就是我们搞了 10 年高推预研，很认真地把 10 年的成果继承下来了。出了问题我们知道出在什么地方，能较快地找到故障的原因，这充分说明搞好预研是基础，只有基础打牢了，才能建成高楼大厦，才能立于不败之地。否则你摸不清、吃不透，整机研制反反复复，周期自然就会很长。

为了完善核心机的设计，提高其可靠性，为中推验证机方案设计提供更多的试验数据，中推核心机又在地面台和高空台上继续成功地做了多次试验。

1994 年 12 月，航空工业总公司为中推核心机研制颁布嘉奖令，授予 624 所和 430 厂集体功，134 人荣立个人功。1995 年中推核心机研制被评为国家科技进步二等奖。

1995 年 10 月 19 日，江泽民总书记，李岚清、吴邦国副总理，在朱育理总经理、王昂副总经理陪同下参观航空工业“八五”预研成果展示会时，专门视察了中推核心机，并亲切接见了焦天佑所长和我。1996 年 4 月 26 日和 5 月 8 日，中央军委刘华清副主席和朱镕基、邹家华副总理，相继参观航空工业总公司

"航空发动机和燃气轮机展示会"时，又视察了参展的中推核心机，做了许多重要指示。

陪同江泽民主席参观中推核心机

中推验证机下马留遗憾

中推预研有坚实的技术基础，材料、工艺和制造条件基本具备，中推核心机高空台试验性能提前14个月达到设计指标，标志我国在自主研制航空发动机的道路上迈出了关键性的一步，为中推验证机立项创造了必要的条件。

1994年3月，中央军委刘华清副主席在北京召开专题汇报会，要求中推发动机尽快立项开展研制工作，并指出在山沟里筑凤凰巢，发挥了人的主动性和积极性，搞了大协作，证明这条路子是很好的。10月总公司科技委召开中推发动机验证机立项论证会，基本同意以85千牛级开展研制工作，认为624所提出的总体方案合理可行，建议抓紧立项。1995 年 9 月，航空工业总公司决定成立中推验证机研制总指挥系统，由张洪飚任总指挥、陈湰任第一副总指挥，焦天佑等 10 人任副总指挥，江和甫任总设计师。

因高空台即将进入总体性能联合调试阶段，高性能发动机关键技术预研工作也已全面铺开，所内分工由我担任这两个项目的技术负责人，所以在中推验证机研制工作中，我就不再兼任具体的职务，以集中精力抓好这两项工作，但中推验证机的所有汇报会和研讨会我都到会参加。

从 1995 年 9 月至 1997 年年底，中推验证机先后完成了方案设计、技术设计和工程图设计，经过对俄合作又完成了部分工程图修改设计，与制造厂反复进行了工艺协调，又利用中推核心机平台开展了一些支持性试验，1996 年年底又完成了新的 85 千牛三级风扇的加工和试验，其主要性能指标达到当时国外现役发动机风扇部件的先进水平，取得了许多重要成绩和进展。

但中推验证机的立项和研制始终不大顺畅，后因种种原因，最终中推验证机下马了。从 1980 年开始的推重比 8 一级发动机关键技术预研，10 年奠定了良好的技术基础，4 年多时间完成了三大高压性能部件和核心机研制，但验证机没有搞完，尽管其中某些技术对高性能发动机的研究有一定的借鉴和支撑作用，但毕竟没有走完全过程，这是十分令人遗憾的。

洪飚同志说，中推验证机下马时，他流下了眼泪。当时我的心情也十分沉重和复杂，为两代人付出的心血，也遗憾地流下了热泪。

注释：

1. 张池，1934 年 4 月出生于河北徐水。1952 年毕业于北京工业学校。1954 年被选拔到哈尔滨军事工程学院发动机专业学习。1956 年加入中国共产党。1958 年被学院派往沈阳发动机设计室参加发动机设计工作。1960 年毕业。1961 年进入新组建的六院二所（现 606 所），曾任气动组组长、压气机试验组组长、研究室主任、科技处副处长。1974年任所革委会副主任兼基地主任。1975年调任航空研究院副院长。1982年任航空工业部科技局副局长。1986年，调任航空工业部科技委副主任。1987—2002年，任国家科技进步奖、发明奖航空行业评审团成员。他是中国航空学会第二届、第三届理事，中国工程热物理学会第一届理事，原国防科工委第二届科技委兼职委员。

2. 袁美芳，女，1931年6月出生，湖南岳阳人，1952年8月毕业于清华大学航空工程专业。1957年9月调入沈阳410厂设计室任专业组长，1961年6月起在606所历任设计室副主任、主任、所副总设计师，参加了涡喷7甲、涡扇5、涡扇6等发动机的设计工作。1970年11月调入四川江油624所任副总工程师；1978年8月任624所总工程师、副所长；1979—1986年任高性能推进系统工程预研项目的总工程师。1986年调往广东佛山市。袁美芳同志曾当选中国共产党四川省第四次代表大会代表、中共四川省委委员。1982年当选中国共产党第十二次全国代表大会代表。

3. 陈浚，1937年出生，1961年北航毕业。先后在航空工业624所、中科院工程热物理所、国家经委、航空航天工业部中国航空发动机公司、中国航空工业总公司发动机局和中航工业科技委等单位工作，研究员，曾任局长、航空航天工业部发动机总公司总经理等职。

4. 周晓青，1940年1月出生。1963年毕业于清华大学工程热物理专业，同年分配到沈阳606所。曾参与910发动机研制。1981—1983年底，公派留学美国，先后任芝加哥伊利诺伊州立大学访问学者和研究顾问。1985年调任航空工业部发动机局总工程师，后为航空航天工业部发动机局总工程师、航空航天工业部发动机总公司副总经理兼总工程师，负责发动机的型号研制和预先研究，曾主管14号机的研制和10A机的验证机研制以及中推核心机的研制等。1993年后任发动机总公司总经理和燃机中心主任。2000年退休，被聘为深圳福州燃机电力公司总经理，2004年后任中国一航科技委、中航工业科技委顾问。

5. 枉云汉，1928年1月出生于四川省合江县。1952年毕业于四川大学航空工程系，同年加入中国共产党。大学毕业后被分配至沈阳航空发动机修理厂任设计员，先后担任室主任、副科长、代理科长。1959年9月，调任成都发动机厂设计科科长。

1976 年以后，历任厂副总工程师、总工程师。1982 年 10 月任厂长。1984 年任厂科技委主任。1992 年获航空航天工业部有突出贡献专家称号，并享受国务院政府特殊津贴。

6. 林宗棠，1926 年出生于福建闽侯。1949 年毕业于清华大学机械系。同年加入中国共产党。历任东北人民政府工业部科长，沈阳第一机床厂副厂长，国家计委副处长，上海重型机器厂总设计师、总工程师，上海市经委处长，国家科委副局长、高级工程师，国家科委高能物理工程指挥部总工程师，清华大学教授，国家经委委员，国务院重大技术装备领导小组副组长兼办公室主任，国务院机电产品出口办公室主任，国家经委副主任，航空航天工业部部长。第五届全国人大代表。由他担任副总设计师制造的 1.2 万吨水压机，标志我国重型机器制造业进入一个新的水平。

7. 林虎，1927 年出生于山东招远。1938 年参加八路军。1945 年加入中国共产党。1949 年毕业于东北人民解放军航空学校。后任东北军区航空处飞行队飞行员、空军混成旅飞行大队大队长。1951 年参加抗美援朝，任中国人民志愿军空军副团长。曾击落击伤敌机各一架。后任军区空军飞行技术检查主任、空军师长。1958 年指挥部队空战，一次击落台湾空军飞机两架、击伤一架。后历任军区空军军训部部长、空军副军长、空军指挥所主任、军区空军副司令员、空军学院副院长、空军副司令员。1988 年被授予空军中将军衔。曾获三级解放勋章。

8. 王昂，1935 年 11 月出生于上海市。1953 年考入北京航空学院飞机制造专业。毕业前夕进入空军第三航空学校，毕业后成为空军部队战斗机飞行员。1966 年，调入航空工业部飞行试验研究所任试飞员。先后担任试飞大队长、试飞团副团长、试飞院院长。1985 年起，历任航空工业部副部长，航空航天工业部总工程师、副部长，航空工业总公司常务副总经理，国家航空产品定型委员会副主任，国家一级定型委员会委员。曾担任 10 多种新型飞机研制总指挥。1978 年，获全国科学大会奖。1980 年 1 月被中央军委授予“科研试飞英雄”称号，中央军委向他颁发了一级英雄奖章。1985 年歼 8 飞机获国家科技进步特等奖，他是主要获奖人之一。

9. “七事一贯制”是指研究、试验、设计、加工、安装、调试和使用；“四个到现场”是指制造现场、安装现场、试验现场和使用现场。

10. 刘俊波，1944 年 10 月出生，江西南康人。1989 年 7 月—1998 年 2 月任

624所党委书记。1998年2月—2005年1月任中国燃气涡轮研究院党委书记。

11. 张洪飚，1945年3月出生于黑龙江绥化市。1968年毕业于北京航空学院飞行器设计系。分配到哈尔滨东安发动机制造厂工作。1979年考入重庆大学，攻读齿轮传动专业硕士学位。1983—1990年，在哈尔滨东安发动机制造厂历任车间技术副主任、主任、总工程师助理、副总经理、总经理。1990年起，调任航空航天工业部副总工程师、总工程师、党组成员。1993年起，任中国航空工业总公司党组成员、副总经理。1998年4月，调任国防科学技术委员会党组成员、副主任。后调任中国航空工业第二集团公司任党组书记、总经理。现任中国航空工业集团公司科技委主任。

12. 江和甫，1940年3月出生，江苏江阴人。1991年8月—1998年2月任624所副所长。1998年2月—2000年4月任中国燃气涡轮研究院副院长。现任国家某重点型号总设计师。

13. 朱育理，祖籍江苏如皋，1934年2月出生于北京。1952年加入中国共产党。1954年毕业于哈尔滨工业大学，后赴苏联莫斯科机床工具学院学习，1959年毕业回国，历任北京航空工艺研究所研究室主任、副所长、所长。1984年起，任航空工业部科技局副局长、民机局局长。1987年调任国家教育委员会任副秘书长兼计划财务局局长、全国高校图书情报工作委员会副主任委员、国家教委秘书长、全国中学生体育协会副主席、国家教委主任助理兼计划建设司司长、党组成员。1990年调任国家技术监督局局长、党组书记。1991年兼任国务院生产办副主任。1992年6月起任航空航天工业部副部长、党组副书记。1993年6月—1999年2月任中国航空工业总公司总经理、党组书记。

第八章　高性能发动机研究

难忘的884会议

为了满足先进战斗机隐身、过失速机动、不加力超声速巡航、超视距多目标攻击等许多要求，必须加快高性能发动机的发展，它在强调性能更先进的同时，更强调发动机的结构完整性、可靠性和维修性，在设计上采取了较多的新结构、新材料和新工艺，采用双余度全权限数字电子控制，与第三代推重比8一级发动机相比，零件数量减少40%～60%，可靠性提高1倍，耐久性提高2倍，寿命期费用降低25%～30%。美国早在20世纪70年代就开始了这一代发动机的预研工作。

航空发动机是技术和知识密集的行业，要缩小我国与国际先进水平的差距，需要几代人坚持不懈的努力，按照“生产一代、研制一代、预研一代、探索一代”的指导思想，积极跟踪世界先进水平，为未来的型号研制打好基础，做好技术储备，我们也开始进行90年代发动机先进技术发展的论证工作。经过多年的努力，共形成30多份研究分析报告。

1988年4月，航空航天工业部发动机总公司筹备组在成都召开《九十年代高性能推进系统预研选题及民用航空发动机预研规划》论证会，有来自全国20多个单位150多位专家、教授参加。我代表624所在会上做一个主旨报告，主要论述了项目的必要性，国外发展的现状、经验和启示，研究目标和内容，主要关键技术，研究的技术途经，项目的可行性及风险分析，主要的措施及政策建议。整个会议气氛热烈，到会人员发言积极，各个专业共提出213个预研课题。

当时因为尚未立项，没有经费支持，我们从高推预研经费中抽出 200 万元，重点开了一些先期性、基础性、前沿性课题，有些没有拿到课题的代表就不太高兴，甚至有人半开玩笑地对我说："刘总，你只用 200 万元就把我们这么多人给'忽悠'过来了。"我说："万事开头难呀，正如列宁同志所说，面包会有的，黄油会有的，只要大家认真搞好了论证工作，一旦立项成功，到时一切都会有的。"

1988 年 6 月，航空航天工业部科技委召开专题会议，审议《九十年代高性能推进系统预研论证报告》。9 月 10 日，部发动机总公司下文明确 624 所负责该项目的组织管理。

1990 年 12 月，90 年代高性能发动机预研正式立项。航空航天工业部下文明确 624 所负责技术经济总承包，为技术抓总单位，所总工程师为该项目技术负责人，实行技术经济合同制管理。

后来所里研究发文，任命江义军为该项目的常务副总师，斯永华、陈爱华为办公室正、副主任，庄廷科为总师助理，协助我开展该项目的研究和管理工作，他们都给了我很大的帮助和支持。

完成顶层方案的设计

高推预研为我国航空发动机自主研制打下了良好的基础，后来只用 4 年多时间，就完成了三大高压性能部件和中推核心机的研制工作，基本上是一次成功，没有出现大的反复，更没有出现颠覆性的问题。但高推预研也有缺点，即它有一个顶层方案，做得比较简单，只把关键技术做了分解，没有一个比较详细的结构设计方案，更没有初步的强度估算，给后来单项技术的综合集成造成了一定的困难。

为了弥补其不足，高性能发动机预研，从一开始就十分重视总体方案的顶层设计工作。1991 年 10 月，部发动机总公司在北京召开总体方案论证会，由我做

“高性能发动机预研项目论证、立项及开题进展情况”的汇报，提交624所提出的总体方案研究任务书及初步的主要技术参数，大家统一了思想认识，并对主要技术参数做了适当的补充和修改。11月，部发动机总公司向624所、606所、北航和西工大4个单位正式下达了高性能发动机总体技术方案的设计任务。

高性能发动机方案研讨会（左为焦天佑所长）

经过一年多的方案设计和多次协调，1993年3月，航空航天工业部发动机总公司在天津召开总体方案评审会，4个单位共提出6个不同推力量级的总体方案。讨论中大家认为这些方案既吸收了国外的先进技术，又立足于国内的实情，具有先进性和可行性。最后确定以624所方案为基础，充分吸收其他方案的技术优点，形成一个统一的总体方案。4月中旬又在无锡对统一后的总体技术方案进行了评审。

在统一的顶层方案基础上，我们又组织相关单位，按照顶层方案的要求再次分解关键技术，并按不同专业进行更深入细致的分析，对1988年成都会议所提出的213个预研课题进行了补充和调整，对其指标要求做了必要的修改和完善，并对结构、材料、工艺进行了详细的协调。这项工作看起来慢了一点，但各课题之间的协调性和匹配性更好了，对后来单项课题研究的综合集成起到了重要作用。当然，这个方案不是经过试验的实物方案，而只是图样上的方案，将来根据不同课题所实际达到的指标，对总体参数还可能需要做必要调整，只有这样才可以保证实现其最终的总体性能指标。

总体上看，我们所提出和确定的技术方案指标是先进的，与美国同类发动机相当，比西欧和俄罗斯的要略高一些。但是，鉴于我国的材料、工艺相对落后，我国的试验设施尚不配套完整，要全面实现这些指标的难度是相当大的，有待我们大家全力拼搏和创新研究。

在四川新都接待俄罗斯专家合影

三级高压压气机攻关

1989年，由于90年代高性能发动机预研尚未正式立项，经费较少，航空航天工业部发动机总公司根据未来的需要，决定采用公开招标方式开展三级高压压气机研究工作（即攻关Ⅱ），结果由624所和西工大联合中标后承担。624所与西工大协商后，决定成立以周拜豪研究员为组长、周新海教授为副组长的攻关研究小组。他们先参照国外某资料的三级高压压气机为原准机进行功能性设计，提出攻关Ⅱ89A为第一方案，然后又采用自行研制的气动计算程序和造型方法进行自主设计，形成攻关Ⅱ89B为第二方案。

1989年11月，部发动机总公司组织专家组对两个方案进行评审，一致认为攻关Ⅱ89B方案是可行的，其性能比攻关Ⅱ89A方案要更好一些，为了提高我国自主设计高压压气机的能力和水平，决定两个方案都进行加工和试验验证。

为了节约经费和时间，经所长同意，我建议两个方案都由所内工厂负责加工。在170厂、420厂的大力支持下，只用了4个月就完成了89A试验件的加工和组装任务。1991年4月15日，攻关Ⅱ89A方案上台运转，因振动大，中间经历多次排故，于12月17日达到15643转/分设计值，1992年完成性能和特性试验，试验结果与美国资料公开的数据相吻合，实证攻关Ⅱ89A方案研制成功。

1993年，高压压气机攻关Ⅱ89B方案也上台运转，至1994年全部完成高压压气机攻关ⅡA、B两个方案的对比试验，包括级间参数测量和串装试验。对比试验结果显示，高压压气机攻关Ⅱ89B的性能超过了攻关Ⅱ89A方案，表明我国航空发动机高压压气机的自主设计能力和水平有了较大的提高。

完成三大高压部件的试验研究

高性能发动机总体技术方案确定之后，正好赶上对俄科技合作。因为这两项任务都由我负责，我提出将高性能发动机总体方案与对俄合作的总体方案紧密地结合起来，这样既可以消化、吸收俄方专家的技术和经验，又可以提高我们自己的技术水平。经所领导研究同意后，我专程到北京向林部长、陈涘总经理和原国防科工委领导做了汇报，得到了他们的同意和支持。

经过中俄双方的共同努力，我们在总体方案基础上，除了完成许多应用基础课题研究之外，还独自开展了三大高压部件的设计和试验研究工作。

高压压气机历来是高性能航空发动机设计的关键。根据高性能发动机总体方案顶层设计的参数匹配要求，结合对俄合作，我们选择六级高压压气机方案。采用一维、二维和三维设计软件进行设计。既吸收了俄方方案的优点，又改进了俄方方案中的不足之处。

六级高压压气机指标看起来并不十分先进，但其难点是切线速度低，长径比小。以周拜豪为首的设计人员，采用了许多先进技术，如全三维设计技术，新的定制叶型技术，使方案达到较高的水平，经过一轮修改设计，即达到了设计指标要求。试验表明，新六级高压压气机的特性比较平坦，消除了中推七级高压压气机低转速下喘振边界所出现的凹坑现象，使624所的多级高压压气机设计能力提高到了一个新的水平。

参加高性能发动机研讨会（左为吴大观）

高温升短环形燃烧室是在对俄合作的基础上进行的。但我们并没有完全照搬他们的方案。胡正义和李继保两位主任设计师向我提出，俄方的主燃烧室方案是按富油头部设计的，长度较大，而中推主燃烧室则是按贫油头部设计的，长度短，但高空稳定性受到影响，他们提出做些修改，我同意和支持他们的意见，并一起讨论确定了介于两者之间的头部油气比，后经试验表明效果良好，说明624所在高温升短环形燃烧室设计方面，也已具备了较强的能力和较高的水平。

由于涡轮前燃气温度较高，又涉及到气固热多学科耦合和优化问题，高温涡轮的研制难度很大。开始时，涡轮专业主任设计师多次向我提出要自己进行修改，但我坚定不移地坚持要源源本本地按照中俄双方一致同意的合作方案进行设计和研制。虽然后来试验时我已调离624所，但试验获得了成功。表明当时我们的这一决策是正确的、必要的，624所在带高效冷却叶片的大载荷高压涡轮设计技术方面，也有了明显的提高。

2005年，中航一集团科技委发动机专业组会议人员合影

荣获“何梁何利奖”

“何梁何利奖”即何梁何利基金设立的奖项，是香港企业家利国伟先生发起，由何善衡基金有限公司、梁銶琚、何添先生、利国伟先生的伟伦有限公司共同捐资4亿元港币，于1994年在香港注册成立的科技奖励基金。其宗旨是通

过奖励取得杰出成就的我国科技工作者，倡导尊重知识、尊重人才、崇尚科学的良好社会风尚，激励科技工作者不断攀登科学技术高峰，加速国家现代化建设，从1994年至2010年共颁发了十七届。

由于评审的条件严、标准高，有一套高度透明的“公平、公正、公开”的评选办法，加之又有诺贝尔奖获得者杨振宁教授等一批世界知名的科学家组成的评审委员会，保障了评选工作严肃、稳定、规范、有序地进行。故有人将“何梁何利奖”比之为中国的“诺贝尔奖”，在海内外乃至全世界都享有很高的地位和声誉，所有的人都以能够获得“何梁何利奖”而感到光荣和自豪！

我有幸获得1997年度“何梁何利奖”的科学与技术进步奖，是该奖项设立以来的第四届。这是社会对624所多年来科学研究工作的承认和肯定，也是对我个人几十年努力奋斗的鼓励和鞭策。获得当年度“何梁何利奖”科学与技术成就奖的，是王忠诚和钱伟长两位德高望重的老科学家。

更令人意想不到的惊喜是第四届颁奖仪式，定在香港隆重举行。当时，我正住在京西宾馆参加中国共产党第十五次全国代表大会，接到通知后，按要求办好了一切入港手续，就在北京边开会、边等待这一天的到来。

9月21日，我们获奖一行人员在国家科委有关负责同志带领下进入香港。9月23日，第四届“何梁何利奖”颁奖典礼在回到祖国怀抱的香港特别行政区举行。香港恒生银行博爱堂装扮得十分庄严而又雅致，会场内外欢声笑语，喜气洋洋。

时任国务院副总理的朱镕基同志、香港特别行政区行政长官董建华先生，亲临恒生银行总行担任主礼嘉宾，向荣获“何梁何利奖”科学与技术成就奖的王忠诚、钱伟长两位老科学家颁奖；中央政府有关部门负责人和捐款人代表向获得科学与技术进步奖的63位科学家颁奖。

朱镕基副总理在会上发表了热情洋溢的讲话，盛赞“何梁何利奖”的创建。他说：“非常高兴这次颁奖能够在香港举行，而且是在回归祖国以后的香港举行。现在是在中国的土地上，由中国人成立的基金，发给中国的科学家，我认

1997 年在香港接受“何梁何利奖”

为这是非常有意义的。”朱镕基同志还说：“为了表达对四位老先生及其家属的敬意，我来之前，请中央文史馆的老先生做了几幅画，送给四位老先生和他们的家属。我在里面写了几句话：‘高谊可风，功在当代，泽被永远’。”朱镕基副总理与董建华一起走下主席台，同我们 63 位获奖人一一握手，大家的心里都充满着激情和感动。“何梁何利奖”以鼓励祖国的科技人才为目的，我想将来会越来越有意义，而且它的影响和作用会越来越大。

这就是我有生以来的第一次香港之旅，有着特殊的重要意义。香港给我留下了深刻而美好的印象，永生都不会忘记。

调入北航和中航工业科技委工作

中国航空工业总公司朱育理总经理和张洪飚副总经理对我很关心，曾多次对我讲：“你把中推核心机搞完，把高空台调试搞完，准备调你到航空工业总公司科技委工作。”

1994年年初，中推核心机完成了研制任务，1995年荣获国家科技进步二等奖。1994年年底，高空台完成总体性能联合调试。1995年完成与俄罗斯高空台Ц－4Н号舱的对比标定试验，又相继完成了三型发动机的高空模拟试验。1996年高空台被评为“九五全国十大科技成就奖”。1997年又荣获国家科技进步特等奖。从1990年至1999年，我又担任了高性能发动机预研的技术负责人。从1970年到2000年，我在624所工作了整整30个春秋，领导给我的主要任务完成了，可以说我在624所的历史使命也基本结束了。

中推验证机项目下马之后，所里明确江和甫同志协助我一起主管高性能发动机预研工作。我认为江和甫同志是我国航空发动机行业中最优秀的总设计师之一，设计水平高，工作能力强，人缘关系好，是不可多得的人才，也是接替我担任高性能发动机预研工作负责人的最佳人选之一。

当航空工业总公司要调我进京的时候，赶上中央政府领导换届，进京户口被冻结，人事调动暂缓。北航的沈士团校长、楼士礼书记、徐纵巍常务副校长分别多次找我谈话，热情地欢迎我到北航工作，说他们可以帮助解决进京户口问题。北航是我的母校，是全国重点高校之一，进北航工作当然是很好的选择。但经向总公司有关领导汇报，并与624所有关领导商议后，他们希望我将党政关系暂时保留在624所，结果我向北航领导提出了这一要求，因我的工作根基在航空工业，我愿意进北航工作，但624所确有一些工作尚未完全结束，希望党政关系暂时放在624所。北航对此表示理解和同意，但档案副本一定要放在北航。后经两个单位领导协商，按此方案我就很快调进了北航工作，在航空发动机系（现为能源与动力工程学院）担任教授、博士生导师，兼北航校学术委员会委员，后来又担任北航航空发动机数值仿真研究中心主任。

1998年国务院机构改革后，航空工业总公司被撤销，一分为二，成立中航工业第一、第二集团公司。2000年，中航工业第一集团公司科技委王昂主任找我谈话，并与北航、624所协商后，将我的党政关系从624所调到中航一集团，担任中航一集团科技委副主任，在北航的关系仍保持不变。中航一集团正式发文，又任命我为624所高级顾问，并继续担任航空发动机高空模拟重点实验室

2010 年 12 月 30 日，中航工业科技委发动机老专家合影

学术委员会主任。我原担任的高性能发动机预研技术负责人的工作，全部移交江和甫同志。

与中航工业科技委副秘书长孙卫航同志合影

第九章　对俄科技合作

第一次率团赴苏联访问

1979 年，国务院批准 624 所对外开放，名称为中国燃气涡轮研究院（GTE）。1989 年 5 月，中苏关系开始正常化。1989 年 11 月，苏联中央流体力学研究院副院长波尔塔维奇和苏联中央航空发动机研究院（CIAM）副院长兼总体部主任茨霍夫等 3 人到 624 所参观访问，这是 624 所建所以来第一个到访的苏联高层专家代表团，由我负责接待。

1989 年 12 月，第一次访问苏联（右七为刘大响，后排中为斯基宾院长）

1989 年 12 月 18 日，航空航天工业部批准我当团长，带领一个团组到苏联访问和谈判。同去的有部机关外事局王淑卿处长，发动机总公司刘泽均处长，624 所周汉忠、杜鹤龄，四院马庆祥，翻译是温琦同志，他俄语水平高，对 CIAM非常熟悉，是一位“苏联通”。

这次访问的单位主要是苏联中央航空发动机研究院，还参观了苏联中央流体力学研究院和莫斯科航空学院。CIAM 对第一个到访的中国发动机代表团高度重视，奥格罗德尼柯夫院长安排了两次会面，双方进行了热情而友好的交谈，同时他还派出希洛金副院长全程陪同我们。这次访问主要谈了两件事：第一是考察苏联的高空台，并就双方高空台的对比标定试验进行协商和谈判；第二是探讨与苏联开展高性能航空发动机技术合作的可能性。他们的观点很明确，高空台对比标定试验可以开展合作，而高性能发动机技术合作基本上“没门儿”。

我们首先重点参观了位于莫斯科郊区杜拉耶夫的 CIAM 试验基地，基地主任是斯基宾先生，当时他是 CIAM 副院长兼试验基地主任。在奥院长因病去世后，他接任 CIAM 院长至今，长期的合作使我们成了好朋友。他身材魁梧，精力充沛，人很热情，说话铿锵有力，有点像《列宁在 1918》影片中的瓦西里。我开玩笑地叫他“Товарищ Василий ”，他开始有点莫名奇妙，后来解释说他很像那位在中国家喻户晓的列宁的卫士长瓦西里同志时，他恍然大悟，觉得很有意思，就笑着连声表示感谢。

我们用了整整两天时间参观了基地的高空台，近 10 个主要部件试验器和大部分强度试验设备，可以说是大开眼界。过去我们总以为 624 所高空台是亚洲第一，为全国规模最大而引以自豪。但与苏联 CIAM 试验基地相比，我们的试验基地就显得太小了。后来，我们又参观了苏联中央流体力学研究院，感到他们的规模就更大了，大家的心情都十分激动，感慨很多，开始认识到没有大规模高水平的试验设备，要想搞出先进的航空发动机是不可能的，从而也激励我们一定要把自己的高空台尽快地建设好。

参观之后，我们与以基洛夫和克林斯基为首的苏方专家代表团就高空台的对比试验进行了两天谈判，双方达成合作意向，签署了会谈纪要和合作备忘录。

与俄罗斯中央航空发动机研究院斯基宾院长在珠海

然后又与不久前到访624所的茨霍夫先生就高性能发动机技术合作问题交换了看法。虽然没有达成任何合作意向，但双方有了第一次接触，互相交换了信息，是一个良好的开端。由于两国隔绝了近30年，在这次访问中我们交结了许多苏联朋友，亲身感受到苏联的强大，也感觉到苏联老一辈科学家对我们的态度是积极而友好的。大家认为这次访问收获很大，为GTE与CIAM后来的友好合作开启了先河，意义十分重大而深远。

在访问期间，我们恰好赶上了罗马尼亚发生政变，齐奥塞斯库总统被推翻和杀害。苏联调兵遣将，部队拉着炮车在街上呼啸而过，莫斯科到处都是武装士兵，气氛比较紧张。因有希洛金副院长全程陪同，安全尚有保障。

自莫斯科回所后，按照双方达成的合作意向和纪要精神，我们积极就高空台对比标定试验做好技术准备。组织编写了《中国高空台对比标定技术要求》。

1990年11月，CIAM派出以克林斯基为团长的7人专家小组来所，对我国SB101高空台进行实地考察，并就高空台的对比标定试验技术合作和商务问题举行了会谈，双方签署了合作协议书，我们向CIAM提交了《中国高空台对比标定技术要求》，他们表示原则同意，回国仔细研究后再作答复。

1991 年 8 月，焦天佑同志升任所长，所领导班子重新进行了分工，要我集中精力搞好高空台数采系统的引进和集成联调。所以，此后与俄罗斯合作进行高空台对比标定试验的工作，移交给焦天佑所长亲自负责，但我也参加了主要技术问题的讨论和在所内的谈判工作。

高性能发动机技术合作破冰

1990 年 3 月，苏联 CIAM 奥格罗德尼柯夫院长应邀来所参观访问，我参与接待并陪同参观，这是我与奥院长的第二次会面和谈判。参观后他认为 624 所规模大，设备先进，人员素质高，具备研究航空发动机的条件，有点出乎他的意料，给他留下了深刻的印象。在会谈中他仍然记得我在莫斯科跟他提出的中苏双方开展高性能发动机技术合作问题，他说这种合作必须得到政府的同意后才能开始谈判。因此，他建议我方邀请苏联航空工业部邱依柯副部长来访，因为邱依柯是航空发动机专家，并主管全苏联的航空发动机研制工作和国际合作事务。

1990 年 12 月，邱依柯副部长等 13 人在北京参加中俄航空发动机联合工作组第二次工作会议之后，由发动机总公司陈浚总经理、吴文东副总师陪同专程访问 624 所。在陪同他们参观之后，我们就双方开展高性能航空发动机的总体方案和部件技术及中推核心机、验证机技术合作问题进行了友好的会谈，取得一致意见，达成了合作意向，这对促进后来中俄双方开展航空发动机的科技合作起到了重要的“破冰”作用。

此后我们派出了多名科技人员到苏联访问，CIAM 也派出几位专家到 624 所访问和讲课。1991 年苏联解体，成立俄罗斯联邦政府，叶利钦上台执政。624 所与俄罗斯的学术交流和科技合作项目日益增多。

1992 年 10 月，接部发动机总公司电话通知，要求就高性能发动机总体方案、部件技术、中推核心机调试及验证机设计等项目开展对俄合作进行论证，报总公司审批，并要求抓紧做好谈判准备。

1992 年 11 月 2 日，应航空航天工业部发动机总公司邀请，邱依柯副部长率领俄罗斯航空发动机代表团等 5 人，再次访问 624 所，就高性能发动机技术合作问题达成合作意向，双方签订了合作协议书。

1993 年 1 月，俄罗斯克里莫夫设计局专家巴列耶夫等 3 人来所，就共同合作开展中等推力加力涡扇发动机研制等有关问题进行谈判，双方签署了合作协议书（草案）。后因双方的价格差距太大而没有付诸实施。

1993 年 9 月，我再次率领代表团去莫斯科和列宁格勒访问，考察和谈判进气畸变对发动机的影响及其评定技术问题。CIAM 奥格罗德尼柯夫院长、法沃尔斯基院士、巴尔菲诺夫副院长、茨霍夫主任等领导，主动约我单独商谈双方开展高性能发动机技术合作问题，这时他们的心情似乎比我们还要更迫切一些，与我第一次去访问时的态度截然相反，我觉得这一次合作“有门”。我与他们商谈了 3 次，就合作的项目、原则、内容、方式、周期、初步报价及付款方式等许多细节问题达成初步共识，双方签署了“合作意向备忘录”，以便于向双方上级领导汇报，这是我第二次访俄的意外收获。回国后我立即向部和发动机总公司领导做了汇报，他们也感到意外和高兴。

漫步莫斯科河边（左起李勇、李继保、程荣辉）

与此同时，部发动机总公司原则同意624所上报的对俄合作论证报告，同意择机开展有关项目合作的技术和商务谈判。至此，GTE与俄罗斯CIAM的发动机技术合作条件已基本成熟。

俄方专家的一次历险

1993年12月，以俄罗斯CIAM副院长巴尔菲诺夫为团长，率领包括法沃尔斯基院士、姆尼拉卡扬教授在内的8人代表团访问624所，与以我为团长的10人代表团举行了为期12天的谈判。双方就高性能发动机总体方案技术合作达成一致，合同包括中方设计方案的评审和双方联合设计新方案的技术要求两项内容。双方还就高压压气机等多个部件的单项合作达成意向，合同待后另签。

中航技公司李培处长专程前来主持商务谈判。当时双方同意，合同文本要用中、俄、英三种文字书写，如果中文、俄文理解有歧义，则以英文文本为准。当时看来很慎重，实际上很繁琐，因为中、俄双方英文水平都不“正宗”，如果出现分歧，双方很难用英文达成一致。所以在后来的所有合同中，我们只用中、俄两种文本，具有同等的法律效力。

俄方负责合同的拟稿人叫巴尔金，我们习惯叫他“小巴”，将巴尔菲诺夫副院长叫做“老巴”。小巴年轻，人很聪明，非常能干，处处维护俄方利益，事无巨细都是他一个人干。在谈判中，我与老巴谈妥的事情，只要他有不同看法就擅自修改，也不同我们打招呼，翻译发现后告诉我，我就请他改回去，一定要按照双方达成一致的文字来书写，这样翻来覆去多次，耽误了大量时间和精力。我真有点“生气”了，就把老巴请过来说：“你们究竟谁说了算数？是老巴领导小巴，还是小巴领导老巴？”老巴看了之后，就批评他擅自修改协议和文字的做法。自此以后，小巴就不敢再私自修改了。

合同谈完后就要打印文稿，在这时出了一个问题，就是中文翻译成俄文后无法打字，当时我们的计算机还没有俄文软件，而俄方也没有带打印的俄文软件。那天到了半夜，小巴基本上没法打字，一个人坐在那里垂头丧气，一筹莫展。我看他一声不吭，问他怎么回事儿？他说：“没有办法，软件没有带来。”我说：“马上要签字了，这怎么办呢？”他摊开双手说没有办法了。

我考虑了一下，就建议先用手抄稿。然后在手抄稿的每一页上签字，双方各执一份，将来以双方签字的手抄稿文字为准，来校对打印稿。当时俄方其他专家都回房间睡觉去了。我说，把他们全部叫起来抄写，小巴又不敢去叫。我只好带着翻译去请他们。

睡眼朦胧的专家们都被“请”了起来，问我为什么叫他们起来？我说，巴尔金先生没有办法了，没法打字。现在只能用手抄！请大家公公正正地各抄一份，复印后每一页双方都签上字，然后请你们回莫斯科正式打印出来，再寄过来校对，我们双方再在打印并校对好的文本上补签字作为有法律效力的文本。就这样，从后半夜一直抄到天朦朦亮，双方才完成签字手续。签字后俄方专家很高兴，因为他们这次签了一个大合同。清晨要赶到成都坐早班飞机经北京回国，所以天朦朦亮就出发了。

不巧那天清晨起了大雾，10 米以外就什么都看不见了。当时江油到成都正在修路，原来的公路没法走，只能走山区高低不平的小土路。当他们冒着大雾赶到成都后，机场也因大雾而飞机晚点。早知如此，我就不会让他们走了。后来我去车队了解，司机们都说，那天晚上路上非常惊险，的确很紧张，但他们开得很小心，没有出现什么险情。

后来到俄罗斯时，专家们纷纷告诉我：那天晚上真危险，真有点儿“悬”，但也很“精彩”。他们都竖起大拇指，夸奖中国司机的高超技术和保证安全的强烈责任心。他们还说，那是一次奇妙的“历险”，留下了难忘的深刻记忆！

中俄合作结硕果

1990年12月，邱依柯副部长的到访，为GTE和CIAM开展高性能发动机技术合作开启了大门。中、俄双方成立了航空发动机联合工作组，每年召开一次例会，意味着双方政府为合作颁发了“通行证”。

1991年，苏联宣布解体。总统叶利钦对经济实施“休克”疗法，俄罗斯的大部分企业和科研院所都陷入了极度的经济危机之中。俄罗斯强大的国防工业也难逃厄运，国家订货缺失，工厂开工不足，人才流失严重。为了解救危机，他们急需与中国开展合作，以摆脱经济困境，这正是我们开展中俄科技合作的最佳时机。

从1989年12月至今，我们双方的合作一直没有间断过。合作是多层次、全方位的，内容丰富多彩。据不完全统计，我们共签署了30多项合同，包括高空台对比标定试验、高性能发动机总体方案设计、各主要部件和系统的设计，特种测量设备及试验技术，中方设计方案的技术评审，俄方专家的讲课和咨询，中方专家的进修和培训，等等。

在整个合作中，我们采取的主要策略是：一是中方提出技术要求，双方联合设计，同时我方安排了“并行方案设计”，相互参与设计和讨论，相互校核设计结果，通过“比较—接近—再比较—再接近”的方式，不但可以得到我们所需要的方案，而且可以学习和掌握俄方的先进技术，修改完善我们自己的设计体系；二是试验件加工在中方进行（主要采用中方的材料和工艺），对个别缺门的材料先在国外采购，国内同步安排预研和攻关，聘请俄方专家到中方进行咨询和指导；三是试验验证工作主要在国内进行，俄方专家参与指导，对国内暂不具备条件的部分试验项目委托俄方完成，部分关键试验项目也可在俄方进行补充和对比试验，用以校验我国的试验设备和方法；四是民用发动机合作，侧重总体方案设计技术，对部件重点围绕民机用发动机特有技术安排合作内容，如高性能、高可靠性、高安全性、低油耗、低排放、低噪声、长寿命和反推力装置等。

通过20年的友好合作，我们取得了许多令人瞩目的骄人成绩，提高了我国航空发动机的自主研制水平和能力，加快了研制进程，提高了起点，降低了风险，培养了人才，加深了两国人民的友谊，为世界航空发动机技术的进步和提高，也做出了不可磨灭的贡献！

在俄罗斯超声速客机前留影

几点主要体会

自1993年12月在松花岭签署第一个科技合作合同，中国GTE和俄罗斯CI-AM围绕高性能航空发动机技术的科技合作翻开了历史性的一页。

在整个对俄合作中，确定巴尔菲诺夫副院长和吕激（注）副所长为双方的项目负责人，法沃尔斯基院士和我为双方的技术总负责人。通过合作，我们之间建立了良好的亲密友谊，做到相互信任、相互理解和相互支持。不管遇到多大的困难和分歧，我们经过充分协商，总能找到双方都能接受的解决方案，最终实现互惠互利，合作共赢。

在20多年高性能发动机技术合作中，有以下几点体会：

一是整个对俄合作中，始终坚持以掌握先进设计技术为主要目的。合作项目和内容主要由我方提出，经双方讨论后确定。在项目选择上坚持水平高、难度大、技术新，对我方缺门或短期内难以突破的项目作为优选。

二是合同签订时技术要求明确，验收时严格把关。合同签订前，认真拟定各项技术要求，谈判时可以争取主动。验收时，一般合同必须经过实际计算和试验考核。有些合同前后经过2~3次考核、修改、补充后才通过最终验收。

三是加强合作项目的管理和领导，明确双方的技术负责人。中俄双方都十分重视加强对合作项目的领导，及时搞好总体和部件参数的匹配及协调。我方为了加强对子项目的管理，又指定了各具体项目的技术负责人。他们自始至终跟踪子合同的进展，随时发现和处理合作中的问题。

四是将合作项目与国内研究紧密地衔接起来。通过不断与俄方的设计和试验进行对比分析，最大限度地消化、吸收俄方的先进技术，修改完善我们的设计方法，这完全符合现在中央提出的消化、吸收、再创新的发展方针。

五是着眼于培养新一代的中青年科技骨干队伍，增长他们的水平和才干。

据不完全统计，从1994年到1998年年底，前来中国执行合同、考察、讲学和技术交流的俄方专家在180人次以上，而GTE派出执行合同、进行学习和培训的专家也在230人次以上。在整个合作过程中，我们始终坚持“老中青三结合，以中青年为主”的方针。在项目的选择、论证、合同文本的编写以及出国人员的派遣上，都保持总人数的50%~60%由中青年科技人员参加。每个项目都安排2~3人自始至终参与合作，以保证技术的连续性，但又有一批名额进行必要的轮换，使更多的中青年骨干获得出国学习锻炼的机会。

六是搞好中俄合作，一定要互惠互利，优势互补，实现双赢。1991年苏联解体，俄罗斯航空发动机的研究力量仍主要集中在CIAM，他们拥有以法沃尔斯基院士为代表的众多世界知名科学家，整体科技能力和水平仍处于世界先进行列，具有技术优势。合作的实践表明，我们选择同CIAM合作是正确的，能够学到不少从西方无法掌握的先进技术。

苏联解体后，俄罗斯经济陷入极度的经济危机中，这正是我们开展合作的最佳的时机。我们的合作又给俄罗斯注入了经济活力，他们稳住了一大批核心骨干队伍，使其科研工作得以持续，这正是他们愿意同我合作的重要原因之一。我们之所以在20多年的时间内，能够开展并保持双方都比较满意的合作态势，使合作领域不断扩大，合作内容不断深入，并取得了丰硕的成果，我认为主要是较好地照顾到双方的利益，宽严有度、恰到好处，真正做到了互惠互利，实现了双赢。

1995年12月，与俄CIAM副院长巴尔菲诺夫在一起

除了德高望重的好朋友斯基宾院长之外，在这里我还要特别提到我的两位老朋友——法沃尔斯基院士和巴尔菲诺夫副院长。法沃尔斯基是俄罗斯科学院院士，俄罗斯科学院动力能源与力学学部主任。他曾经是苏联“联盟”发动机设计局的总设计师，成功地主持研制了三型航空发动机，后来又致力于俄罗斯的能源建设、节能减排工作。2008年我作为推荐人之一，他获得了“国际能源”大奖是当之无愧的。他学识渊博、聪明睿智、受人敬重，威信很高。在我们两个人共同担任“高性能发动机技术合作项目”技术总负责人期间，互相信任和

支持，合作十分愉快，不管遇到任何技术难题和争论，只要我们两个人在场，总能找到合理圆满的解决方案。

巴尔菲诺夫副院长是一位既讲原则，又较灵活，和蔼可亲，值得信赖的朋友。在整个 20 多年的合作中，不管遇到任何困难和问题，只要找到他，总会迎刃而解。非常凑巧，我们两个人都出生于 1937 年，都是属牛的，都是不用扬鞭自奋蹄、辛勤劳作、拼命干活的人。我曾经同他开玩笑地说："我们两头牛要和谐相处，不能顶'牛'。如果顶'牛'，你肯定顶不过我，因为钱在我手里，你的牛鼻子我牵着啦。"他哈哈大笑地说："牛是人类最可信赖的朋友，我们两头'牛'一定能相处得很好，一定会合作愉快，实现互利双赢。"

发动机流场畸变评定技术的突破

进口流场畸变对发动机工作稳定性影响很大，随着飞机飞行速度和高度范围的扩大，特别是飞机机动性的不断提高，这种影响越来越明显。现代超声速飞机在空中高机动飞行时，或者在导弹双发齐射时出现发动机喘振，以至于叶片裂纹断裂、燃烧不稳定、局部过热、空中停车等，常常是由于发动进口压力和温度场畸变造成的。这一问题已引起了各国高度关注和重视。

1972 年，美国、英国等 16 家飞机、发动机厂商和政府部门，联合成立了自动车工程师学会宇航推进分部 SAE S – 16 技术委员会，专门负责制定飞机进气道/发动机相容性的评定标准，以确保飞机在飞行中发动机的工作稳定性。1978 年和 1983 年，又相继颁布了《燃气涡轮发动机进口流场畸变指南》（ARP1420）和《燃气涡轮发动机总压畸变的评定方法》（AIR1419），这两份文件至今仍在美、欧广泛应用。

我国对飞机进气道/发动机相容性问题研究起步较晚。1980 年曾列入高推预研中，但投资力度小，且以飞机部门为主，发动机方面只开展了畸变网格的基础性研究和试验。1980 年在英国参加斯贝发动机高空台考核试验时，我了解到英国和美国都普遍采用“畸变模拟板”试验技术，不但要模拟进气道出口流场的畸变强度，还要模拟畸变图谱，在《航空涡喷、涡扇发动机通用规范》“MIL－E－5007D”中也有相应的规定。回国后我向所领导建议综合利用高空台的气源优势，专门增建了一个研制全尺寸畸变模拟板的试验设备，归口11室管理，当时我担任11室主任，由此我便开始介入进气道/发动机相容性问题研究的技术领域。当时列了一个课题，按飞机进气道模型吹风出口流场图谱，由南航研制缩尺模拟板，再由624所完成全尺寸模拟板研制，并在高空台上完成了歼8/歼8Ⅱ飞机发动机的畸变鉴定试验。

1987年，部在624所召开AIR1419研讨会，我在会上提出《关于尽快制定飞机进气道/发动机相容性评定标准的建议》，会议同意这一建议，并得到机关领导的支持。决定由624所、611所、301所、空八所等单位成立一个联合研究小组，加强技术协调。后来这一建议又得到国防科工委的批准，并将编写的《航空涡喷、涡扇发动机进口流场畸变评定指南》列入“七五”、“八五”规划，确定由我担任主编，叶培梁任副主编。经过5年努力，于1992年8月完成了《航空涡轮喷气和涡轮风扇发动机进口总压畸变评定指南》和指南编写的技术说明，1994年10月，通过国防科工委标准办公室审批后，正式以国军标（GJB/Z 64A—2004）发布执行。

1993年，部科技委向国防科工委提出建议，认为进气道/发动机相容性问题，实质上是发动机的稳定性和容畸变能力问题，发动机稳定性已成为当代航空发动机三大考核内容之一（即气动性能、结构完整性和稳定性评定），并贯彻于发动机研制过程的始终。因此，建议将“进气道/发动机相容性研究”工作改由发动机部门主管，624所为总承包单位，将研究项目更名为“发动机进口总压畸变评定技术研究”，这个建议得到了批准。

1993年3月，航空航天工业部发动机总公司召开专家小组会议，科研处唐智明处长宣布成立以吴大观、刘大响为组长的航空发动机进口总压畸变评定技术研究专家小组，由不同单位的8名专家组成。由于发动机进口总压畸变评定技术十分重要和复杂，具体评定方法国外高度保密，特别是美、英的评定方法十分复杂，很难贯彻和操作，专家小组又建议组团赴俄罗斯进行考察。

1993年9月，经上级批准，由我担任团长，组成由624所、611所、南航、空八所等8人的团组（成员来自6个单位，有叶培良、常淑青、兰殿卿、杨义庭、汤国才、梁永华和汪飞霞），前往俄罗斯中央空气动力研究院、中央航空发动机研究院、留里卡设计局、克里莫夫设计局进行考察。使我们全面了解到俄罗斯有关发动机稳定性评定方面的总体框架、畸变评定方法和试验方法，再次表明我们的研究方向是正确的，内容是适宜的。

这次考察后，我们与俄CIAM签订了两项合同：一是结合俄罗斯的评定标准，双方共同编写新的评定方法，包括压力畸变、温度畸变及其组合畸变，并引进了相关的计算分析软件；二是双方共同设计并在624所建立温度畸变发生器。这两项合作取得了圆满成功，使我国成为继美、俄之后第三个拥有烧氢燃料先进的温度畸变发生器。而我们新编写的《航空涡轮喷气和涡轮风扇发动机进口温度畸变评定指南》（GJB/Z 211—2002）和《航空燃气涡轮发动机稳定性设计与评定指南》（GJB/Z 224—2005），采用综合畸变指数W值和插板试验方法，将稳态和动态畸变综合考虑进去，既吸收了俄标的实用性，也吸收美标的理论性，并将我国十几年的研究成果融合进去，使其更加先进、完善和实用，得到了各界的好评和广泛的应用。

荣获俄罗斯科学院荣誉博士学位

2002年6月，俄罗斯授予我俄罗斯科学院的荣誉博士学位。

对这个学位，原来我一点儿也不了解，他们没有向我做过任何透露。后来CIAM姆尼拉卡扬教授第一个告诉我，是俄罗斯科学院动力能源与力学学部推荐的。法沃尔斯基院士在学部会议上将我的情况做了介绍，结果全体一致通过。

俄罗斯科学院的荣誉博士学位是俄罗斯科学界的最高荣誉学位。有一则报道是这样讲的：

俄罗斯科学院是世界上久负盛名的科学殿堂和学术机构之一，其荣誉博士学位是俄罗斯最高学术荣誉学位，特别授予与俄罗斯长期合作并成效卓越的俄外籍学者。在这之前，获得过这一荣誉学位的共有80多位，但大多数都是西方学者；我国仅有三位人文科学、经济学学者获得过此项称号。刘大响是我国自然科学界获此殊荣的第一人。

这个学位的授予仪式，选在我奋斗了30年之久的624所隆重举行。俄罗斯有8位专家参加，624所有100余人出席。

俄罗斯科学院动力能源与力学学部主任法沃尔斯基院士代表俄罗斯科学院在仪式上发表了热情洋溢的讲话，他说：

“刘大响长期致力于中国高空台建设，并取得了成功。没有高空台就谈不上发动机研制和试验研究。同时，最主要的一点，他主持和领导了先进新型航空发动机研究工作，为中国探索出一条研制新型先进发动机的道路。通过这些工作，他培养并形成了一支高水平的、富有创造力的、年轻的科技队伍。刘大响院士的积极努力，使中国设计先进新型航空发动机成为可能，他无愧于这个称号。俄罗斯科学院动力能源与力学学部全部24名学部委员和40名院士，在得知刘大响对科研事业的执著追求和为发展中国航空动力做出的重大贡献后，一致同意授予刘大响俄罗斯科学院荣誉博士学位。”

俄中央航空发动机研究院巴尔菲诺夫副院长代表CIAM在会上致贺词。他讲道：

“在俄罗斯经济最困难时期，刘大响院士推动了俄、中双方的航空发动机技术合作，成功地将俄罗斯航空发动机专家半个多世纪所积累的经验，融入到中国年轻的航空发动机专家的血液中。在他的周围组成了一支高水平的航空发动机科研队伍。”

我怀着十分激动的心情，在会上致了答谢词：

我非常荣幸获得了俄罗斯科学院的荣誉博士学位。俄罗斯科学院是世界上最著名的学术机构之一，它拥有众多国际最优秀的知名学者和科学家，他们为世界科学技术的发展和人类文明的进步做出了公认的卓越贡献。在座的法沃尔斯基院士就是其中的杰出代表之一。法沃尔斯基院士先后主持设计了多种航空发动机，对世界和俄罗斯的航空事业做出了重要贡献。目前，他还负责俄罗斯燃气轮机等能源设备的研发工作，是俄罗斯科学院能源、机械制造、力学及控制学部的负责人。在俄罗斯科学院决定授予我荣誉博士学位的过程中，法沃尔斯基院士做了很多努力，CIAM 的各位领导给予了热情支持。最近，我先后收到俄罗斯科学院院长奥西波夫院士签发的俄罗斯科学院决议的传真、俄罗斯科学院主席团秘书长科斯秋克院士致中国工程院徐匡迪院长和中航一集团科技委王昂主任的信，也收到了法沃尔斯基院士、斯基宾院长、巴尔菲诺夫副院长、姆尼拉卡扬教授的祝贺传真，借此机会我再次向他们表示最衷心的感谢。

众所周知，俄罗斯科学院荣誉博士学位是一个十分崇高的学术称号，我能获得这一称号，心情是十分高兴和激动的。但我认为这不仅是我个人的荣誉，也是中国燃气涡轮研究院及中国航空发动机行业的荣誉，是中俄两国航空动力界卓有成效合作的结晶，是中俄两国人民友谊的象征。我将非常珍惜和爱护这一崇高的学术称号。

近 50 个春秋，为了祖国的航空发动机事业，我先后在 606 所、624 所两地与千百名同事在非常艰难困苦的条件下摸爬滚打，结下了深厚的友谊。现在他们中的大部分人已经离退休，可喜的是许多年轻朋友正在茁壮成长，很多人已成长为各级科技骨干，长江后浪推前浪，他们将在 21 世纪挑起振兴祖国航空动力事业的重任。与这个群体的贡献相比，我个人的微薄努力只是沧海一粟，我的每一个荣誉都凝聚着他们的辛勤汗水，这也是我之所以选择在中国燃气涡轮研究院举行这一隆重仪式的主要原因。借此机会我也要再次衷心感谢关心和支持过我的所有的老师、领导和同事们！

为了推动中国燃气涡轮研究院和俄罗斯中央航空发动机研究院的合作，1989年年底，在苏联刚刚对外开放之际，我就率领第一个发动机代表团访问了CIAM，开启了GTE与CIAM两院之间的历史性合作，此后我有幸18次访问俄罗斯，和许多同事从中得到了很多教益，学到了许多丰富的经验和先进技术，结识了包括在座各位专家在内的许多俄罗斯朋友，与他们结下了深厚的友谊。10年来我们双方的合作不断深入，合作领域不断扩大，取得了丰硕成果，这些成果对我们双方都是有益的，对双方航空发动机的发展和世界科学技术的进步，都有重要的促进作用，所以，这是一种互惠互利、优势互补的双赢合作。现在，我的工作有所变动，但我们之间的友谊是永恒的。在新的工作岗位上，我将继续尽自己最大的努力，促进双方合作向更广泛、更深入的方向发展。

最后，祝愿中俄两国人民的友谊世代相传、万古长青！祝GTE与CIAM的合作不断深入和发展。祝各位专家和朋友身体健康，为世界航空动力事业的发展做出更多更大的贡献！

在担任624所总工程师期间，我的确特别重视对俄科技合作。我认为整个对俄合作是一个平台，通过这个平台，一方面我们能够把最需要的先进技术学到手，通过消化吸收再创新，来提高我国航空发动机的自主研制能力和水平；另一方面，通过这个平台来培养一大批青年科技骨干，他们将是我国未来航空发动机事业的顶梁柱。

在这个隆重的仪式上，原航空工业总公司副总经理石川同志代表中国航空工业第一集团公司领导，中国工程院机械与运载工程学部副主任顾国彪院士代表徐匡迪院长、常平秘书长和中国工程院机械与运载工程学部，焦天佑所长代表中国燃气涡轮研究院，李其汉教授代表北京航空航天大学，都致了热情洋溢的祝贺词。我对他们表示了最衷心的感谢。

2002 年俄罗斯科学院授予刘大响荣誉博士学位

（左为俄罗斯科学院法沃尔斯基院士）

自主创新是必由之路

自主创新，是建设创新型国家的必由之路，也是实现中华民族伟大复兴的必由之路。小平同志视察北京正负电子对撞机工程时曾经说过：中国必须在世界高科技领域占有一席之地 。2006 年 1 月 9 日在全国科技大会上，胡锦涛总书记发出“坚持走中国特色自主创新道路，建设创新型国家”的号召，指出“一个国家只有拥有强大的自主创新能力，才能在激烈的国际竞争中把握先机，赢得主动。特别是在关系国民经济命脉和国家安全的关键领域，真正的核心技术是买不来的，必须依靠自主创新”。很显然，没有创新，一个国家、一个民族就没有希望。那么，创新靠什么？当然要靠人才，特别是要靠千千万万年青的高科技人才。

航空动力是关系国家安全、经济建设和科技发展的战略性产业，是一个国家综合国力、工业基础和科技水平的集中体现。发动机技术和产品已经被少数航空工业发达国家高度垄断和严密封锁，尤其是先进的高性能发动机的关键技术，即使花大钱也是买不来的。所以，我们必须立足国内，贯彻以我为主、自主创新的原则，才能不断实现航空动力的更新换代和自主保障。

但是自主创新不等于“闭关锁国”，我们要积极创造条件，开展多种形式的国际合作，通过引进新技术、新方法、新思想，可以提高起点，少走弯路，达到减少风险、缩短周期、节约经费的目的。

正如温家宝总理所指出的：“我们的自主创新，完全可以在对外开放的条件下来进行，完全可以利用全球科技资源为我服务。关起门来一切从头开始摸索，没有必要，也不可能真正成功。”

通过近20年的对俄合作，我深切地感到，自主创新与国际合作并不矛盾，而是相辅相成的。如我国的SB101高空台与俄罗斯Ц－4H高空舱进行了对比标定试验，只用了不到3个月的时间，达到了很高的试验精度，从而跻身于世界先进水平的行列，顺利地通过了国家验收，接着就完成十几台发动机的高空模拟试验任务，大大促进了我国航空事业的发展。如果完全靠自己从头开始摸索，恐怕只能事倍功半，可能要花费更多的时间和经费。

注释：

吕激，1939年5月出生，江苏常熟人，1961年西北工业大学毕业，1961—1970年沈阳606所技术员，1971—2000年在624所工作，历任高推预研办公室主任、科技处处长、副总师、副所长。研究员高级工程师。

第十章　为根治飞机“心脏病”鼓与呼

《加速发展我国航空发动机的思考》

1999年我写了一篇报告：标题为《加速发展我国航空发动机的思考》，副标题是“危机、反思和建议”。这是按照自己在“常规动力发展战略研讨会”和“航空发动机发展战略研讨会”上的两次发言而整理的。同年8月中国工程院以“院士咨询建议”的方式，呈报有关领导同志参阅。

早在20世纪60年代，敬爱的周总理就指出：我们的飞机得了“心脏病”。这种状况至今没有明显好转。实际上，我国无论天上飞的、地上跑的、水中游的，动力问题都没有完全解决好，海陆空装备都不同程度地存在着“心脏病”问题。动力落后严重制约了我军装备的更新换代，已成为我军武器平台发展的“瓶颈”技术，而航空动力方面的问题更为突出一些。航空动力落后的原因十分复杂，可以说是“冰冻三尺，非一日之寒”。因此，要破解发动机的困局，决非一朝一夕所能奏效的，必须要有一个长远的、系统的顶层谋划。“如何把航空动力尽快搞上去?”这是急需解决的重大问题，是摆在我们面前严肃而又艰巨的政治任务。

在这份咨询报告中，我大致讲了三个方面的问题：

第一，形势相当严峻，危机确实存在。

自冷战结束后，各国都不同程度地实施了裁军，但发达国家对航空动力技术，不仅没有放慢其发展速度，反而加大投入，加快发展。美国在研制第四代发动机

F119的同时，从1988年起又投入50亿美元巨资，实施“综合高性能涡轮发动机技术计划”（即IHPTET计划）；英国则着手进行先进军用核心发动机第Ⅱ阶段计划（ACME－Ⅱ），其共同目标是使推进系统的能力在现有基础上翻一番（与1988年F110发动机性能水平相比）。这意味着他们用15年左右的时间，即可达到过去30～40年所取得的成就，充分表明世界航空发动机技术正呈现加速发展的态势。

自新中国成立50年来，航空动力行业艰苦奋斗、开拓前进，在测仿生产、改进改型、新机研制、预先研究等方面取得很大成绩，共生产几万台发动机，为国防建设做出了重大贡献。但我们也走了不少弯路，至今还没有一型发动机真正走完从设计、制造、试验、定型、使用到退役的全过程。有关部门综合评估，我国航空发动机的综合水平和能力，与世界先进水平相比相差一代到一代半，约30年时间，而且这种差距还有进一步拉大的危险。

从海湾战争到北约对南联盟的战争中，我们深刻认识到：空中力量是现代化战争的核心力量，夺取制空权仍是现代化战争取胜的关键。当今世界并不太平，局部战争一直不断，潜在的威胁始终存在。一旦国际形势突变，或者在周边地区爆发冲突，我空军装备的现状可能使我们陷入被动。落后就要挨打。面对如此严峻的形势，我们应该有足够的认识，要有危机感、责任感和使命感。

第二，反思落后原因，总结经验教训。

我国航空发动机技术发展长期徘徊不前，差距与发达国家越拉越大，原因何在？在制定“2020年航空发动机发展战略”研讨过程中，有关领导和专家都在认真地思考和总结这一问题。根据自己从事航空发动机研究40多年的体会，我提出6点看法：

一是研究基础薄弱，技术储备不足，型号研制成了“无米之炊”，型号研制与技术攻关几乎同步进行，导致多次反反复复而延误了型号研制周期；二是仿制机种过多，且没有安排必要的经费，认真组织消化吸收，严重制约了我国航空发动机创造性地自主发展；三是摊子大，战线长，包袱重，不能集中优势兵力打歼灭战；四是发动机型号研制急于求成，结果“欲速不达”，没有认真地贯彻好“振兴航空，动力先行，预研更要先行”的指导思想；五是管理不到位、缺乏一个稳定、权威的长远发展规划，缺乏科学、民主的决策机制，没有认真搞好顶层谋划；六是研制经费总量不足，投资强度低，效果差，预先研究和技术验证经费更是明显偏低。

第三，几点认识和建议。

一是振兴航空，动力先行，应将发动机作为整个航空工业的“突破口”，优先发展，下决心走出自行研制的路子来，这是一件刻不容缓的大事；二是要切实重视预研工作，加强先期技术演示验证，促进预研成果向型号转移，把发动机预研提到战略高度上来抓；三是国家尽早出台“航空法”，制定发展战略和中长期规划，改善组织管理，建立完整、稳定的决策支持系统；四是坚持以我为主，积极开展国际合作，尽可能引进国外先进技术，提高起点，实施“跨越式”发展；五是充分利用计算流体力学（CFD）和计算机数值仿真技术的最新成果，不断完善自己的设计体系，是缩短与国际先进水平差距的有效途径；六是加大经费投入，切实解决好设计、研究的快速试制力量，切实解决试验设备的建设及其更新改造问题。

在报告的最后，我写了这么一段结束语：

21世纪正向我们走来，知识经济已悄然兴起，科学技术突飞猛进、日新月异，这是一场无声的“革命”，它预示着人类经济社会生活将发生巨大的变化。目前，世界各国都在抓紧制定或调整面向新世纪的发展战略，争先抢占科技产业和经济的制高点。面对新世纪，挑战与机遇并存，困难和希望同在。只要我们抓住机遇，顺应潮流、乘势而上，遵循科学规律，加大投资力度，改善组织管理，稳定骨干人才，我国的航空发动机事业是大有希望的。

发动机开进“香山科学会议”

为了开展“2020年前我国航空发动机发展战略研究报告”的深化研究，我向中国工程院申报了一项咨询课题：中国航空发动机的发展战略研究。得到中国工程院领导的批准，由我担任组长，有顾诵芬、关桥、李明等12位院士和吴大观、陈浚、张池、杠云汉等18位专家参加。经过几次会议研讨，形成一份向中央上报的建议初稿，即《关于加速发展我国航空动力的建议》。

1999年，12位院士上书中央研讨会

为了慎重起见，也为了进一步扩大影响，有些同志建议召开一次香山科学会议。因为“香山科学会议”的简报可以直报中央和各部委领导。当时香山科学会议是由科技部（原国家科委）发起，在科技部和中国科学院的共同支持下于1993年正式创办的，会议以基础研究的科学前沿问题与我国重大工程技术领域中的科学问题为会议主题。

由于“香山科学会议”主要由国家科委和中科院联合发起并创办，以讨论基础研究的科学前沿问题为主，此前工程科学举办得较少。为了能够进入“香山科学会议”，我们提炼了其中的科学问题，将研讨的主题定为：跨世纪航空发动机发展科学对策。同时准备向中国工程院宋健院长做一次汇报，争取得到他的支持。

1999年三四月间，我到中国工程院向宋健院长做了一次汇报：主要汇报了航空发动机是推动整个航空工业发展的源动力，没有好的发动机就不可能有好的飞机，没有好的飞机，我们的国防和民航事业就不可能强大。落后就要受制于人，就要被动挨打。面对21世纪，如何抓住机遇，加快航空发动机的发展，是摆在我们面前的一项严肃而又紧迫的政治任务。我们想召开一次“香山科学会议”，希望能得到宋院长的全力支持。

宋健院长是山东省荣成人，世界著名的工程控制论专家，苏联莫斯科包曼工学院博士研究生毕业，中国科学院、中国工程院两院院士，美国、俄罗斯、瑞典等多个国家的外籍院士，曾任国务委员兼国家科委主任，时任全国政协副主席、中国工程院院长。他博学多才、谦虚谨慎、平易近人，在全国科技界享有崇高的声誉和威望。我与北航陈光教授合著的一书，十分荣幸地得到宋院长的亲笔题词：航空发动机——飞机的心脏。至今我们都非常感谢他。

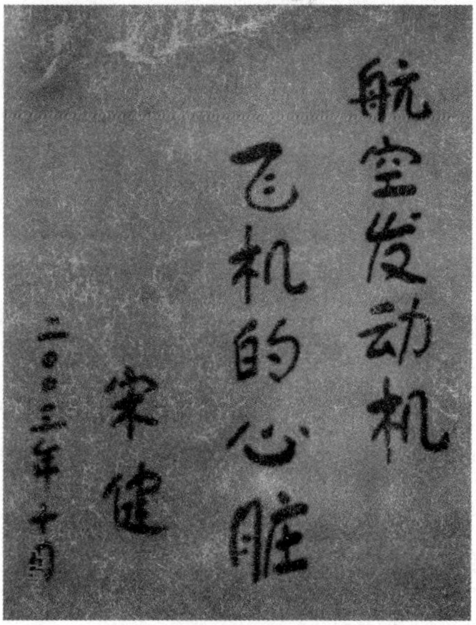

宋健院长题词

那天，宋院长非常热情地接见我，他表示全力支持我们召开香山科学会议，研讨航空发动机问题。他还说中国工程院将要成为香山科学会议主办单位之一，工程院应有更多的重大工程科学问题拿到那里去讨论。宋健院长还说：“航空发动机难度的确很大，只有把发动机搞好了，大飞机才有希望。”我说：“我们搞航空的人都很感谢宋院长长期以来对航空的亲切关怀和大力支持。”我们知道宋院长任国务委员兼国家科委主任时，曾多次说过两个“死不瞑目”，即不搞出大飞机死不瞑目；不搞出航母死不瞑目。但目前世界上能搞原子弹的有十几个国家，能搞火箭、发射卫星的有二十几个国家，能搞飞机也有二十几个国家，但是能够自主研制高水平航空发动机的，现在却只有美俄英法四个国家，或者说全世界只有四家大公司，这说明搞先进航空发动机的难度是非常大的。将来我国搞大飞机和航母，都需要先进的动力装置，动力也会成为“瓶颈”问题之一。因此，我半开玩笑地说：“建议宋院长再加一个‘死不瞑目’，即‘不搞出航空发动机死不瞑目’。”宋院长很高兴地说：“对，我同意你的意见，今后要加一个‘不搞出航空发动机死不瞑目！’”

在宋院长关心和支持下，航空发动机很顺利地开进了“香山科学会议”，据说是中国工程院进入的第二个项目。而且此后不久，“香山科学会议”改由科技部、中国科学院、自然科学基金委、中国工程院、教育部、解放军总装备部和国防科工委联合主办。其宗旨是创造宽松的学术交流环境，弘扬学术自由讨论精神，面向科学前沿，面向科学未来，促进学科交叉与融合，推进整体性综合研究，启迪创新思维，促进知识创新。

1999 年 7 月 15—17 日，香山科学会议召开了题为“跨世纪航空发动机发展科学对策”的第 119 次学术讨论会。会议邀请总装备部、国防科工委、空军和有关院校、科研机构等航空科技界的两院院士、专家学者和部分主管领导进行了学术交流。与会专家学者回顾和总结了几十年来的经验和教训，并侧重对未来 20 年我国航空发动机的研究发展进行了认真、热烈的讨论。

会议邀请顾诵芬院士、陈浚研究员和我 3 人担任本次会议执行主席。根据会议的中心议题，有 3 个主旨报告：顾诵芬院士的《军用飞机发展及其对动力的需求》；陈浚局长的《中国航空动力发展的总体思考》；我做了《中国航空动力跨世纪发展的难题、关键技术及对策建议》的大会报告。

会议经过热烈、认真的讨论，形成了一份会议纪要，一份“香山科学会议”报道，原则通过《关于加速发展我国航空动力的建议》，并一致同意在经过必要的文字加工后，通过中国工程院向中央领导呈送这份“咨询建议”书，会议取得了圆满的成功。

向吴邦国副总理汇报

“香山科学会议”之后，为了上报这份建议书，1999 年 11 月 13 日，我们又在北京铁道大厦召开了专家咨询组会议，对即将上报的《关于加速发展我国航空动力的建议》，逐字逐句地进行讨论修改，12位院士和18位专家慎重地签上了自己的名字，于12月16日上报中央领导。

尽管我们已经将这份建议书的文字压缩到5000字以内，但不少同志仍然觉得文字太长了，但太短了又怕讲不清楚。所以，在中国工程院上报的同时，又邀请了新华社记者刘茁卉同志，希望在内参上刊出我们建议的摘要，以引起中央领导同志的高度关注。

刘茁卉是新华社的内参记者，她年轻，很能干，也很认真。当时她只有30岁左右。她在香山会议上听了我们3个主旨报告，但没有全程参加“香山科学会议”讨论。她对我说：“这样吧，你先把资料给我看看，再找个时间跟我好好说一说。”

2000年1月8日，刘茁卉同志编发国内动态清样，她拟定的标题非常醒目——《刘大响等12位院士认为：根治飞机“心脏病”刻不容缓!》。1月10日，吴邦国副总理做出了重要批示，指出飞机发动机应列为国家高科技重点工程，发动机问题不解决，飞机就上不去。

我们都认为邦国副总理的指示太好了！邦国同志是清华大学毕业的，当时担任国务院副总理，分工主管国防工业。我们对邦国同志充满了崇敬和感激的心情，他的这个批示真的点到要害上了，说出了我们大家的心声。

接到这个批示后，国防科工委刘积斌主任委托张洪飚副主任，说你把大响院士请来谈一谈，看看我们应该怎样答复吴副总理的这个重要批示。经研究后决定由国防科工委组织一个专家小组，在原有报告的基础上，再起草一个报告，关键要突出如何贯彻落实邦国副总理的重要批示，洪飚副主任仍要我担任专家组长。我请求叶金福（注1）、王欣（注2）两位领导一起来主持这项咨询工作。我们一起邀请了前面提到的那些专家，还增加了一些领导和专家参与进来。在研讨过程中多次向洪飚副主任做了汇报。

报告初稿完成后，洪飚同志说，我们找个时间，看能否直接向邦国副总理口头汇报一次。我说这当然最好啦，可以直接听听中央领导的指示。

我记得那是2000年8月中旬，中央领导同志都到北戴河开会去了，邦国同志留在北京值班。国办打电话通知洪飚同志说，明天有时间。于是第二天，我随同洪飚、金福、王欣三位领导去了中南海。主汇报人当然是洪飚副主任，我们在旁边帮助作些补充说明。那次口头汇报取得非常好的效果。本来定好是一个半小时，结果汇报了两个多小时，把邦国同志吃午饭的时间也推迟了。

当时洪飚副主任主要汇报了发动机落后的现实情况，存在问题的严重性和必须采取的主要措施。重点谈到了一个突出问题，就是新中国成立以来，我国许多重大工程，如“两弹一星”都干出来了，先进飞机也出来了，唯独航空发动机没干出来。尽管我国航空工业生产了几万台发动机，但绝大部分是仿制国外的，或者我们做了一些改进改型。而这些自己生产的发动机多属于第二代，国外早已经不用了，现在真正在役的主力战机所用的第三代发动机，我们还得靠买国外的，严重受制于人。到目前为止，我国还没有一台自主研制的航空发动机，走完从设计、制造、试验、定型到装备部队、投入使用的全过程。我们与国外的差距还有进一步拉大的危险。

听到这样的汇报，时任国务院副秘书长的石秀诗（注 3）同志问我：“刘院士，你们讲的这个情况是真的还是假的？”我说：“当然是实事求是的，今天面对邦国副总理，我们谁还敢说假话？”石秀诗同志说：“我认为这是一个爆炸性新闻！我在国务院工作了 13 年，从来没有哪个领导说过航空发动机还有这么大的问题。”邦国同志接着他的话说：“对，我也认为这是个爆炸性新闻。我今天才知道，我们还没搞出过一台自己设计的发动机来。我们那么多的飞机都飞起来了，却没有我们自己设计的发动机？”

我觉得这一点对他们两位领导同志的触动很大。

接下来，邦国同志问，你们说说看下一步打算怎么办？洪飚同志说，首先需要按邦国副总理的批示办，将发动机列为国家高科技重点工程，要加大资金投入，要加强预先研究工作，打好技术基础，还要十分重视材料、工艺的研究，重视试验设备和试制能力的建设等。邦国副总理还帮我们出主意，要想办法使党和政府的高层领导能进一步了解当前航空发动机存在的主要问题在哪里，以引起他们的高度重视和关注。在整个汇报过程中，邦国副总理和石秀诗副秘书长还有许多重要插话和讨论，气氛十分热烈和亲切。他还说自己是学工程的，航空发动机技术难度的确很大，过去投资强度不够，国家工业基础又薄弱，技术水平也不高，恐怕关键主要还是投入的钱不够，希望在报告中要特别强调一下。还指示我们要找那些部委多做汇报，特别是要向这些部委的一把手汇报。

最后我们告辞的时候，洪飚同志问邦国副总理对我们这个报告初稿有什么指示？他说你们报告写得挺好。但还要再精减、重点要更突出一些；还说现在的稿子太长了，最好能有个五六百字，最多不超过一千字的稿子给国务院报上来。

从中南海出来时已经12点半了，洪飚副主任十分高兴，说今天我请客，我们四个人一起共进午餐。他把我们拉到一个饭馆去吃饺子。吃饭时，洪飚副主任提出来，下面该怎么办？究竟搞什么项目？这的确是个难题。我们大家就你一言我一句地议论起来。洪飚副主任问我有什么想法，我说现在要搞的东西太多了，但又不能太分散，不能到处“撒胡椒面”，更不能拿去搞型号。因为型号研制是军方主管的事情。目前航空发动机落后的关键还在于基础差，技术储备不足，而国防科工委的职能定位在打基础，提高能力，解决工业基础和技术储备不足的问题，为型号研制提供技术支持，这正是政府部门的职责。

洪飚同志听后就说：“对，就搞这个。”我们几个人就一边吃饭一边讨论，我们四个人都倾向于先抓设计方法问题。因为，在航空发动机研制的全过程中，设计是“龙头”，设计搞错了，后面的加工和试验也都是错的，否则就是碰上了好运，歪打正着，但这种可能性是非常小的。现在我们的设计方法还不完善，设计软件没有经过试验验证，水平也不高，提高航空发动机设计水平和能力是当务之急。当然，材料、工艺、试验都很重要，但可以通过设计和试验验证全面地带动起来，也可以适当地主动安排一些内容进去。洪飚副主任要求我们再次召开专家组会议，提出一个可操作的具体方案和建议来。

在专家组再次开会时，叶金福司长传达了邦国副总理的重要指示，大家对报告又做了一些修改和补充。经洪飚副主任和叶金福、王欣两位司长反复推敲审定后，于2000年10月，国防科工委向国务院上报了《加快我国航空发动机发展的思路和建议》。

2000年12月6日，吴邦国副总理再次做出重要批示。2001年3月，为贯彻落实中央领导指示精神，切实加强航空发动机技术基础，提高自主创新能力，在有关部委的大力支持下，由国防科工委主持，开始实施技术验证计划。

技术验证计划

技术验证计划是由国防科工委主持，以提升航空发动机设计能力为宗旨，以技术验证为核心，以打基础、建体系为主线的专项研究计划。

通过10年左右的努力，充分利用存量资源，对发动机总体、主要部件和系统的关键设计技术进行多轮综合试验验证，基本建立航空发动机设计技术体系和数值仿真系统，并形成几个具有重要应用前景的验证平台，为我国航空发动机又好又快地可持续发展奠定技术基础。

为保证计划的顺利实施，国防科工委组织成立了项目领导小组和管理办公室，组建了项目专家委员会及总师组，各承研单位成立了相应的组织机构，负责计划的管理和实施。

众所周知，在航空发动机研制的全过程中，设计最为关键，决定成败。先进的设计体系，可以大大提高设计的“一次通过率”，减少许多不必要的反复，从而大大缩短研制周期，节省研制经费。目前世界航空发动机呈现加速发展态势，除了他们拥有先进的工业基础（包括材料、制造、试验技术）和先进的管理（包括体制、机制和人才）之外，主要得益于他们拥有先进的、高水平的设计体系。很显然，先进的设计体系是独立自主进行航空发动机研制必不可少的设计手段和工具，是无价之宝，是花大钱也买不来的。

现在回过头来看，在国防科工委坚强有力的领导下，该项计划实施10年来所取得的成果是有目共睹的。我们不但已初步集成和建立了拥有自主知识产权、工程实用的先进航空发动机设计体系和数值仿真系统，为提高自主创新能力和航空发动机的可持续发展发挥了重要作用，而且构建了多个整机、数控系统和多个关键部件的试验验证平台，为新技术在型号上的应用提供了试验验证载体，为型号研制提供了有力的技术支持。所以，我认为实施该项计划是十分必要的，它的定位准确、作用重大、意义深远。

我们知道，技术验证又称为预先发展，是航空发动机科研工作 5 个发展阶段（即应用基础研究、应用研究、预先发展、型号研制、使用发展）中必不可少的一个重要阶段，也是把预先研究和型号发展有机结合起来、加快预研成果向工程应用转化的一座桥梁。随着发动机技术水平的提高，技术验证的内容和水平也要不断升级。该项计划是属于不针对特定型号的军民结合的先期技术验证，它决不是一个临时补救措施，而应该成为一个中长期专项科研计划。而且，随着时间的推移，其研究内容应不断深化、扩展和提升。所以，我曾在不同场合多次提出建议，将这一计划发展为国家级的中长期航空发动机技术验证计划，要持续不断地进行下去，只有这样才能培养出高水平的人才队伍，不断提升我国研制航空发动机的自主创新能力。

发动机是推动航空技术发展的源动力

为了纪念“航空百年”，2003 年我与金捷博士在中国工程院《中国科技工程》上发表一篇文章，标题是《回顾航空百年，展望动力发展》，但醉翁之意不在酒，我们的想法是要重点宣传一下发动机是推动航空技术发展的源动力的观点。我们在引言中写道：

飞机的发明和应用是 20 世纪人类取得的最伟大科技成就之一，极大地推动了人类社会文明进步，并对人类社会的日常生活和思维方式产生了巨大影响。作为飞机的“心脏”，航空动力技术也同样走过了百年的辉煌历程。从狭义上讲航空发动机只是飞机的一个重要部件，给飞机提供动力，但从广义上讲它也是推动整个航空技术发展的源动力。可以说，人类在航空领域中取得的每一次重大的革命性进展，无不与航空动力技术的突破和进步相关；同时，飞机的需求和发展又促使发动机向更高水平迈进，两者相互依存、相得益彰，促进了整个航空事业的蓬勃发展，登上了一个又一个新高峰。现在，航空动力技术已成为衡量一个国家科技水平、军事实力和综合国力的重要标志之一。

接着我们谈了以下几个主要观点：

1. 航空动力技术使人类飞向天空的梦想变成现实

飞向天空，是人类亘古以来的梦想。直到19世纪初，被后人尊称为“空气动力学之父”的英国科学家乔治·凯利经研究发现：所谓机械飞行就是对一块平板提供动力，使它能在空中支撑一定的重量。也就是说，为了使重于空气的飞行器飞起来，需要使其与空气之间产生相对运动，这就必须依赖于安装在飞行器上的动力装置——航空发动机产生前进的推力或拉力。

在凯利发现了飞行基本原理后的近100年时间内，虽然以蒸汽机为代表的工业革命极大地促进了人类文明的进步，但由于没有可用的动力装置（蒸汽机太笨重了），人类的飞行仍然只能局限于轻于空气的气球、飞艇和无动力的滑翔机。直到1903年，美国莱特兄弟自己动手设计、在机械师查尔斯·泰勒的帮助下制造了一台12马力、重77.2千克的活塞式汽油发动机，装在“飞行者”一号飞机上，完成了人类第一次有动力的飞行，虽然留空时间只有短短的12秒，飞行距离也只有微不足道的36米，却标志着人类征服天空的梦想开始变为现实，开创了航空飞行的新纪元。

2. 活塞式航空发动机主宰了20世纪上半叶，功不可没

活塞式发动机具有耗油低、成本低、工作可靠等特点，作为第一种飞上蓝天的航空发动机，并作为在喷气式发动机发明之前的近半个世纪内唯一可用的

航空飞行器的动力，对航空技术的发展做出了巨大的历史性贡献，功不可没。

由于活塞式发动机功率与飞行速度的3次方成正比，随着飞行速度的提高，要求发动机功率大大增加，从而使其重量和体积都随之迅速增加；另一方面，在接近声速时，螺旋桨的效率会急剧下降，也限制了飞行速度的提高。要想进一步提高飞行速度，尤其要达到或超过声速，必须采用新的动力装置。

3. 喷气式发动机使航空技术发生了革命性飞跃

喷气式发动机可以产生很大的推力，而自身重量又较轻，从而大大提高了飞机的飞行速度。世界上第一架以喷气发动机为动力的德国亨克尔 He－178 飞机在1939年首次试飞时就达到了700千米/小时的飞行速度，已接近30多年来活塞发动机飞机的极限速度，宣告了一个新的航空时代的到来。二战结束后，随着工业技术水平的提高和冷战的需要，美、苏、英、法等国家纷纷研制发展喷气式发动机，首先用于战斗机上，随后用于轰炸机、运输机和民航客机上，引发了一场航空工业的“喷气革命”。

接着，我们重点分析了“航空动力技术百年发展历程对我们的启示”：

（1）航空动力永远是飞机的“心脏”，也是促进航空技术发展的源动力

航空动力技术既是制约航空技术发展的“瓶颈”，也是促进航空技术发展的“助推器”。早在19世纪初期，当人们已经掌握了重于空气飞行器的基本飞行原理后，由于没有合适的航空动力，使一个个著名科学家和学者的艰苦努力都以失败而告终，动力成了阻止人类上天的最后一道束缚。而一旦在动力上有所突破，没有受过高等教育的莱特兄弟却幸运地完成了人类的第一次有动力飞行。

同样，在20世纪40年代，许多勇敢的飞行员驾驶着活塞式螺旋桨飞机试图冲破“声障”，但都纷纷失败，动力又成了妨碍人们突破声速的最后障碍。而喷气发动机的发明和应用，却轻易地突破了活塞式螺旋桨飞机不可逾越的“声障”，并随之迎来了“超声速飞行”的新时代。这些历史事实生动地说明，航空动力技术是促进飞机和整个航空技术蓬勃发展的源动力，在航空技术的发展过程中起着决定性的作用。

（2）航空动力是航空技术先进性和复杂性的集中体现

先进航空发动机具有“高温、高转速、高可靠性、长寿命、低油耗、低成本”的技术特点，其研制难度大、投资多、周期长，涉及到机械、材料、电子、力学、声学、热学、能源、管理等诸多学科领域，并与整个国家的工业基础和科技发展水平密切相关，因此，航空发动机被称为“工业之花”、“皇冠上的珠宝”，是一个国家工业基础、综合国力和科技水平的集中体现。正因为如此，发达国家长期以来把优先发展航空动力作为基本国策，逐步形成了对航空动力技术和全球市场的垄断，并将其发展成为高附加值的高技术产业。

目前世界上只有美、俄、英、法等少数国家具有独立研制先进航空发动机的能力，而能够独立研制飞机（包括战斗机和民用飞机）的国家却有很多，甚至包括一些发展中国家在内。这也从另一个侧面反映了航空发动机技术的复杂性和艰巨性。

（3）预先研究是保证航空动力可持续发展的技术基础

由于航空发动机技术的复杂性和研制的高风险性，必须采取有效的措施降低其技术和投资风险。而有计划、有组织地提前开展预先研究，是实现研制目标的有效手段和技术基础。通过持续不断的、有针对性的、广泛深入的预先研究，才可以发展基础理论，积累经验数据，掌握先进技术，突破技术关键，验证设计方法，为发动机的工程研制提供源源不断的和实用可靠的技术支持，保证型号研制工作的顺利进行。美国从20世纪70年代开始，在航空发动机技术领域先后连续组织实施了“先进涡轮发动机燃气发生器”（ATEGG）、“发动机热端部件技术”（HOST）、“高效节能发动机”（E3）、“综合高性能涡轮发动机技术”（IHPTET）、“先进涡轮发动机概念”（ATEC）和“通用可支付先进涡轮发动机”（VAATE）等20多项大型预先研究计划，使其在高推重比军用发动机和大涵道比民用发动机技术领域一直保持着世界领先地位。

（4）信息技术是航空动力技术加速发展的必要工具和有力保障

20世纪90年代以来，西方航空发达国家（尤其是美国）引发了一场航空动力的设计“革命”，目前已基本完成从“传统设计”向“预测设计”的转变。应用先进的预测设计方法，一台发动机从设计到定型的研制周期可从原来的

10～15年缩短到6～8年甚至3～4年，试验样机从40～60台减少到20～30台，大大缩短了研制周期，节约了研制经费，并促使航空动力技术呈现加速发展的态势。正所谓“工欲善其事，必先利其器”，这除了要依靠大量以往试验数据和经验方法的积累之外，主要得益于信息技术，尤其是以计算机数值仿真技术为核心的计算流体力学（CFD）、计算结构力学（CSD）和虚拟样机（VP）等技术的迅速发展及其在航空发动机设计中的广泛应用。可以说现代信息技术已成为航空动力技术加速发展的必要工具和有力保障。

（5）创新是航空动力技术发展的源泉和生命

随着航空技术的发展，对航空动力技术的要求也越来越高，为了满足日益提高的技术经济指标要求，往往需要将其他相关学科领域（如信息、材料、制造、工艺等）的最新颖、最尖端、最前沿的技术不断运用到航空发动机的研制中来；另一方面，航空发动机技术本身的发展也要求在理论和方法上不断寻求突破和创新。

航空动力百年的发展历史，就是一部人类挑战自我，不断创新、不断发现、不断发明的历史。从活塞发动机到涡喷发动机再到涡扇发动机，航空动力技术的每一次重大进步，必然伴随着许多技术上的大胆突破和创新，而航空动力理论或技术上的每一项重大突破，又往往预示着一个新的航空时代的到来。

促进民用航空发动机的发展

众所周知，发动机是制约我国航空工业发展的“瓶颈”，也是我们搞大型民用飞机的“短板”。很显然，如果将来我们只能造大飞机而不能自主研制民用发动机的话，那时发动机仍然靠从国外进口，这张“王牌”仍然攥在西方强国手里，他们想捏你一把，我们一点办法都没有。一旦国际形势“突变”，发动机的供货渠道就有可能中断，再好的飞机也只能“趴窝”；或者西方只卖给我们当时二流水平的发动机，我们的大飞机就缺乏市场竞争力。所以，我认为先进大涵道比涡扇发动机，或许有可能成为西方航空强国打压我国大飞机工程的“撒手锏”武器，我们决不可以掉以轻心。

从另一方面看，民用航空发动机又是航空动力行业三大重要支柱之一，国外民用发动机产值已达到整个发动机行业总产值的70%～80%，如果不发展民用大涵道比涡扇发动机，我国就谈不上有独立的、完整的、强大的航空发动机产业。

很显然，先进大涵道比涡扇发动机是自主研制大型飞机的关键，不突破发动机技术，就无法掌握大型飞机研制的主动权，也无法真正建立起独立自主的强大的中国航空工业体系。

大型干线客机发动机是关系到广大乘客生命安全的高科技民用商品，目前世界民用发动机正向着“三高、四低、一长”的方向发展，即高可靠性、高安全性、高性能，低油耗、低排放、低噪声、低维护成本和长寿命。此外，民用发动机还必须取得国际适航证，其技术难度和研制要求比军用发动机更高。

我国民用航空发动机市场早已完全开放和国际化，面对市场的激烈竞争和乘客的选择，要想能够进入民机发动机市场，占有一定的市场份额，并形成批产规模和民机动力产业，必须推出具有当时国际先进水平和市场竞争力的产品，即相当于现役CFM56、V2500等发动机后继机水平的下一代先进大涵道比涡扇发动机。

新中国成立60年来我国对民用大涵道比涡扇发动机技术研究甚少，型号研制几乎是从零开始，技术储备严重不足；但面对国际化市场的激烈竞争和西方国家的刻意打压，我们又必须推出具有当代国际先进水平的发动机型号产品，这是一个很大的矛盾，更是严峻的挑战。急于求成是不可能的，但不做工作更是不行的。

根据航空发动机行业的具体情况，在大飞机方案论证过程中，我提出了发展我国大涵道比涡扇发动机的总体思路建议，得到大飞机方案论证委员会专家和有关领导的支持。

强化基础、提高能力；当代水平、形成产业；自主研发、国际合作；军民结合、协调发展；统筹规划、分步实施。

很显然前两条是目标，我们既要加强预研，突破民机动力关键技术，提高自主研发能力，又要推出先进产品，进入市场、形成产业。

后三条是途径，一是自主研发与国际合作相结合，以我为主；二是军机与民机相结合，相辅相成；三是关键技术研究和验证机，原型机研制和型号适航取证，要统筹规划、分步实施。

向国家大飞机论证委员会专家介绍大涵道比涡扇发动机研制进展情况

国际民用发动机的“三大巨头”，即CFMI公司（由美国GE公司和法国SNECMA公司合资组成）、普·惠公司和罗·罗公司，面对下一代150座级民用飞机发动机，正在开展激烈的竞争，俄罗斯也在奋起直追。他们在进行下一代民用发动机的型号研制之前，也都是首先实施多项关键技术研究计划。如CFMI公司在1998年和2004年相继开展Tech56和LEAP56两项大型研究计划、投资在10亿美元以上；普·惠公司耗资10多亿美元、用20多年时间潜心研究的齿轮传动风扇技术（GTF），将作为其进入未来民用飞机发动机市场的一张王牌；罗·罗公司每年投入约7亿欧元用于民用发动机关键技术研究，目前正在推进“开式转子”发动机的研究计划；而俄罗斯尽管经济比较困难，但联邦政府仍制定了“2002—2010年间和2015年前俄罗斯民用航空技术发展”规划，由俄罗斯航空航天局组织实施了“研制新一代民用干线客机涡扇发动机所需的技术储备建立计划”。这些都是值得我们很好学习和借鉴的。

所以，我曾提出建议，以150座级干线客机所需的下一代先进民用大涵道比涡扇发动机为背景，通过实施先进民用航空发动机关键技术研究计划，以及对外合作，并将两者紧密地结合起来，完成部件、系统、核心机和验证机的设计、加工和试验，突破并掌握民用大涵道比涡扇发动机的主要关键技术，初步形成自主研发能力，这不但是十分必要的，也是完全可能的。这一建议同大型飞机工程论证报告一同上报，得到了国务院的批准。

国际合作已成为当今世界发展先进大型民用航空发动机的一种潮流和趋势。因此，对于民用干线客机的动力装置，无论是关键技术研究还是产品开发，我们都应在贯彻以我为主、自主研发原则的同时，要利用一切可能条件积极开展国际合作。通过引进、消化、吸收再创新，提高起点、减少风险、掌握关键技术，进行综合集成试验验证，最终形成拥有自主知识产权的发动机产品，并以此为契机，全面提升我国航空动力的整体技术水平和工程能力，并培养一批高水平的科技人才队伍，这是一举多得的重要举措。

中俄民机合作发动机分委会第一次会议

与俄罗斯专家谈判后合影

根据领导指示，我曾多次赴俄罗斯访问，经过多轮艰苦谈判和协商，最终双方签订了第一阶段的合作协议和合同，这是令我十分高兴的事。

由于民用大涵道比涡扇发动机研制难度大、周期紧，加之我国发动机行业目前人才短缺问题比较突出，必须在有效整合航空工业内部资源的基础上，充分利用国内一切可以利用的资源，包括中科院、高等院校和航空发动机重点实验室的人力物力，不断探索和建立“以企业为核心、以市场为导向、产学研相结合”的航空发动机技术创新体系，加快人才培养，充分发挥航空工业集团动力行业和地方有关单位的积极性和各自优势，形成实力最强的“国家队”，凝聚国家意志，倾全国之力，切实促进我国民用大涵道比涡扇发动机研制工作的顺利进行。

设计、制造、试验、信息化平台是军民用大涵道比涡扇发动机研制的支撑保障条件，尤其是民用发动机需要的特殊设计、加工、试验手段，要根据军民结合的原则，尽快安排建设。如野外试车台、高空台×号舱、环境试验设施、大风扇叶片加工设备、快速反应科研试制力量等。

材料、工艺是大涵道比涡扇发动机的关键技术之一，也是制约大飞机发动机研制的“短板”，如大风扇宽弦空心叶片、冷却高温涡轮叶片、粉末冶金盘等。需要尽早安排计划，重点加以突破。

现役动力的关键在于提高可靠性

现役动力主要是二代动力，为我国空军建设曾立下了汗马功劳，发挥过历史性的重要作用，这是必须要充分肯定的。目前我国二代动力数量最多，装备的飞机也最多。歼7系列、歼8系列全是二代动力，在西方早已经淘汰了，飞机也淘汰了。但我们可能还要维持一段较长的时间。因为一是要训练飞行员、保持状态；二是要空中巡逻值班。但问题在于现实中的二代动力不时出现质量问题，甚至造成等级事故，而且不少发动机即将到寿，这是令领导头痛的大事，面临着两难的抉择。二代动力为什么会走到这一步？最主要的问题就是过分地强调改进性能，要求不断地增加推力，而增加推力最简单的办法是提高涡轮前燃气温度，更换涡轮叶片材料，当然，也会在其他地方作一些适应性的改进。这些做法在二代是主战机种的一定时期内是必要的、正确的。

俄罗斯专家曾经对我讲过，积他们几十年的经验，涡轮前燃气温度每提高20~30℃，发动机的寿命就要缩短一半，可靠性也要大幅降低。当然发动机出问题，不见得这是唯一的原因，还有包括材料、工艺、质量监控等诸多因素在内。

面对我国已基本过渡到以三代为主战机种的情况下，对二代动力怎么办？不少领导同志曾多次找我谈过这个问题。我的观点是：

二代动力要以提高可靠性为主，确保飞行员安全，在此前提下适度延长使用寿命，以节约采购成本。但是我们必须清醒地认识到，二代动力主要是在仿制的基础上做了一些改进改型，别看它已经生产了几十年，对一些关键技术问题并没有完全消化、吸收和吃透，因此，我曾经多次建议对二代动力要搞一个“可靠性增长计划”，即将风险控制前移，提前研究一些关键问题，使外场尽量不出现故障，至少不出现大的问题。千万不要等到外场出了等级事故，结合排故再来研究所存在的关键技术，那样损失就太大了。

对于部队外场使用，我也曾经多次提过建议，发动机使用中一定要设置“作战状态”和“训练状态”。平时训练飞行员，或者保持飞行员的技术状态飞行时，尽可能多使用“训练状态”，这样发动机的寿命会自动地延长，这也是俄罗斯的一项成功经验。

当然，对于发动机的质量控制，包括从原材料、加工制造、元器件、标准件、装配试车等所有环节，一定要实施全面质量管理，要警钟长鸣，并建立可追溯的技术、质量责任制，任何时候都不能松懈。

航空发动机仿真技术研究中心

航空发动机数值仿真技术是将现代相关学科最新研究成果、多年积累的实践经验及现代计算机技术、信息技术等融合贯通，综合应用于发动机研制的一种革命性的手段，是计算流体力学（CFD）、计算结构力学（CSD）、计算机仿真技术和现代信息技术等最新成果在航空发动机上的综合应用。利用它可以实现发动机研制从“传统设计”到“预测设计”的革命性变革。

所谓的“传统设计”，就是对发动机进行大量的、反复的试验研究，通过“设计—加工—试验—修改—再加工—再试验”的漫长过程来研制发动机。一般地说，一台发动机从设计到定型，研制周期需 8～10 年或更长时间，试验样机需 40～60 台，最多的达到 114 台。因此，可以说“发动机是试出来的”。而“预测设计”主要建立在较精确的数学模型、优化计算和虚拟现实仿真的基础上，设计及修改主要在计算机上进行，虽然样机的物理试验是必不可少的（并不能完全被取代），但试验的主要目的是验证优化后的设计结果，而不是主要依赖试验来暴露设计技术问题，从而大大减少试验工作量，提高设计的一次通过率，缩短了研制周期，节约了研制经费。从这个意义上讲，现在也可以说“发动机是设计出来的”。

到目前为止，国际航空动力界人士普遍认为，数值仿真已是继理论分析和实物试验研究之外，成为航空发动机研制的第三种必不可少的设计和分析工具。美国政府（NASA）、军方和工业界正在共同开展推进系统数值仿真（Numerical Propulsion System Simulation，NPSS）计划，其主要目标是通过高可靠性，包括气动、结构、燃烧、传热、材料、控制等在内的多学科综合计算机仿真，达到高度的系统分析能力，以提高发动机设计质量、降低研制成本。

据称，这一计划一旦实现，美国航空发动机的设计水平将实现一个新的飞跃，“预计可使发动机的研制时间和成本降低 30% ~40%”（见 ISABE 99 - 771）。

俄罗斯中央航空发动机研究院（CIAM）也相应制定了涡轮发动机计算机试验技术（CT3）计划，并开发了燃气涡轮发动机计算机仿真系统（Computer Gas Turbine Engine Simulator，CGTES）。

我国航空发动机还相对落后，目前仍处于“传统设计”的初级阶段，设计软件既不先进，也不配套，先进的、完整的设计体系尚未真正建立起来。由于数值模拟技术还没有被广泛采用，仍以实物样机试验为主，使发动机研制陷入了“设计—加工—试验—再设计（或修改）—再加工—再试验”的漫长过程之中。一个循环下来，少则 2 ~3 年，多则 4 ~5 年，这正是西方国家从 20 世纪 50 年代到 80 年代曾经走过的“传统设计”的路子，结果往往事倍功半，使研制周期长、费用高、风险大，结果不少项目久攻不下，有些甚至不得不中途下马。

航空发动机要想实现“跨越式”发展，真正走出自主研制的新路子来，开发和采用现代先进的数值仿真技术是必不可缺的方法和手段。正是基于这种认识，从 1998 年开始，我利用各种机会，不断宣传发动机数值仿真技术的重要性和紧迫性。在一些发展战略研究、中长期规划和单项研究计划中，力主开展航空发动机仿真技术研究，尽快建立我国自己的航空发动机数值仿真系统。

2000 年 8 月，由国防科工委组织召开的航空动力行业发展研讨会上，我提出了在国防科工委领导和支持下，由中航一、二集团公司的相关院所与北航联合组建航空发动机仿真研究中心的建议，行政上挂靠北航，业务上相对独立，成为国家财政支持的航空发动机数值仿真技术专业研究机构和国内外技术交流的研究平台。

这一设想和建议得到了有关主管机关领导，当时中航一、二集团的领导，北航校领导和行业内外专家的支持。但由于涉及体制机制调整、专业分工安排划分，以及经费渠道和来源的落实等具体问题，行业内也存在着一些不同意见。我深知在国内现有体制机制环境下，要干一件从无到有、真正具有创新意义的大事情，必须要有“好事多磨”的思想准备。

经过多次与有关主管部门和领导汇报，并与相关单位多次充分协商，在原国防科工委王欣司长的亲自主持下，2003 年 11 月 6 日在北京召开了关于组建航空发动机仿真研究中心（简称仿真中心）的协调工作会议。终于对在北航建立航空发动机数值仿真研究中心一事达成一致，还就仿真中心的组建模式、定位、作用和职能、与各研究院所的关系，以及仿真中心的筹备工作等取得共识，标志着仿真中心的筹建工作正式开始启动。

“北航航空发动机数值仿真研究中心”定位于面向航空动力行业的航空发动机仿真技术的研究和发展中心，为全行业提供航空发动机数值仿真技术相关的技术服务和支持。

在 2003 年年底的北航校办公会上，按照国防科工委领导的指示精神，北航同意以能源与动力工程学院为依托，筹建航空发动机数值仿真研究中心，学校决定由我担任中心主任，李其汉教授为高级顾问，方韧、桂幸民教授为副主任，金捷为副总工程师。后又聘任中航一、二集团的杜兵劳、黄劲东同志为兼职副主任，606 所张光星同志为兼职副总师。仿真中心与各研究院所是分工合作、互为补充、密切协作的关系。

到 2004 年 8 月短短半年多时间内，迅速形成了包括总体结构、总体性能、压气机、燃烧、涡轮、喷管、传热、计算声学、结构强度、多学科耦合优化、数字化与系统开发、集群管理、VR 应用、数据库、网络安全等 30 多位专业科技队伍，以及以 624 所、606 所、608 所、614 所人员为主的 50 余人兼职科研团队，使仿真中心的日常工作逐步走上了快速发展的轨道。经过几年的研究工作，除完成大量基础课题研究之外，完成了拥有自主知识产权、精度较高的我国自己的航空发动机数值仿真系统第一版本的开发工作，并招收和培养了硕士、博士研究人员 40 余人。

尽管要建立包括性能、特性、结构、强度、可靠性在内的高水平发动机数值仿真系统的难度很大，后面的路子还很长，但毕竟迈出了万里长征的第一步，我相信实现从“传统设计”到“预测设计”战略转变的这一天一定会到来，数值仿真系统在实现我国航空发动机“跨越式”发展中，必将起到它应有的促进作用。

正确认清新形势，加快动力的发展

毛主席说：“情况明，方法对，决心大。”对航空动力来说，与我 1999 年撰写《危机、反思和建议》的咨询报告相比，虽然只是短短的 10 年，但情况已经有了很大的变化。我们必须正确认清当前的新形势，找出问题所在，采取正确方法，才能促进航空发动机又好又快的发展。

到了 2010 年，我国航空动力面临的新形势是什么呢？我想引用胡锦涛主席的两句至理名言，即：“前所未有的发展机遇，前所未有的严峻挑战。总体来看，机遇大于挑战。”

前所未有的发展机遇在哪里？我想主要表现在以下 7 个方面。

（一）党中央、国务院、中央军委领导高度重视，对航空发动机做了多次批示和重要指示，把发动机作为装备重点，各方面都给予重点支持。

（二）我国对发动机的需求旺盛；尤其是低空空域的逐步开放，建立国家航空应急救援体系的强烈需求，将催生通用航空和直升机出现一个大的发展机遇。

（三）国家有关主管部委联合颁布了发展纲要，为发动机的发展指明了方向。

（四）改革开放30年来，特别是近10年来通过一系列计划的实施，已初步形成了我国自己的发动机设计体系和数值仿真系统，技术基础已有明显的提升。以“太行”发动机的定型为标志，初步实现了涡喷向涡扇、中推向大推、二代向三代的三大跨越，其他多个发动机预研取得了重大进展，已逐步转入型号研制，培养锻炼了一大批中青年技术和管理骨干人才。

（五）大型飞机列为国家重大工程专项，给大涵道比涡扇发动机的自主研发迎来了难得的历史机遇。

（六）近十几年来，我国工业基础和技术水平有了很大提高，发动机的试验设备、材料、工艺和制造能力也有了明显的改善。

（七）近十几年国民经济高速发展，我国经济实力和综合国力有了大幅提高，为发动机的快速发展奠定了坚实的经济基础。

前所未有的严峻挑战主要表现在：一是国外航空发动机技术呈现出异乎寻常的高速发展态势，我们与国际先进技术水平的差距有进一步拉大的危险；二是西方航空强国对我国发动机关键技术的封锁在进一步加大；三是自主创新的研发体系尚未真正建立起来，自主创新能力仍很薄弱，技术储备明显不足；四是面对当前的繁重任务，技术人才资源总量不足，人才结构不甚合理，工程经验不足，缺乏高水平的领军人才和学科带头人才，矛盾已日显突出；五是发动机行业尚未完全摆脱长期仿制所带来的影响，自主研制的程序、标准、规范体系尚不完整；六是体制、机制仍存在缺陷，行业封闭状态尚未完全打破，单位所有制导致知识不能完全共享，造成许多低水平的重复建设；七是材料、工艺、元器件发展相对滞后，试验设施尚需填平补齐、配套完整。

从上面的分析比较来看，很显然机遇远大于挑战，目前发动机行业所遇到的问题是前进中的问题。那么，究竟采取什么样的措施才能甩掉发动机落后的“帽子”，才能“破茧而出”，才能又好又快地发展呢？这是仁者见仁、智者见智的问题。

我记得2003年在参与制定国家中期发展规划和“十一五”计划过程中，以及后来在全国人大的几个书面提案和建议中，曾提出过自己的看法。也曾多次建议有关部门能够将航空发动机科技工程列为国家重大专项，给予持续不断的重点支持。

搞发动机是要花大钱的，没有钱是搞不出来的。但是钱并不是唯一的，有了钱也不一定能搞出好发动机，我们必须从技术、经费、人才、管理和政策多个方面进行综合治理。十几年前对发动机的投入相对太少，“差钱”是主要矛盾。现在虽然不能说钱已经足够了，但毕竟比以前有了较大幅度的增加，所以目前的主要矛盾在于改善管理和培养人才。正是在这种背景下，我曾提出一个“三步走”的技术发展思路设想和建议，供有关部门参考。

我对中国航空发动机充满信心和希望，为了使国产的所有飞机都装上健康的、强劲的“中国心”，我愿意在有生之年，坚持不懈、锲而不舍，反反复复地去“鼓与呼”；愿意继续为根治飞机“心脏病”贡献一点微薄之力，直到自己的生命之光熄灭为止！

大力发展我国航空应急救援能力

2008年5月12日，四川汶川发生特大地震。在党中央、国务院、中央军委的号令下，军地各部门迅速调集力量，全力展开航空救援。截至2008年9月25日，共出动飞机、直升机428架，实施救援飞行8277架次，转运（含空投）物资22543吨，转运人员66728人次，为夺得抗震救灾的胜利发挥了重要作用。但此次航空抗震救灾行动亦暴露出许多问题，主要是管理体制不完善，基础设施不健全，救援装备数量少、结构不合理，缺乏专业救援队伍等。这些问题已引起党中央的高度重视，也引发了社会各界对建设我国航空抗灾救援体系的高度关注和热切期盼。

2008 年 12 月 15 日，在中国航空学会召开的第九届第七次常务理事会上，就四川汶川大地震后如何建立“中国航空应急救援体系”问题进行了热烈讨论，并决定开展“应对重大自然灾害、加强航空装备发展”的科技咨询项目，原则通过了工作方案。因为我是中国航空学会副理事长、咨询委员会主任，受常务理事会和刘高倬（注 4）理事长的委托，成立了以我为组长、张聚恩秘书长为副组长的研究工作小组。通过查阅资料和调研，掌握和积累了较丰富的信息，经深入讨论，理清了思路，大家一致认为应就建立“国家航空应急救援体系”一事编写一份向中央领导的建议书。在张聚恩秘书长和吴松副秘书长全力支持下，经过先后 4 次集体讨论，我们形成了征求意见稿（第五稿）。为了广泛听取各方意见，我们将此稿分送给部分院士，还向有关部门领导呈送了征求意见函，得到各方的一致赞同和热情支持，并提出了具体的修改意见。

2009 年 2 月 25 日，中国航空学会在北京航空航天大学主持召开了“航空抗灾救援体系建设高层论坛”，就如何提高我国航空抗灾救援能力和体系建设问题进行了专题研讨。会议由中国航空学会刘高倬理事长和我共同主持，邀请冯培德院士、国务院发展研究中心吕薇部长和天津中国民航大学吴桐水校长等在会上作主旨报告，来自全国各界的 11 位院士和 100 多位专家出席，会议气氛呈现出前所未有的热烈，并对建议书第五稿又做了较大的修改。

会议一致认为，尽快建设“军民融合、平灾结合”的国家航空应急救援体系，是贯彻落实科学发展观，践行以人为本的重大“民生工程”，是应对国际金融风暴、拉动内需、标本兼治，促进经济发展的重大“科技工程”，是构建和谐社会、安国利民的重大“战略举措”，必须以时不我待的精神，抓紧向前推进！

4 月上旬，由顾诵芬、师昌绪、庄逢甘、刘大响、钟群鹏等 27 位两院院士共同署名，向中央领导呈报了“建议书”。主要提出两点建议：

（一）由国务院应急办或国家发改委主持，组织有关部门制定“国家航空应急救援体系建设总体规划”，并设立“航空应急救援装备发展”和“航空应急救援保障条件建设”两个专项，列入当前拉动内需、促进自主创新的国家财政规划。

航空应急救援体系建设是一项复杂的巨系统工程，是国家应急救援大体系中不可或缺的重要组成部分，它涵盖了自然灾害、事故灾难、公共卫生、社会公共安全等四类突发事件的处置与救援，涉及预测、监测、监控、应急处置、恢复重建等全过程的各个环节，必须动员全社会参与，充分发挥军队、地方、专业救援机构、企事业单位等的资源与能力，需要在国家层面统筹规划，以国家意志推动并组织实施，走出一条军民结合、平灾结合、专业力量和社会力量相结合的路子。

在条件成熟时，要尽快建立常设的国家航空抗灾救援管理机构，组建专门的航空抗灾救援队伍。

规划应确立我国航空应急救援体系建设的长远目标、近期目标和当前急需项目。目前，应尽快开展以下两个专项的论证与立项：

“航空应急救援装备发展专项”主要包括：加快直升机、运输类飞机及多用途通航飞机的发展；促进无人机、浮空器和卫星等在应急救援中的应用；解决其动力、机载设备和救援装具的配套与自主保障问题；积极引导地方政府、国有企业和民营资本进入航空应急救援装备制造领域；制定优惠政策，鼓励采购国产航空应急救援装备。

“航空应急救援保障条件建设专项”主要包括：机场网络、通信网络、航空维修、气象服务、后勤支持、飞行员培训等内容。应尽快确定和实施航空救援场点总体布局规划，逐步构建完善的航空应急救援保障体系。

（二）由国家空管委主持，组织军地有关方面着手制定“逐步开放低空空域工作计划”，组织好低空空域开放试点工作。

空域和土地、海洋一样，都是国家重要的自然资源，蕴藏着极大的经济价值和社会价值。低空空域不开放已成为制约我国航空事业特别是通航产业发展的“瓶颈”，也是阻碍航空应急救援能力提升的关键。建议尽快制定“逐步开放低空空域工作计划”，明确工作内容及实施时间表。抓好东北地区和珠三角地区的低空空域开放试点工作，探索我国空域管理改革的路径。逐步建立起适应我国经济社会发展、满足应急救援和通航产业需要的现代化空管系统。

接到这份建议书之后，胡锦涛总书记、温家宝总理等中央领导很快就做了重要批示，指示有关部门就国家航空应急救援体系建设问题进行研究、规划和部署，充分表明中央领导对此事的高度重视和关注。

2010年4月20日总参谋部应急办主任田义祥介绍，经党中央、国务院、中央军委批准国家即将建设5万人的专业应急救援部队，按要求2010年底将全部形成应急救援能力；2010年8月国务院、中央军委联合发布《低空空域管理改革的指导意见》，到2015年，在长春、广州、沈阳、北京、兰州、济南、南京、成都等地试点逐步开放1000米以下低空空域，这意味着低空空域的开放有望正式破冰；其他一些专项工程在“十二五”规划中将会有所安排和考虑。这些都再一次充分表明，以胡锦涛为总书记的党中央，为贯彻落实科学发展观，构建“以人为本”的和谐社会，对关系全国人民切身利益的“民生工程”，是何等的重视和关心！

多难兴邦，中华民族在与各种艰难险阻的不懈斗争中，创造了辉煌灿烂的中华文明。我们相信在党和政府的坚强领导下，我们一定能够建立起具有中国特色的国家航空应急救援体系，为实现中华民族伟大复兴做出积极贡献！

注释：

1. 叶金福，祖籍上海市，1947年2月出生于江西。1970年8月毕业于北京航空学院导弹系弹道导弹总体设计专业。1970年8月—1991年5月在中国南方航空动力机械公司工作，历任车间副主任、生产处处长、公司副总经理。1991年5月调任航空发动机总公司常务副总经理、航空工业总公司综合计划局副局长、资产经营管理局局长。1998年8月—2001年3月任国防科工委系统三司司长。2001年，调任西北工业大学党委书记。

2. 王欣，1956年出生于北京。1982年西安交通大学毕业，2000年北京航空航天大学获管理工程硕士学位。曾任航空工业总公司发动机局小发处长；国防科工委历任处长、副司长；国防科工局任系统四司司长，军事配套与监管司司长。研究员级高工。

3. 石秀诗，1942年7月出生于河南商丘。1964年毕业于北京建筑工业学院硅酸盐工艺系玻璃陶瓷工艺专业。1964—1980年，在建筑材料科学研究院工作，曾任技术员、工程师、研究室副主任。1980—1986年，在国家经济委员会重工业局，任建材处工程师、副处长。1986—1988年，任国务院旅游协调小组办公室副处长、处长。1988—1996年，任国务院办公厅秘书二局副局长、局长。1996—2000年，任国务院副秘书长、机关党组成员。2000年12月以后，任贵州省委副书记、副省长、代省长、省政府党组书记、省委副书记、省长。2006年6月—2009年10月，任第十届全国人大财政经济委员会副主任委员、主任委员。中国共产党十六次代表大会代表，第十六届中央委员，第十一届全国人大常委会委员。

4. 刘高倬，祖籍江西南城县，1943年1月10日出生于江西省南丰县。1961年进入清华大学工程力学数学系流体力学专业学习。1964年加入中国共产党。1967年7月大学毕业后分配至青海西宁国营874分厂工作。1970年调入昆明国营5092厂。1973年9月调入江西景德镇昌河飞机厂，先后担任设计室主任、设计所所长、副总工程师。1984年调任中国直升机设计研究所所长。1990年6月调任航空航天工业部直升机总公司总经理，后任航空航天工业部民机系统工程司司长。1993年6月，任中国航空工业总公司总经理助理。1994年7月，任中国航空工业总公司党组成员、副总经理。1999年7月，任中国航空工业第一集团公司党组书记、总经理。中国共产党第十六次代表大会代表、主席团成员，第十届全国政协委员。现任中国航空工业集团公司科技委主任。

第十一章　中国工程院

当选中国工程院院士

在1994年6月召开第七次中国科学院学部委员（院士）大会的同时，于6月3日举行了中国工程院（注1）成立大会，党和国家领导人江泽民、李鹏、朱镕基等出席大会，江泽民主席为中国工程院亲笔题字“祝贺中国工程院成立”，并在成立大会上发表了重要讲话。大会通过了《中国工程院章程》，选举我国著名科学家朱光亚为首任院长，朱高峰（常务）、师昌绪、潘家铮、卢良恕为副院长，葛能全为秘书长。向96名第一批中国工程院院士颁发了证书。

1995年5月，中国工程院召开第二次大会，选举产生了第二批院士。我在这次大会上当选为中国工程院院士。1995年6月20日，我高兴地收到朱光亚院长的正式通知。

刘大响同志：

我十分荣幸地通知您，您于一九九五年五月当选为中国工程院院士，当选名单已经国务院批准。特此通知顺致祝贺。

朱光亚

一九九五年六月二十日

与深圳市政府的合作

中国工程院交给我的第一项重要任务，就是主持“深圳中国工程院院士活动基地”的工作。

1998年11月7日，深圳市政府与中国工程院正式签订高层次、多方位合作协议并成立了合作委员会。2000年6月15日，深圳市机构编制委员会正式批复成立“深圳中国工程院院士活动基地”（简称院士基地，注2）。经中国工程院推荐，合作委员会决定聘任我担任院士基地主任，西南交大钱清泉院士为常务副主任。作为合作委员会的办事机构，院士基地的主要职能是在合作委员会领导下，具体组织开展各项合作活动。

中国工程院与深圳市人民政府第五届合作委员会议
（前排左起：钱清泉、刘大响、刘应力、徐匡迪、李鸿忠、郇贺铨、牛憨笨、谢维信）

十年来，在合作委员会领导下，院士基地在深圳组织开展重大工程项目建设和产业发展规划评审6次；组织院士专家对深圳的大中型企业开展技术咨询、技术诊断活动10次；举办各类学术交流会议和院士报告会100余场；创办并组织了五届“中国青年科技企业家管理论坛”；参与主办12届深圳高交会（其中两届为协办）；组织院士专家参观企业、考察和座谈35次。

与深圳市常务副市长刘应力交谈工作

出席深圳院士报告会（右为郭荣俊副市长）

据不完全统计，在我担任基地主任期间，院市合作围绕9个方面的工作，共举办各类活动120余次，有550多人次院士和400多位专家应邀有组织、有目的地到深圳参加管理论坛、技术咨询、企业诊断、规划评审、调研考察、学术交流、学术报告、专题座谈、成果评审、科普讲座等活动。举办的各类论坛、学术报告会听众累计2万人次以上。目前，中国工程院已有4位院士落户深圳，7

位院士在深圳申办了企业、建立研发中心或重点实验室，有 20 多位院士受聘担任企业的高级科技顾问或科技成果评审专家。

2003 年 10 月，在深圳南山外国语学校作科普报告与校领导合影

参加第三代移动通信工程科技论坛

实践证明，院市合作方向正确，产生了很好的社会效益，对全国起到了一定的示范和辐射作用。

与深圳北航校友在一起

按照合作委员会的要求，要将双方合作工作引向深入，做深做实，产生更大的经济和社会效益，我们认为必须搞好“产学研”三结合。通过基地的牵线搭桥，将院士、院士团队或所在单位的科研成果与深圳相关企业或创投公司相结合，促进在深圳市实现产业化。

根据这一构想，院士基地曾提出建立“深圳院士成果转化基地”或者“深圳院士创新研究院”的设想和建议，相当于成果孵化器，将可以产生高附加值的产品推向市场，取得商业成功，实现高科技成果的产业化。这样许多院士和院士所在单位的成果就找到了用武之地，而深圳市企业或创投公司也找到了高科技项目，实现互利双赢。科学无国界，技术是有价值的，但技术如果不跟经济相结合，就无法体现其真正的价值。可惜这一设想和建议，因种种原因未能得以实现，至今我仍感到有点儿遗憾。

最近几年沈阳和全国各地兴办了一些院士工作站，我认为这是促进院地合作的一种新的有效的模式。在市政府有关机关的大力支持下，通过院士基地的牵线搭桥和协调工作，深圳市第一个智能电网院士工作站于2010年3月31日在深圳科陆电子股份有限公司挂牌成立了，这是令人十分高兴的。我相信院士工作站会在深圳市开花结果，进一步推动院市合作向着更宽广、更深入的方向发展，为深圳市的第二次腾飞做出贡献。

陪同全国政协副主席、中国工程院院长徐匡迪参观深圳大学

陪同宋健院长考察大亚湾核电站

我考虑到目前的工作、年龄和身体状况，于2010年11月25日召开的第六次合作委员会会议上，我辞去担任了10年之久的深圳院士基地主任职务，得到

中国工程院领导的批准。但合作双方领导仍要我继续担任中国工程院与深圳市人民政府第六届合作委员会委员。

参与京沪高铁项目的论证

1998 年 6 月 2 日，在中国科学院和中国工程院两院院士大会上，国务院总理朱镕基同志谈到他出访德国时，德国总理科尔陪同他乘坐磁悬浮列车，感觉特别好，杯子放在小桌板上非常平稳，这才是真正的高科技。他向在座的 1000 多位院士发问：京沪高速铁路是否可以采用磁悬浮技术？这件事请宋健院长组织院士们进行论证咨询。

中国工程院将这一任务交给机械与运载工程学部，当时姚福生院士是学部主任，我是主管科技咨询的副主任。姚院士找到我，让我来组织完成这项咨询论证工作。我说："我是搞航空发动机的，对高速铁路不熟悉，完全是个外行。"他说："这项咨询论证任务交给你，你可以聘请一些相关院士专家来参加。"在这种情况下，我被"赶鸭子上架"，接受了这一艰巨的咨询任务。我与学部办公室主任李仁涵同志（现任中国工程院办公厅副主任）研究，并同铁道部有关领导商议，提出一份近 30 位专家名单，其中院士 13 名，并邀请请从事轨道交通研究的两院院士、西南交通大学沈志云教授担任论证专家组长。

论证工作开始之初，专家之间的意见分歧较大。归纳起来主要有 3 种不同意见：一是不同意建，认为没有必要，或者应推迟 10 ~ 15 年，只需采用"摆式列车"提高车速就行了；二是要尽快建，应采取"轮轨技术"，且已经搞了十几年的可行性研究和线路勘测工作了；三是同意建，但应采取"磁悬浮"技术，因为这是高速铁路技术的未来发展方向，我国应该占领这一技术高地。

在中国工程院聘请的专家中，不少是原铁道部、铁科院和各大铁路局总师一级的大牌专家，也有相关高校的知名教授，还有铁道部的主管司局级领导干部，中科院何作庥院士、严汝光院士和中咨公司焦桐善副总经理也参加了，可以说是名家荟萃。开始时专家们的发言都很尖锐，“火药味”很浓，使我感到“铁老大”真是不简单。我在会上说：对高速铁路我完全是个外行，主要是来向各位专家学习的。虽然工程院让我来主管这项咨询论证工作，但我不是组长，论证专家组长请沈志云院士来担任，对各位专家的意见和建议，我会全面地、充分地反映上去。

论证过程中开展了广泛调研工作，也开了若干次小会，召开了3次论证组专家全体会议，第一、第二次分别讨论轮轨和磁悬浮方案，第三次是综合讨论。在会议之前，中国工程院组织专家到国外考察，两个团组分别去了德国和日本。

当时我准备到日本去。但在出发的头天晚上和当天早晨，突然鼻孔血流不止。北航老师把我送到北医三院，医生一看说得住院，就把我送进病房住了一周医院，结果赴日考察我未能参加。

第三次综合讨论之后，形成了上报初稿。考虑到专家们的意见中，除了在“必须尽早建设”问题上取得了完全一致的认识之外，在具体方案上仍存在不少分歧。为了全面反映专家们的不同意见，我建议将所形成的初稿，送给每一位院士和专家，请他们提出修改意见。然后将每位专家的意见汇总，汇编成附录三《咨询组专家对咨询报告反馈意见表》，其中增加对专家意见的“处理情况”栏目，以便国务院领导同志能全面地看到院士和专家们的不同意见。

这项咨询研究历时半年多，最终形成了《磁悬浮高速列车与轮轨高速列车的技术比较和分析》报告，这是由咨询专家组起草、姚福生院士阅改后，报中国工程院领导审定的。中国工程院常平秘书长一直参与了这项论证工作，给予了很多的具体指导和帮助。

最后由学部办公室主任李仁涵同志负责起草中国工程院给国务院的咨询报告，将专家组的分析报告、咨询组专家名单和专家反馈意见汇总表作为咨询报告的3个附录。对工程院的咨询报告和专家组的分析报告，我又做了约40处的修改。

与中国工程院原秘书长常平等在一起

中国工程院对京沪高速铁路的咨询建议，主要结论和建议有四条：

1. 建设京沪高速铁路是我国发展高速铁路的首先选择。

2. 轮轨高速技术从国际上看，既是成熟技术，又是正在不断发展的高新技术，在京沪线上采用轮轨技术方案是可行的。但由于其技术难度大，我国尚无实践经验，故应统一规划，充分论证，分段实施，加强管理，确保建设的高质量。

3. 磁悬浮高速列车有可能成为21世纪地面高速运输新系统，具有明显的技术优势。由于目前世界上尚未建成商业运营线，所以至少在10年内，不能在京沪全线采用磁悬浮列车方案进行工程建设。但应加强研究开发，组织精干队伍，加大投资力度突破关键技术，在合适的地段建设一段试验运行线，以取得工程和运行经验，为我国今后发展长距离高速磁悬浮列车商业运行线打下基础。

4. 采用摆式列车，对于客、货运高密度混运的京沪线而言，难以达到提速200千米/小时以上的目标，因而是不可取的。

经过中国工程院领导签发后，这份咨询报告于1999年3月31日正式上报国务院。

建设长度1318千米的京沪高速铁路是举世瞩目的大事，虽然有不同的方案之争，但国务院最终决定上轮轨方案，2012年前将全线通车。说明中国工程院当年组织咨询论证的观点是负责任的，是经得起历史检验的。

近几年来我国高速铁路得到如此快速的发展，这是出乎我意料的。如果我国能在2015—2020年建成全国高速铁路网，使全国绝大多数地方成为5～6小时经济圈，对社会经济发展和人民生活方式的影响将是非常巨大的，这是令世界人民惊喜的一个了不起的奇迹和重大成就。

现在世界上许多国家都效仿中国要建高速铁路，希望引进中国高铁的先进技术。这表明我国能够集中力量办大事，充分显示了社会主义制度的无比优越性。作为曾经参与中国工程院组织的京沪高铁方案论证咨询专家组的成员之一，我对此感到十分欣慰。

记得在全国人大常委会讨论每年的政府工作报告时，我曾不止一次地发言指出，真诚希望国家应该从建设合理的、高效的全国综合交通体系出发，统筹规划、合理布局，使航空、铁路、公路、水运和管道五种交通运输方式，科学、协调地发展。否则，它们之间的重复建设，或者恶性竞争的局面一旦形成，其后果也是十分令人担忧的。

院士工作站

院士工作站是由政府推动，以创新需求为导向、以两院院士及其科研团队为核心、以企事业单位为依托，联合进行科学技术研究的高层次科技创新的合作平台。建立院士工作站的目的，在于促进科技成果产业化，培养创新人才队伍，为增强企事业单位的自主创新能力提供强有力的支撑。

我参与院士工作站的工作，是从沈阳开始做起来的。

在沈阳市政府、特别是市科协的牵线和支持下，2003 年 9 月沈阳黎明公司聘请我们航空系统的几位院士，成立了沈阳市国有大型企业第一个院士工作站，开始有顾诵芬、关桥、乐嘉陵和我 4 人参加，后来又陆续增加了陈懋章、柳百成、艾兴、曹春晓和潘健生 5 位院士。公司科协指定专人进行联络和接待，最初主要是作一些航空科学前沿技术报告。后来黎明公司承担了国家“863 计划”能源领域重大专项——R0110 燃机的研制任务，这是我国第一台拥有自主知识产权的 10 万千瓦级的重型燃气轮机。长期以来，世界重型燃机全部由西门子、GE、三菱和阿尔斯通 4 家公司所垄断。自主研制 R0110 重燃机组的意义重大。一是填补国内空白，打破西方垄断；二是可用于低碳的天然气发电，也可改为烧煤气化合成气等中等比热容值燃料，实现节能减排；三是所掌握的设计和制造技术，可应用于大功率舰船动力；四是促进东北老工业基地产业结构转型，提升我国装备制造业总体水平。

一天，时任中航一集团公司副总经理的林左鸣（注 3）找我谈话，要聘我当 R0110 的总技术顾问。我感到有些为难，因我是搞航空发动机的，虽然与燃机有许多共性技术，但对重燃我是外行。我向林总建议成立一个“R0110 院士专家顾问组”，作为黎明公司院士工作站的一部分。林总同意了，并要我提出具体方案。

经过联系和研究，最终确定聘请翁史烈、倪维斗、姚福生（已故）、蔡睿贤、徐建中、陈懋章、蒋洪德、闻雪友和我共 9 位院士和陈大光、刘孝安（已故）、周晓青、贾克琴、张皖南、海宜德、彭友梅、孙聿峰、陈江等 9 位专家为顾问组成员，由我担任组长。有人戏称我将国内搞燃气轮机的院士“一网打尽”，充分说明院士们对这个项目的高度重视。

几年来，R0110 专家顾问组主要做了 5 个方面的工作。

第一，对 R0110 总体设计方案进行了咨询和评审。

R0110 是国内第一个自主研发的重型燃气轮机组，其技术难度和跨度都很大，研发工作面临严峻的挑战和考验，把好总体方案关十分重要。经过多次咨询和评审，对确保方案的先进性、正确性和完整性起到了明显作用。

第二，全程跟踪、不断发现问题。

院士专家顾问组对R0110燃机的研发进行全过程跟踪，针对存在的问题，及时向集团领导和黎明公司研发团队提出咨询建议。企业对院士、专家的建议十分重视，一条条听取、一条条梳理和落实，对保证项目的顺利实施起到了重要作用。

第三，帮助企业解决项目面临研发经费严重不足和周期太短的困难。

这个项目首台研发经费估计在4～5亿元之间，如果考虑建立示范电站，可能还需要更多的投入。但立项时只有9千万元的引导资金，其他要靠企业自筹，这对企业是一个极大的困难。因为“差钱”，一段时期内项目进展缓慢，可以说举步维艰。许多同志形容黎明公司抱了一个“带刺的金娃娃”，扔之可惜，抱着又难受。但该项目又是中航一集团和黎明公司承担的第一个国家“863计划”重大课题，只许成功、不能失败。

在十届全国人大第三次会议期间，我向时任辽宁省委书记的李克强同志和省长张文岳同志做了简短汇报，会后又与中航一集团林左鸣副总经理一起专程到辽宁省，向省委、省政府作专题汇报，得到了省委李克强书记等领导的大力支持，给R0110项目提供了数亿元软贷款，解决了研发资金严重短缺的燃眉之急，使项目得以继续进行。

再有就是进度问题。原定4年时间内要自主研发成功这个大项目，我们认为是不大可能的。经过慎重研究，2005年底以院士专家顾问组的名义，向国家科技部徐冠华部长、马颂德副部长等领导写信，实事求是地提出调整“十五”研制目标、进度安排并适当增加研发经费的建议，得到科技部领导的充分肯定和大力支持。科技部高新司回函表示，一是同意适当延长研发周期，二是决定在经费上继续给予支持以用于机组调试。这给公司和研发团队以巨大的鼓舞。

第四，促成R0110重燃机组完成厂内空载验收，并为建立示范电站积极创造条件。

在验收问题上出现较大分歧时，专家顾问组经多次开会讨论，向科技部领导和“863计划”能源领域专家组提出分阶段验收的建议，得到他们的理解和同意，促成该项目于2008年12月通过了国家科技部的阶段验收。后来又为建立示范电站，以完成满负荷、长时间运转进行考核，再次向高层领导提出建议，为R0110重燃机组进行工业发电、投放商业市场而积极地创造条件。

第五，积极向国务院各有关部委提出建议，协助黎明公司探讨产品市场和把握未来的发展方向。

R0110绝不是一个单纯的技术研究项目，它要将技术转化为生产力，必须形成产品、占领市场、取得商业成功，以打破国外的技术垄断和封锁，走出有中国特色的重型燃机研发道路。院士专家顾问组向国家发改委有关领导汇报，提出了给予具有自主知识产权的国产重型燃机以一定的市场培植、政策倾斜的建议，并向原国防科工委领导建议：一是将燃气轮机关键技术研究课题列入“十一五”相关计划，为重燃的研制提供技术储备；二是在“十一五”技改规划中，对燃气轮机的开发、研制、试验所必需的设备条件给予支持和安排。遵循科学发展观的要求，顾问组又适时地向国家科技部主管领导提出建议：在继续完成以天燃气为燃料的发电机组基础上，积极开展相关课题研究，将R0110机组改型为烧中低热值燃料，以综合利用高炉煤气、焦炉尾气和煤气化合成气进行发电，既节约能源，又改善环保。后来，R0110重型燃机烧中低热值燃料的改型方案顺利通过了专家评审，被列为国家“十二五”“863计划”能源领域的重大课题之一，得到较多的经费支持，R0110重燃机组的研发工作从此又跨上一个新阶段。

2009年3月29日，遵照省、市科协领导指示，在中国科协和辽宁省科协举办的创建院士工作站经验交流会上，我以《院士工作站是院地合作的一项创举》为题做了发言，谈了几点体会。

成立院士工作站是沈阳市的一个创举，是搞好院地合作的一种好形式，搭建了一个很好的平台，创造了很多经验。我之所以认为这是一个“创举”，主要是它起到了以下几个方面的重要作用：一是聚集高端人才，支持和促进了企业的创新发展；二是院士工作站为发挥院士知识专长，服务于经济社会发展搭建了广阔的平台；三是促进了“产学研”相结合，营造一种良好的组织形式和合作氛围；四是为企业培养高端技术人才创造条件，为振兴东北老工业基地做出贡献。

人才是第一宝贵的资源，有了一流的人才，就会创造出一流的企业。通过院士工作站这一互动形式，企业派出许多年轻的技术骨干与院士交流讨论，这种面对面的交流对人才的提高和培养是很重要的，有些企业通过工作站院士的牵线搭桥，向高校甚至国外输送了研究生，这也为企业培养高端人才开辟的一条好的途经。

对沈阳市院士工作站之所以能取得好成绩，我认为主要原因有：一是沈阳市政府和企业领导的高度重视，这是搞好院士工作站的关键；二是从实际出发，以需求为导向，精心选择合作项目；三是充分发挥沈阳市科协牵线搭桥的作用，这是搞好院士工作站的重要环节。

在我接触到的科协中，辽宁省、沈阳市科协做得很活跃，他们确定了服务科技主战场的意识，为振兴东北老工业基地、振兴沈阳的创新发展，干实事、干大事，有着强烈的责任感、使命感和紧迫感。通过院士工作站这个载体，他们把两方面结合得很好，由于合作项目和切入点选得好，才取得了今天如此突出的成绩。

我曾有幸在沈阳工作8年，2003年又在辽宁省当选为第十届全国人大代表，因工作关系我每年多次到沈阳出差，对沈阳充满了一种特殊的感情。

为了在辽宁省推广沈阳市建立院士工作站的经验，辽宁省和沈阳市科协领导多次找我，希望我能向省委、省政府提出建议。经我同意，省科协以《关于进一步推动院士工作站建设的建议》为标题，向辽宁省委、省政府编报了《科技专家建议》，与我在经验交流会上讲话的内容基本一致，只是更精简了。但在我的建议前面，加了一段较长的《编者按》，其中强调：

经过五年多的持续努力，到目前为止，全省共建立“院士专家工作站”42家，引进院士161位。2009年3月19日，中国科协和辽宁省科协共同在沈阳举办了创建“院士专家工作站”经验交流会，会上沈阳黎明发动机制造有限公司院士专家工作站的外聘院士刘大响代表参会院士做了发言，提出了进一步推动“院士专家工作站”建设的建议。现将刘院士的发言要点和建议上报省委、省政府，供领导参阅。

这个《编者按》比较全面、系统地总结了辽宁省、沈阳市建立院士专家工作站的进展、成果和经验。

后来中国工程院通知，说国务委员刘延东同志在我的建议报告上做了重要批示，并决定成立一个院士工作站咨询小组，让我担任组长，中国工程院白玉良副秘书长和学部工作局阮宝君副局长为副组长。这个咨询小组成员中，有4位院士；有工程院、中科院、中国科协和科技部机关领导；也有来自沈阳市科协、江苏省科协、山东省科协的有关领导。经过多次研讨，咨询小组发出调查问卷，然后赴沈阳、山东、南京、镇江、宁波等地进行调研和座谈，实地考察了一些院士工作站，又搜集一些院士工作站的典型案例和各地的管理办法。在此基础上，形成最终的咨询报告，由中国工程院和中国科学院联合上报国务院和刘延东国务委员。

在2010年7月两院院士大会上，国务委员刘延东同志在报告中充分肯定了院士工作站的作用，特别指出要继续搞好院士工作站的工作，搞好“产学研”相结合。说明中央对促进“产学研”相结合的院士工作站是给予充分肯定的。

参加俄罗斯“中国年”活动

2007年9月10—20日，我有幸赴莫斯科参加俄罗斯“中国年”活动。中俄互办“国家年”活动，是2005年7月胡锦涛主席访俄期间，由两国元首共同确定的。2006年在中国举办“俄罗斯年”和2007年在俄罗斯举办“中国年”活动，以全面推动两国战略协作伙伴关系向前发展。

在俄罗斯举办的“中国年”开幕式，于2007年3月26日在克里姆林宫大礼堂隆重举行。国家主席胡锦涛和俄罗斯总统普京共同出席并致辞。

“中国年”活动期间，中国各部门在俄举办了包括科技、教育、能源、运输、金融、通信、农业和环保等领域的27个专题活动，有200多项。

我由中国工程院派出参加“中俄老中青科学家联谊活动”暨“第二届中俄工程科技研讨会”活动，其宗旨是增进两国人民间的相互了解和传统友谊，加强中俄科技、工程界的交流和友谊，使两国科技合作与交流向全方位、多层次、多领域和高水平方向发展。

中国科协和中国工程院共同组织105名老中青科学家出席了此次活动，代表团由全国政协副主席、中国工程院院长徐匡迪为团长，中国科协副主席袁家军、中国工程院副院长杜祥琬为副团长，中国科协原副主席胡启恒、刘恕，工程院原副院长沈国舫等为顾问，成员包括20世纪五六十年代留苏或与苏联专家一起工作过的我国老一辈科学家、工程专家以及新成长起来的优秀青年科学家和科技工作者等，其中参加此活动的我国两院院士约30名。

中俄友好年与张彦仲院士在莫斯科

2007 年 9 月，赴莫斯科参加俄罗斯“中国年”活动
（左起：关桥、戚发轫、刘大响、袁家军）

2007 年 9 月 11 日下午，“中俄老中青科学家联谊活动”暨“第二届中俄工程科技研讨会”在莫斯科市政府会议厅正式开幕，中俄双方 200 多名学者出席了开幕式。

在活动期间，除参观红场、克里姆林宫之外，还专门到莫斯科航空学院共同举办了“航空航天科技论坛”，双方各有 2 位科学家作精彩报告。令我高兴的是参观了莫航 3 个学生教学用的实物展览室，其中航天展览室内容十分丰富，他们将第一个飞上太空的加加林返回舱、空间站对接后的返回舱等高度机密的实物，都放在莫斯科航空学院用于教学，使学生们能直观地看到其关键技术和奥妙所在。我们这一批人当中有几个资深的航天专家，如戚发轫、杜善义、龙乐豪、袁家军等同志看后都感到惊讶和兴奋。联想到国内一些著名高校的展室，产品都十分陈旧落后，学生只能看到那些早已淘汰的东西，这样怎么能培养出高水平的学生呢？此前我曾两次应邀访问过莫航，但这个展室却一直没让我参观，说明他们是“内外有别”的。青年是国家的未来，为了培养高水平的学生，必须要让他们有机会接触到一些尖端的高科技产品，以此为起点再奋力向上攀登，才有希望达到光辉的顶点。这一点是值得我们认真反思和借鉴的。

这次“中国年”活动，我们团组的下一站是去圣·彼得堡参观访问。我因9月18日要参加一个重要会议，于9月16日提前返回北京，结束了我当年的第三次莫斯科之行。

2010年，俄罗斯议会代表团访问中国工程院（二排右三为刘大响）

注释：

1. 中国工程院：在全国政协七届五次会议和中国科学院第六次学部委员大会期间，不少政协委员、学部委员和工程技术专家，先后提出建立中国工程院的提案和建议。同时，王大珩、师昌绪、张维、张光斗、林华、罗沛霖、侯祥麟等七位德高望重的老科学家，又向中央领导写信，提出尽快成立中国工程院的建议，得到党中央和国务院领导的高度重视，多次做了重要批示。

1993年11月12日，国家科委和中国科学院共同向党中央和国务院提交《关于建立中国工程院有关问题的请示》报告，就成立中国工程院若干重大问题提出建议，并建议成立以国务委员、国家科委主任宋健同志为组长的筹备领导小组。

1994年2月25日国务院发文，批准国家科委和中国科学院《关于建立中国工程院有关问题的请示》报告。并明确指出：中国工程院将实行院士制度，是我国工程技术界的最高荣誉性、咨询性学术机构。中国工程院院士，是国家设立的工程技术方面的最高学术称号，必须从已做出重大成就和贡献的优秀工程技术专家中选举产生。第一批中国工程院的院士，根据统一的标准和条件，经过一定遴选程序，报请国务院批准，由中国工程院聘任。同时决定，中国科学院学部委员改称为中国科学院院士。并批准成立了以宋健同志为组长的中国工程院筹备领导小组，负责组织和协调建院的筹备工作。

参照我国首批学部委员和各国第一批院士产生的做法，中国工程院第一批院士根据确定的标准和条件，按照一定程序，经过提名、协商和遴选，由筹备领导小组提出100人左右的拟聘名单（其中含30名工程背景比较强的中国科学院学部委员），报请国务院批准后，以中国工程院名义聘任。在中国工程院成立大会上颁发院士证书，履行聘任手续。

2. 中国工程院深圳院士活动基地：是中国工程院与地方政府合作第一个建立起来的，是一种好的合作形式，取得较好的成绩，对全国起到了一定的示范和辐射作用，后来各个地方都陆续建立院士活动基地（或中心）。10年来，在合作委员会领导下，深圳院士基地主要开展了8个方面的工作：

第一，开展宏观战略决策咨询。

第二，开展多次企业技术咨询和诊断活动。

第三，围绕科技前沿领域，组织院士开展科技论坛和学术报告。

第四，组织有院士参加的“中国青年科技企业家管理论坛”。

第五，参与主办十一届高新技术交流会。

第六，举办有院士参加的国际和学术会议。

第七，开展科普讲座，培养祖国未来的创新型人才。

第八，举办了两场影响深远的论坛活动。

一是1998年11月13—14日由宋健院长亲自主持举办“深圳市首届高新技术发展院士论坛”；二是2004年4月30日，徐匡迪院长应深圳市人民政府邀请为深圳市政府机关和企事业单位的干部职工做了一场“发挥大城市作用，推进现代化进程”

的精彩报告。

3．林左鸣，1957年5月19日出生于福建漳州。1982年以优异成绩毕业于南京航空学院发动机系。1982—1998年在成都发动机公司工作，历任组织部干事、支部书记、副处长、副总经理、总经理、董事长兼总经理。

1998年11月，调任沈阳黎明航空发动机公司总经理、党委副书记。

2001—2008年，任中航一集团副总经理、总经理、党组书记、“太行”发动机总指挥。

2008年，任合并后的中国航空工业集团公司党组书记、总经理。

林左鸣1997年被评选为中国航空工业总公司优秀领导干部，1999年获“全国有突出贡献的中青年专家”称号，2000年被评为沈阳市中直工委优秀党员、沈阳市特等劳动模范、国防科工委全国国防工业系统劳动模范，2001年当选中国航空工业第一集团公司优秀领导干部、获“全国五一劳动奖章”，2002年被评为辽宁省“最有影响的企业家”，2003年被评为“中国创业企业家”和“中国改革之星”，2004年获得中国企业家协会颁发的“中国首批高级职业经理人”认证资格。他还是南京航空航天大学和西北工业大学的兼职教授。

1998年当选为第九届全国人大代表、成都市第九届委员，2002年当选为第十六届中央候补委员。

第十二章 全国人大常委

第一次参加全国人民代表大会

我国中央企业的全国人大代表是在广泛征求群众意见的基础上，采取中央提名、地方选举的方法产生的。2003 年 1 月，我在辽宁省第十届人民代表大会第一次会议上当选为第十届全国人大代表，在同年3 月 5 日召开的第十届全国人民代表大会第一次会议上，又当选为第十届全国人大常务委员会委员和全国人大常委会外事委员会委员。当选全国人大代表和常委委员，这是一种崇高的荣誉，是党和人民的信任和厚爱，我心情无比激动，感到十分光荣，也感到了一种神圣的、庄重的责任感和使命感。

人民大会堂前留影

“人民选我当代表，我当代表为人民”，这是所有人大代表的共同心声。我当选为全国人大代表和全国人大常委委员，首先想到的就是如何代表人民群众的声音，如何不辱使命，真正起到一个代表和常委的作用，但也感到一种无形的压力，担心自己难以完成人大代表和常委的神圣使命。我暗自下定决心，一要加强使命感，认真履行代表职责；二要努力学习，提高自己的政治和法律水平；三要谦虚谨慎，认真听取群众意见；四要提高责任感，敢于讲真话，积极建言献策。

2003 年 3 月 5 日，我佩戴代表证跨进庄严雄伟的人民大会堂，参加第十届全国人民代表大会第一次全体大会。心情非常激动，因为这是自己有生以来参加的一次最庄严、最重要的会议。

在这次大会期间，我们认真听取和审议了国务院总理朱镕基的《政府工作报告》。代表们对这届政府卓有成效的工作，给予了高度的评价和充分的肯定。

3 月 15 日第十届全国人大第一次会议，投票选举中华人民共和国主席、副主席，全国人大常委委员长、副委员长、秘书长和常务委员，选举中央军事委员会主席。我投下了神圣、庄严的一票。胡锦涛、吴邦国、江泽民都以高票分别当选为国家主席、全国人大常委会委员长、中央军委主席。在按 5% 差额选举常委会组成人员时，我当选为第十届全国人大常委会委员。

3 月 16 日，根据国家主席胡锦涛的提议，全体大会高票选举温家宝同志为国务院总理，肖杨为最高人民法院院长，贾春旺为最高人民检察院院长。胡锦涛、郭伯雄、曹刚川为中央军委副主席。

3 月 17 日，再次举行全体会议，表决人大各专门委员会委员，我当选为全国人大常委会外事委员会委员；并选举决定了国务院副总理、国务委员和各部部长。至此，全国人大常委会和政府换届选举顺利完成，实现了中央人民政府的新老交替和平稳过渡。

一次意外的记者采访

每次全国人大会议期间，都有不少中外记者进行采访。这是我第一次参政议政，没有经验，所以见到记者尽量绕道走，避而远之。

3 月 17 日，投票结束后，我正往外走，突然一帮记者围了上来，塞给我很多名片，我看了一下，其中外国记者居多，也有几位国内媒体记者。十几个麦克风和录音机向我伸过来，照相机、摄像机也同时对准了我。这阵势让我真有点遭到“突然袭击”的感觉。

他们向我提出了两个我事先毫无思想准备的尖锐问题。

第一个问题是：这次选出的领导人中，有相当多人来自上海，你认为这一届领导班子中是不是存在“上海帮”？这个问题不仅具有挑战性，甚至有点挑衅的味道，我真的感到很突然。

当时我想，如果避而不答，或者采取“无可奉告”的外交语言，可能会引起负面影响，因为我刚刚投完了神圣的一票。所以，我先是仔细听他们的提问，然后又冷静下来想了想，清了清嗓子，理直气壮地回答：

“这个观点是不对的。我们这一次中央政府换届，是在新世纪之初进行的，可以说比较顺利地完成了新老交替。这些领导同志都是从全国很多优秀干部中选拔出来的，充分反映了广大人民群众的意愿。这次中央政府换届，的确有些领导同志来自上海，但他们不全是上海出生的。他们当中的很多人过去就在中央工作，后来调到上海去的。这几年上海搞得很出色，这些同志在那里得到了很大的锻炼和提高，现在又回到中央来工作，这是很正常的。还有一部分同志原来在其他省市工作，后来调到上海，这次被选拔到中央政府里，我认为这也是很正常的事。这些同志德才兼备，来自五湖四海，因此，不存在‘上海帮’问题。我认为‘上海帮’这个提法是错误的。”

他们提出的第二个问题是：江泽民为什么还继续担任中央军委主席？他为

什么没有全退下来？我响亮地回答：

“我们中国有一个优良传统，就是领导班子换届时，老同志对新班子要‘扶上马、送一程’。江泽民同志是我们党第三代领导集体的核心，为党和国家做出了巨大贡献，为部队建设做出了巨大贡献，有很高的领导水平和丰富的领导经验。江泽民同志在军队里威望很高，这次继续高票选举他担任中央军委主席，正是反映了我国‘传帮带’的优良传统，也体现了我们中央领导集体的团结，这样做可以更好地保证军队领导层新老交替的平稳过渡。我相信，江泽民同志高票当选，继续担任中央军委主席，这对国家的稳定和发展是非常有利的，对军队的建设也是非常必要的。”

我边回答，边往外走，终于摆脱了这些记者们的“包围”和“堵截”。

开完人大会回来之后，我向中航一集团科技委王昂主任做了汇报，说我当时是怎么回答的。王主任说：“你回答得挺好，回答得很巧妙。”他的话对我是很大的鼓励。实际上当时自己还真有点发怵，因为这是第一次突然遇到记者这么尖锐的提问。后来回想一下，这些记者提的问题也不见得都是“恶意”，对这些问题的回答，也完全是我自己的心里话。

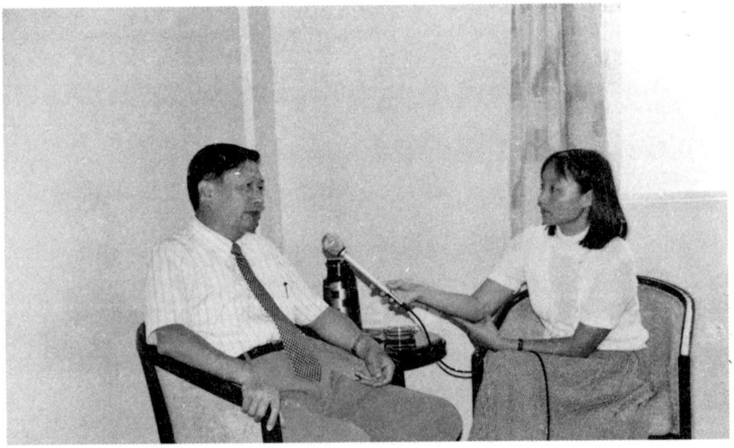

全国人大会议期间，接受中央电视台记者采访

出席人大常委会第一次会议

2003 年 3 月 19 日 9 时，我作为新当选的人大常委出席了在人民大会堂召开的第十届全国人大常委会第一次会议。会议通过了副秘书长和各委员会工作机构成员的任命，通过了香港特别行政区基本法委员会名单，任命了常委会预算工作委员会和法制工作委员会的主任、副主任，最后由吴邦国委员长做重要讲话。

我曾经随同国防科工委张洪飚副主任向邦国委员长汇报过工作，他对航空发动机做过两次重要批示，我对他十分敬重和感谢。他讲话时底气很足，声音洪亮而稳重。他首先祝贺大家当选为第十届全国人大常委委员。他说：“人大制度是我国的根本政治制度。我国施行的是坚持党的领导、人民当家做主和依法治国有机统一的机制，中国的政治发展方向一定要在扩大民主的基础上，保证国家的长治久安。因此，必须坚持和不断完善人民代表大会制度。

邦国同志原是国务院副总理，在第一次常委会讲话中，他说现在我们这些当人大常委的同志首先要转换角色。包括他自己在内，在座的很多常委都曾经是政府官员，可以决定很多事情，现在是全国人大常委委员了，主要工作职责是立法和执法检查，不能再代替政府去表态和决定具体工作问题。因此，各位常委首先要转换角色，摆正自己的位置，只有这样才能做好人大常委的工作。

邦国委员长还特别强调，本届常委会要建立一个比较完善的中华人民共和国的法律体系，这个体系规划宏伟，责任重大，任务繁重。这实际上给我们全体常委发出了号召，提出了重要的历史使命。

我长期在国防科技界工作，有幸参加全国人大常委工作，自然特别关注国家科技的创新发展，觉得应该在科技立法和促进国防建设等方面发挥自己的作用。

由于自己不是学法律的，为了做好人大代表和常委委员工作，更好地参与各项法律的审议和修改工作，我请了几位好朋友给予帮助。第一位是北京大学的刘隆亨教授，他是我的高中同学，1955 年考入北京大学法津系，是全国知名的经济学和税法学专家，有关这些法律的制定和修订，我都向他请教咨询。第二位是应松年同志，他是中央行政学院教授、全国人大代表、人大常委法律委员会委员，常在中央电视台做普法讲座，因为都是辽宁团的代表，所以我常与他坐在一起交流请教，受益匪浅。第三位是许智慧同志，也是辽宁团的代表，她是北京鼎业律师事务所的负责人。我常收到一些人民群众的来信，其中有些是要上书申诉或者要打官司的，我一般都向她咨询请教。有时她很爽快地说："这件事情就交由我来处理吧。"在十届全国人大 5 年期间，这 3 位同志给了我不少的帮助和支持，我多次向他们表达过自己的衷心感谢。

2005 年，全国人大会上与全国劳模申纪兰同志合影

拥护宪法修改

人大跟政协不一样，没有大会发言的安排，代表、委员都只在各省市代表

团会议上或者小组讨论会上发言。

2004 年 3 月，召开的十届全国人大第二次大会对宪法做了比较多的修改。我有幸在辽宁代表团会议上，就王兆国同志关于宪法修改草案的说明做了一次发言。我发言的题目是《拥护宪法修改，促进国家发展》，主要谈了 5 个观点。

第一，将“三个代表”思想写入宪法充分反映了党心、军心、民心。

第二，贯彻正确的修宪指导思想和原则，进一步促进国家的稳定发展。

第三，充分体现了“以人为本”的思想，重视保障人民的根本权益。

第四，将国家尊重和保障人权制度写入宪法是完全必要的。

第五，修宪充分发扬了民主，完全符合法律程序。

履行人大常委的职责

在我任十届全国人大常委的 5 年时间里，曾参加数十次人大常委会和外委会会议。每次会议我都根据会议的议题进行充分准备和讨论发言，提出自己的建议和意见。并针对国计民生的一些重大问题，开展调查研究，除了会上发言外，还先后多次写出专题报告，上书全国人大常委会有关领导反映情况，建言献策。其中最主要有以下几个方面。

1. 建议将福建“海西经济区”提升为国家战略

2005 年 6 月 17 日，我应邀到福建省参加第三届 6.18 项目成果交易会和“海峡西岸经济区建设院士论坛”等系列活动，并在两所学校做了航空科普报告。论坛期间，福建省委、省政府的领导接见了参会的院士，向大家介绍了福建省改革开放以来所取得的成就。省委书记卢展工同志、省长黄小晶同志在说到“海西经济区”时表示遗憾，说这个经济区目前仅仅是省里自己搞的，如果能够提升到国家级，作用就会更大。他们知道我是全国人大常委，希望能得到我的支持和帮助。

在省人大、省科协有关领导陪同下，我又实地考察了一些地方和单位，感到福建省这几年变化特别大，发展势头很好，使我深受鼓舞。特别是福建提出建设海峡西岸经济区，凸显了福建的特色和优势，具有重要的战略意义和现实意义。我认为，它不仅能够加快福建省经济社会发展，而且对促进两岸和平统一会产生积极影响。

回到北京仔细思考后，决定给全国人大常委会领导写一封信，谈谈个人的观点和看法。在福建省人大提供的背景材料基础上，我亲自起草了一份调研考察报告给邦国委员长、兆国副委员长、华仁副委员长兼秘书长3位领导。

在福建与中学生们在一起

其主要内容和观点有：

闽台之间渊源深厚，具有地缘相近、血缘相亲、文缘相承、商缘相连、法缘相循的“五缘”优势，这是其他任何省份都无法替代的。

目前，福建新一轮发展的基本构想、基本思路、基本态势、基本格局已经开始形成，呈现出风正气顺、人和业兴的良好态势。

建设海峡西岸经济区，将进一步凸显福建独特的对台优势，营造一个更具吸引力、更具完备功能的对台工作前沿平台，有利于促进海峡西岸经济社会更好更快的发展，不断增强解决台湾问题的综合实力。可以说，福建人民对促进祖国和平统一有着强烈的责任感，对加快经济社会发展有着强烈的紧迫感，福建有条件、有能力，也理应为促进两岸和平统一和繁荣发展做出更大的贡献。

福建位于长三角和珠三角之间，面对台湾，区域经济具有相对独立性。经过 20 多年的发展，已经形成较为完善的经济体系，经济总量 2004 年已突破 6000 亿元大关，与台湾的差距正在不断缩小。80 年代初期福建经济总量只是台湾的 1/40，90 年代初期是台湾的 1/13，2004 年已是台湾的 1/5。建议把海峡西岸经济区列入国家“十一五”规划的重点发展区域。请中央和国家有关部门继续对福建给予积极的指导和更大的支持。

最后，建议全国人大组织有关常委和人大代表到福建省去，就“海峡西岸经济区”建设问题进行一次专题调研和视察。

7 月 5 日，兆国副委员长对我的考察调研报告做出批示：请华仁同志阅批。对刘大响常委的建议应由办公厅转有关部门在制定“十一五”规划时和制定对台政策、研究对台工作时参考。谢谢刘大响同志。

7 月 6 日华仁副委员长又批示：转请建敏同志批示办理。

这一建议得到了国务院的采纳，决定将福建“海峡西岸经济区”提升为国家级开发区，并列入国家“十一五”经济发展规划中予以大力支持。

在国务院做出决定后不久，我收到了福建省委卢展工书记和黄小晶省长亲笔署名的感谢信。

2. 呼吁提高企业退休人员基本养老金

2006 年 4 月，我收到中航二集团成发集团公司（原 420 厂）老厂长杠云汉同志和 40 多位退休职工的两封来信，反映中央所属国有军工企业退休职工的退休养老金过低问题。我认为这个问题带有一定的普遍性，如解决不当，不利于

“安定团结”，也有损于党和国家的威信。4 月 25 日我以个人名义，给兆国副委员长写了一封信（注 1），并附上两封群众来信。

信送出后的第三天，即 4 月 27 日，兆国副委员长就批示：请华仁、万宾同志阅酌。刘大响是人大常委，他反映的意见以适当方式转国务院。4 月 28 日，华仁副委员长嘱王万宾副秘书长将信转给国务院张平副秘书长，5 月 9 日，国务院曾培炎副总理批示转国资委、劳动人事部和社会保障部研处。5 月 12 日全国人大常委办公厅又将领导批示的首页复印退给我，我看见上面有多位领导同志的重要批示。

后来，我收到全国人大常委办公厅转来的劳动和社会保障部赴 420 厂进行调研座谈的报告，指出“来信反映的 1996 年以前退休的高级工程师和干部基本养老金偏低情况属实”，已向中央提出解决问题的办法的建议。

8 月 16 日，国务院劳动和社会保障部以劳社建字［2006］197 号文，又专门给我来函，对十届人大四次会议第 5374 号建议给予答复。其中指出：中央企业退休人员养老金与机关事业单位同类人员相比，差距较大的问题确实存在，经过多年的累加，这种差距在不断拉大，问题日益突出。而造成这一问题的主要原因是企业与机关事业单位实行不同的养老制度。信中还特别指出，党中央、国务院对此高度重视。经国务院批准，劳、财两部已下发调整企业退休人员基本养老金的通知。此次调整采取“一次安排、三年连调”的方案，即 2005 年、2006 年和 2007 年 3 年连续提高基本养老金，并要求各地继续向具有高级职称的企业退休科技人员和退休较早、基本养老金相对偏低的人员适当倾斜，使企业退休人员基本养老金偏低的问题有所缓解。并着力推动社会保险立法问题，以保证社会主义市场经济平稳运行，社会发展和谐稳定。

中央领导同志和国务院各有关部委对待群众切身利益问题的高度负责精神，在这么短时间内快速研究处理突出问题的工作作风，令我十分感动。这一安排，执行的结果是从“三年连调”发展到从 2005 年到 2010 年“六次连调”，让全国几千万企业退休老职工享受到改革开放的成果。

作为全国人大代表和常委，积极建言献策是我应尽的职责，国务院领导对我反映的这个十分复杂而棘手的问题，不是采取回避或踢皮球的做法，而是如此快速地做出果断决策，充分体现了“立党为公、执政为民”的思想，积极践行党中央“以人为本”的基本方针，使全国这么多企业退休老职工的切身利益得到了较合理的解决，缓解了群众中的突出矛盾，促进了社会和谐发展。对此，我感到十分欣慰和由衷高兴。

3. 建议鼓励发展小排量汽车

记得20世纪80年代初到英国参加斯贝发动机考核试验时，看到满街车水马龙，流光溢彩，好不羡慕。后来到了美国，更感到这个“汽车轮子上的国家”名不虚传，特别是夜间行车于高速公路上，看见一红一白的汽车灯光长龙，一望无际，十分壮观，感到美国太发达了。这是百年的财富积累，是综合国力的象征。我国何时能达到这种水平呢？大家感叹我们的差距太大了，都说不是短时间能赶得上的。

曾几何时，短短的20来年时间，就在祖国的大地上，我看到了当年在美国看到的奇观，心中着实为国家的高速飞跃发展而感到无比的骄傲和自豪。但是，随着时间的推移，我发现我们的汽车档次越来越高，排量越来越大，很多城市纷纷出台政策，限制小排量汽车的行驶。反观我访问欧洲20多个国家，看到他们没有“屁股”的汽车（指两厢车）的比例却越来越多，骑自行车的人也越来越多，我开始反思我们的消费观念和政策是否出了偏差，结合对国家能源安全和环境保护的思考，到2006年我国的石油消耗对进口的依存度已超过了50%，国家能源发展存在的风险，使我进一步认识到这个问题的严重性。

中航二集团哈尔滨飞机工业公司和景德镇昌河飞机工业公司生产的大部分乘用车是小排量汽车，他们感到了政策的打压，销售形势严峻，希望我能在全国人大会上提出看法和建议，呼吁国家出台鼓励发展小排量汽车的相关政策。在这些背景下，我在全国人大会议上提出了《实行购置税、消费税差别税率，鼓励发展自主开发的节约型“百姓车”》的建议。主要观点是：随着汽车进入家庭，安全、环保、节能、经济、实用的小排量节能型汽车逐渐受到消费者欢迎。

与朱育理总经理在人民大会堂合影

这类被称为“百姓车”的小排量汽车，既符合人民群众的根本利益和实际生活需要，又符合国际汽车发展的趋势，更有利于我国建设节能型、环保型社会的需要，所以希望国家能够对小排量汽车给予政策支持。

在政策支持方面，我提出四点建议：一是在确保税收总额不变的前提下，实行按排量征收差别化的购置税和消费税，降低小排量汽车税，提高大排量汽车税率；二是废止各地方政府限制小排量汽车上路的政策；三是出台鼓励小排量汽车发展的相关法律和细则；四是在政策、资金、项目等方面加大对自主品牌小排量汽车支持的力度，使民族品牌的小排量汽车成为汽车市场的主要力量。当然，发展小排量汽车绝不能放松对降低排放的要求，应向欧Ⅲ、欧Ⅳ的标准推进。

后来我了解到，在欧洲销售的汽车中，小排量汽车占比70%左右，而印度2003年生产的汽车中小排量车占比高达75%。

我的这个建议得到一些代表的附议和署名，后来也得到了国务院有关部委的采纳。国家财政部、国家税务总局于2008年8月联合发出通知，决定从2008年9月1日起调整汽车消费税政策，降低小排量乘用车的消费税税率，排气量在

1.0 升（含 1.0 升）以下的乘用车，税率由原来的 3% 下调至 1%。终于迎来了小排量自主品牌汽车蓬勃发展的春天。

2007 年，两会期间与中央电视台节目主持人王小丫在一起

4. 建言高度重视跨国公司战略并购我国龙头企业问题

2006 年 6 月 28 日，在全国人大常委会第 22 次会议分组讨论中华人民共和国反垄断法（草案）时，我做了一个较长时间的发言。主要内容有：

（1）随着加入 WTO，我国已经成为世界上最具投资吸引力的国家。2002 年，我国引进外资突破 500 亿美元，首次超过美国，成为世界上最大的国际资本输入国。2003 年，吸引外资达到 1150 亿美元。2004 年，利用外资达到 1543 亿美元，同比增加 33.38%。商务部统计，2005 年上半年，中国利用外资达到 724 亿美元，比 2004 年同期增加 19.4%。截至 2005 年年底，我国累计利用外资达到 6224 亿美元。这个成绩是非常巨大的，是必须充分肯定的。

（2）反垄断法是为了保护市场竞争，维护市场竞争秩序，充分发挥市场资源配置作用的一个很重要的法律。反垄断法的核心是要防止国内外企业的垄断行为，维护经营者和消费者权益，促进企业的自主创新和技术进步，保证国民经济健康可持续发展。但是，我感到整个草案中有一个大缺陷，就是主要针对国内企业的垄断行为，没有或较少地针对国外企业对中国的垄断，这是初稿中的不足之处。

（3）国外的跨国企业最初只是谋求如何进入中国市场、提高市场占有率。但很快他们就改变了主意，开始实施通过有计划、有步骤地并购，以谋求对中国某些行业市场垄断的战略。其主要步骤是通过对重要行业的龙头企业、骨干企业进行商业并购，有计划地整合市场和资源，最终目标是将我国的企业定位于全球制造产业链和供应链的低端，从根本上消灭中国境内潜在的竞争对手，并进一步垄断中国市场。比如上海水泵厂和德国 KSB 公司合资，全球最大的工程机械厂商卡特彼勒公司低价控股山东工程机械厂，然后又转向并购厦门工程机械集团和柳州工程机械集团。在此前美国凯雷投资集团以 3.75 亿美元收购徐工 85% 的股份。这个战略并购计划一旦实现，他们就会在我国工程机械领域占据绝对的垄断地位。据说，哈尔滨轴承厂和洛阳轴承厂也要被国外公司收购。如果收购成功的话，实际上我国的军工轴承产品等一些关键零部件就控制在外国人手中，我们搞航空发动机的人，对此感到非常的忧心。如果这个问题处理不好，实际上已经威胁到了我国的经济安全和国防安全。这一点是非常可怕的，这个问题希望能引起中央和国务院的高度重视。

（4）据《中国工业报》总编辑杨青同志组织的调研，发现从 90 年代末，国务院机构改革撤销机械工业部后，行业系统管理的职能不断被弱化，一些地方政府在指导它所管辖的骨干企业进行改革的时候，多半是从地方利益考虑，往往采取招商引资、转让产权的方式来解决自己的困难，这对当地某一单个企业来说，或许是可行的，但是对全国来说，如果将该行业的主要骨干企业都一个一个地被控股了，最终的结果将是使得一些对国家经济和国防安全具有战略意义的龙头企业的高附加值部分和关键技术都转移给了外国企业控制，使行业出现了“外大内空”的景象，国外企业就有可能最终形成对我国工程机械行业的垄断。

（5）美国、德国、英国都有一系列法律，对重工行业和企业的跨国收购一直有严格的审查管理制度，包括实行行政的和法律的干预，如中石油收购美国尤科斯公司就被美国国会和总统否决了。又如中国海洋石油公司收购美国的石油公司，本来都谈成了，但是美国政府予以否决，因为美国的议会坚决反对。而且他们严格规定出售的股权最多不能超过33%。而我国却可以超过50%以上，有些达到了78%乃至独资。《中国工业报》在调研时还发现，我国的石化机械、电力机械等，基本上都与国外合资，而且国外占了大股份，地面燃气轮机30万千瓦时以上的技术，基本都由国外企业全部垄断。我们所谓的“国产化”，多半是干一些外围技术，而不是核心技术。在这种情况下，如果形成了垄断，对我国是灾难性的，他们不仅控制你的产品销售市场，还控制了你的零部件和售后维修服务市场。所以，如果我们只考虑到不让国内企业垄断，但是不限制外国企业垄断的话，很快就会形成外国企业对我国的垄断，这比我们国内企业的垄断更为可怕。这是一个非常大的原则问题。所以，我认为必须在反垄断法中对这部分内容加以修改、补充和完善。

为了加大政府反垄断的力度，我慎重建议，全国人大常委会要从国民经济和国家安全的战略高度出发，通过立法为政府反垄断行为提供法律依据和支持。并强烈建议国务院成立外资并购的审查领导小组或者委员会，对各个地方政府批准的外资并购案，进行严格的审查和把关。

那天，全国人大盛华仁副委员长兼秘书长参加了我们小组的讨论。华仁同志认为我发言中所提及的问题非常重要，要我写一个专题报告。遵照华仁副委员长的指示，在中国工业报社和总编辑杨青同志帮助下，我写了一份《对跨国公司加速并购我国制造业骨干企业的思考与政策建议》的报告，华仁副委员长做了重要批示。我知道当时还有不少人大常委也提出了与我相类似的意见和建议。

令我非常高兴的是，全国人大常委会最终通过的《中华人民共和国反垄断法》中，加入了外资并购审查的相关条文。当年8月8日国务院商务部等六部委又联合发布了《关于外国投资者并购国内企业的规定》，并成立了相应的审查管理机构，这使我感到非常的欣慰。

2008年2月28日，与全国人大常委、香港曾宪梓先生合影

5.《陆地国界法》立法调研

《陆地国界法》立法工作是全国人大九届、十届都很重视的一部法律。我国陆地边界长达22000多千米，与14个国家接壤，是世界上陆地边界最长、邻国最多的国家之一。我国与周边国家的边界情况十分复杂，许多地区犬牙交错，边界不清。需要通过人大立法充分体现国家边防思想、政策和意志，推进边防工作尽快走上法制化、规范化、制度化轨道，以有效维护国家主权、领土完整和睦邻友好的发展。

在与周边国家签订边界条约过程中，全国人大外委会要负责进行审查，并向常委会提出审查结果报告。这个审查是比较严格的。我记得在对2004年10月14日签署的《中俄关于两国边界东段的补充协定》进行审查时，大家认为有些原始数据不太齐备，外交部先是来了一位司长介绍情况没有通过，后又将几任驻俄罗斯的大使都找来了，经过3次审查才予以通过。

此后外委会就《陆地国界法》组织了立法调研。分为几个小组，我参加云南边界调研组，由全国人大外事委副主任吕聪敏（注2）带队，加上王良旺将军（注3）和我3人组成一个小组，还有四五位工作人员。我们调研组到云南调研了10天。跑了大部分的边界口岸，一直到了中缅、中老边界，第一次深入边境考察，体验到广大边防官兵们的艰辛和对祖国的忠诚，感觉到边界划分和管理的复杂性。云南省的边境比较特殊，有些边界是你中有我、我中有你。有一段边界线正好通过一些家庭的房子中间，所以边界不可能划得非常清楚。又譬如云南德宏境内中缅边境线长达503.8千米，同一民族跨境而居，具有浓厚的历史性、民族性、群众性。民族、宗教、信仰、习俗相互交织，部分乡镇、村寨与缅甸山水相连，唇齿相依，形成一寨两国、一坝三城等特有风情。

老挝磨丁口岸与老挝边防人员在一起

后来大家的意见认为这一段还是按照既定的传统方法来处理，我也觉得这样比较好。当时我们先到贵州开了座谈会，后到云南省开了座谈会，再到边境口岸看了看，在边界口岸都照了相，而且我们也到老挝的那边去了，同老挝的边防军官和士兵做了交流，总体上认为当地的边界状况还是比较好的。

这次到云南边界调研非常辛苦，最多的时候一天要坐三四次飞机，乘汽车跑的也都是羊肠小道。我因年纪最大，大家对我都格外的关心和照顾。结果我们3位老同志都挺过去了，个别年轻的同志却生了病。

全国人大中老边界视察，29号界碑

调研中我们跟当地少数民族的老百姓做了亲切的交谈，了解他们的想法和建议。长期以来，云南边界两边百姓相互赶街互市、串亲访友、放牧引水，往来频繁，那边随便过来了，这边也可随便过去，这种兄弟情谊是令人高兴的。调研回京后，我们向外委会提交了一份调研报告。估计《陆地国界法》还有很多工作要做，可能在第十一届全国人大常委会才会正式通过。

四度呼吁造中国自己的大飞机

关于发展我国大型飞机的问题，30年来进行了反复的酝酿、讨论和探索，运10的自主研制、MD－82/90的国际合作生产都曾取得可喜的成果。运10还多次飞到首都北京和西藏拉萨，但由于种种原因，均未获得成功。干线客机始终没走出一条适合中国国情的发展道路，没有形成自己的大型飞机产业。

对于大型飞机的研制，行业内外的专家学者、领导和群众都十分关心，纷纷献计献策，提出各自的看法和建议。虽然，大家对大型飞机的具体方案和分工定点意见不尽相同，但在大的原则和方向上却是完全一致的，即大家都认为：大型飞机是涉及国家安全、国民经济发展和具有重大国际影响的一项标志性工程，要尽快决策并抓紧组织实施。

向中央呼吁大飞机的院士们合影（前排右二师昌绪、右三王大珩、右四顾诵芬，后排中为刘大响）

1970年以来，我国搞大型飞机经历了三起三落，30年的努力，两代人的心血，虽然没有成功，但中国人的“大飞机梦”并没有破灭，现在应该是最佳的时机。在全国人大会上接受新华社记者采访时，我曾谈到搞大飞机必须具备的3个基本条件。

第一，必须是国家意志。因为大飞机不是一个企业的行为。如果国家不重视、国家不想搞大飞机，再多的企业想搞也是不行的。

第二，必须具备研制大飞机的基本条件。包括人才，制造、试验设施，基础能力等，我国几个大型飞机企业，一直在给波音和空客制造多型大飞机的不同部件。我认为，我国已基本具备了一定的研制、生产大飞机的条件和能力。

第三，必须有强大的经济实力。我国通过改革开放30年的努力，国民经济有了很大的发展，2006年国家经济总产值已达到26.3万亿元人民币。应该说我国搞大飞机已经有了较强的经济实力来支持。

这次提出搞大型飞机，是从2000年开始的，当时由王大珩、师昌绪、顾诵芬等几位院士牵头，我也参与其中，多次给中央上书，这在我国算是第四次强烈呼吁国家要搞大飞机了。2003年北京“非典”肆虐期间，温家宝总理视察北京航空航天大学时，首次公开表态我国要搞自己的大飞机。

与师昌绪（左）、顾诵芬（中）院士在一起

此后，许多单位积极组织专家开展论证工作，形成了不同方案的版本。由于意见不一致，使中央主管领导一时难以下决心。

从2004年3月到2007年3月期间，我在第十届全国人大会议上就大飞机工程问题，共提交了3个建议和1个议案。有几十位人大代表或常委委员参与了共同署名。

我的一个总的观点是：大型飞机是国家安全、国民经济发展和具有重大国际影响的一项标志性重大工程，研制大型飞机对国家的影响力、凝聚力和对国际的影响力不亚于“两弹一星”，要尽快决策并抓紧组织实施。

2004年3月，我在人大提出的第一份报告是《关于尽快开展大型飞机研制的建议》，主要包括必要性和紧迫性、总体目标和发展思路、具体建议等三方面的内容。

2005 年 3 月，在十届全国人大第三次全体大会上，针对大飞机项目久议不决和一些争论不休的热点问题，我再次提出《大飞机要尽早立项，尽快开展研制工作》的第二次建议。

2005 年 5—6 月，在上级有关部委召开的几次座谈会上，我在发言时强烈呼吁：当前是我国开展大型飞机研制的最佳时机，“机不可失、时不再来”，“万事俱备、只欠东风”。发扬民主、集思广益是必要的，但不能长期争论下去。只说不干，即使再争 20 年，也不会有自己的大飞机。现在最关键的是要尽快做出决策，尽快开展研制工作，不要错失良机。否则，如果久拖不决，失去这次前所未有的最佳机遇，到 2021 年，即建党 100 周年时，我国可能将仍然没有自己的大飞机，还是要花大量真金白银从外国去购买，那就会铸成最大的决策失误，我们将无颜面对子孙后代！

为了确保大型飞机工程顺利实施和可持续发展，我国大型飞机产业的发展应纳入法制管理的轨道。为此，在 2006 年 3 月十届全国人大第四次全体大会上，我就大型飞机工程的立法问题提出了议案，并在中航二集团政策研究室的大力支持下，草拟了共计 20 条《大型飞机产业发展条例（草案)》。待条件成熟的时候，再制定国家的“航空工业振兴法”。

此外，我还就大型飞机的“心脏”——先进大涵道比涡扇发动机研制问题，写了一份专门的建议书，提出大飞机发动机开始可能要买一点，因为用成熟发动机来飞新飞机是国际上的通常做法。但一定要同步积极开展自行研制工作，最终要立足于国内自主保障，给我国自己的大飞机一颗强劲的“中国心”，以摆脱发动机长期受制于人的被动局面。

以上这 3 项建议和 1 项议案，得到全国人大和国务院领导的高度重视。对每一份建议，原国防科工委和有关部委都给予了肯定的答复，做了很高的评价，国家发改委还就《发展条例》的议案，邀请我参加一次专题座谈会。

非常可喜的是，在 2006 年 3 月召开的十届全国人大第四次大会上，通过了

《国家中长期科学和技术发展规划纲要（2006—2020年）》，将大型飞机正式列入我国“十一五”发展规划纲要中16个重大专项工程之一。这是党中央、国务院在新世纪做出的一项重大战略决策，并将它定位于“建设创新型国家的标志性工程”，意义十分重大，我们大家都感到十分高兴和欢欣鼓舞。

2006年7月，国务院成立了以国务院领导为组长，由各有关部委负责人参加的大型飞机重大专项领导小组。为了做好方案论证工作，国务院批准成立国家大型飞机方案论证委员会，由18名委员组成，我有幸是其中的一员，从2006年7月17日开始论证工作。论证委员会由国务院办公厅领导，任命顾诵芬、李未、张彦仲三位院士担任主任，不分正副，轮流担任会议主席。论证委员会办公室设在北京航空航天大学，由国家科技部负责具体组织工作。

与中国工程院副院长邬贺铨（中）、阮宝君在一起

论证委员会成员来自十几个不同单位，从事不同的专业工作。大家都站在国家利益的高度上，主要围绕大飞机工程怎么搞？搞军还是搞民？搞大还是搞小？总装定点放在什么地方？发动机要不要自己搞？大概需要多少经费投入和研制时间？需要哪些条件和配套政策等，从不同的角度让各位委员充分发表自己的意见。虽然开始时意见有些分歧，但讨论时非常认真，气氛热烈，大家都各抒己见，畅所欲言。在多项调研工作的基础上，方案论证委员会经过近6个月

的论证讨论，期间向国务院领导做了多次汇报，温家宝总理、曾培炎副总理两次接见方案论证委员会全体成员，做了重要讲话和指示，明确了许多焦点问题，给大家以巨大的鼓舞。最后形成了观点比较一致的论证报告，得到国务院领导的充分肯定和采纳。

2007 年 2 月 26 日，国务院第 170 次常务会议批准大型飞机研制重大专项正式立项，2008 年 5 月 11 日，作为大型客机项目实施责任主体的中国商飞公司在上海成立，全面开始 C919 飞机的研制工作，全国人民期盼已久的这件大事，终于揭开了神秘的面纱，有了很好的结果。

相信在党中央、国务院、中央军委的坚强领导下，在全国人民的大力支持下，我国的大型飞机一定会在不远的将来，翱翔在祖国的蓝天，实现中国人民的又一强国之梦！

建议充分发挥三线军工企业作用

对于三线建设，一直以来存在着不同意见。一种认为建三线是错误的，由于建设地点太过偏僻，为后来企业的经营发展造成了严重的浪费和不便，研究院所远离大城市，交通不便，信息不通，科研无异于闭门造车；另外一种意见认为建三线是对的。

我在三线地区工作了 30 年，我的观点是对三线建设要一分为二，总的认为当时搞建三线是对的，利大于弊。主要理由有三点：一是当时国际形势很紧张，中苏之间发生珍宝岛事件，两国关系到了快要破裂的边缘，台湾继续叫嚣“反攻大陆”，中印边界形势也较紧张，我国四面受到夹击。在那种“备战、备荒、为人民”的形势下，毛主席高瞻远瞩、在内陆纵深地区建设大后方是十分必要的。二是三线建设已成为我国中西部地区工业化的重要助推器，为我国中西部留下了一大批的物质财产。三是毛主席搞三线建设的战略眼光和发展思路，给我国现今实施西部大开发战略以重要启示。事实上是三线建设所形成的一批大型国有企业、研究院所、基础设施，所崛起的一座座新兴城市，为现今的西部大开发奠定了坚实的物质基础。如果没有当年的三线建设，绝对不会有今天中西部的繁荣，与东部和沿海发达地区的差距还会很大。

2008 年 1 月 14 日，与科技委贾小平同志在人民大会堂合影

当然，三线建设、尤其是军工企业还存在着许多实际困难和问题亟待解决。为此，2004 年 3 月十届全国人大二次大会上，我提交了一份《关于充分发挥三线军工企业作用》的建议。针对这份建议中所提出的主要问题，国防科工委于 6 月 14 日以委办复字［2004］16 号文，给了我一个较为圆满的答复。主要措施有：一是要继续帮助三线军工企业实现改革脱困目标，落实 2002 年和 2003 年《国务院关于印发军工企业改革脱困方案的通知》两个国发文件所规定的各项要求，加快军工企业改革脱困的步伐；二是按照党中央、国务院的统一部署，将三线军工企业的改革发展纳入地方发展改革的总体规划；三是帮助三线军工企业剥离社会职能，以解决三线军工企业的沉重负担。

四次外事出访

在全国人大外事委员会工作期间，我四次出国进行外事访问，共去过 8 个国家。这四次访问都属于议会之间的互访，总的目标是“增进友谊、加深了解、扩大共识、促进合作”。同时在两国议员和各界人士之间通过广泛的接触，介绍当前我国经济形势和社会发展的状况、民主法制建设等，还就一些重大国际问题交换意见。当时海峡两岸的关系比较紧张，特别是陈水扁要搞公投、闹台独，所以通过这些议会外交，反复就台湾、香港、西藏、新疆等有关问题表明我方立场，希望对方议会的领导和议员们能够充分地了解和理解，不致于有错误的认识，也不要发出错误的信号。

我们出访期间，一般主要与议会对口的委员会进行工作会谈，与他们的议长或副议长会见，也可能会见他们的政府总理或外交部长。人大外交是议会外交，要服务于国家的整体外交政策，主要与议会交流，以促进友谊为主。

2008 年 1 月 14 日，与全国人大常委外委会办公室安小茹副主任合影

1．访问澳大利亚、斐济

2004 年 5 月底至 6 月中旬，访问的国家是大洋洲的澳大利亚和斐济两国。团长是人大外委会副主任王英凡（注 4），团员有李元正中将（注 5）和我，工作人员有外委会办公室主任张健生和洪迎春、程志强、魏丽君、韩磊（翻译）等 5 人，在澳大利亚和斐济共访问 12 天。

自参加工作以来，我虽曾出访过 30 多个国家，大约有 40 多次，主要是本专业内的技术考察和合作事宜。以全国人大常委和外事委员的身份出访这是第一次，本人没有外交经验，又深感“外事无小事”，开始时不免有点儿紧张。但我们这个团组人数虽少，阵营很强，团长和几位工作人员将全程的一切都安排得井井有条，我只要“跟着走”就行了，慢慢地也就适应下来了。当然，按照分工，我在科技、教育和文化等方面还是做了一些准备工作，以备不时之需。

澳大利亚和中国的关系是比较友好的，对我们这次访问和参观十分重视。代表团按原定安排，比较顺利地完成了各项访问日程，整个访问取得了圆满成功。

当时我国驻澳大利亚大使是傅莹同志，她是蒙古族人，北京外国语学院英语系毕业，英国肯特大学国际关系硕士研究生，年轻漂亮，曾担任过小平同志的英文翻译。后调任驻英国大使，现任外交部副部长。在那次会谈中，我感觉到澳大利亚议长和议员们对这位大使反映很好。她到澳大利亚后，曾一个一个访问议员，把我国的方针、政策进行宣贯，在她任大使的期间内，与澳大利亚保持了友好的关系。

在澳大利亚访问期间，傅莹大使特地邀请我们 3 人与使馆全体工作人员座谈，我们答应了，座谈会开得非常成功。首先是王英凡团长讲外交工作的形势和任务，讲如何做一个好的外交官，他讲的非常生动而深刻，连我这个外行听起来都入了迷，他对外事工作的努力和理解，令人赞佩不已。第二个是李元正将军讲我们国防方面的情况，当然都不是保密的事，他讲得也很生动有趣，大家听得都津津有味。轮到我讲时，感到有点为难，因为如果只讲航空专业工作会很枯燥乏味，我就只好讲了自己在624所崇山峻岭中奋斗30年的亲身经历，讲了在那种“山青水秀屋顶漏、鸟语花香厕所臭”和“献了青春献终身、献了终身献子孙、子孙没人要”的艰苦环境下，全所同志是如何战天斗地、无私奉献的一些既艰苦又有趣的逸事。没想到第二天傅大使跟我讲，说刘院士你昨晚的那个讲话大家反映很好。因为当时使馆有些同志工作不太安心，想早点儿回国。他们听我讲了山沟里的故事后受到感动。有些同志居然向她表示要安心工作，克服一切困难，坚决干好驻外工作，这是完全出乎我的意料的。

傅莹大使还向我们提出，澳大利亚铁矿石比较丰富，她希望国家能够买某些铁矿企业的股权，参股入股，大家认为这个意见很好。在我们回国以后，她又给我来了几封信，涉及到一些科技合作方面的问题。如当地有一位华人，打算建造一艘深海探测船，我认为这个项目的技术是非常先进的。我接待了这位女士，进行了较深入的交谈。但因专业不对口，我就通过国防科工委把她介绍给了中国船舶工业总公司的负责人，由他们接着商谈，最后结果我就不得而知了。

斐济是我们这次访问的第二站。斐济位于西南太平洋中心，是南太平洋地区的交通枢纽。该国的群岛共包括了322个岛屿，面积1.8万多千米^2，其中106个岛屿上有人居住。

斐济议会实行两院制，设众议院和参议院，任期均为5年。众议院是斐济最高立法机构。我们这次会见了两院的有关领导人，还旁听了议会的辩论，与不少议员共进当地风味的午餐。

斐济人热情好客，并保留古老的传统习俗，他们身材高大，体格健美，深褐色的皮肤，头发卷曲而厚密。我们不时听到美妙的歌声，飘扬着斐济人悠闲乐观的情调。

2. 访问波兰、乌克兰

2005年6月，是我的第二次外事出访，访问的国家是波兰和乌克兰。由人大外委会主任姜恩柱（注6）亲自担任团长，团员有王良旺中将，李国华（注

7）副部长和我3人，工作人员有外委会办公室副主任安小茹、贺永红、欧阳文平和吴连文同志。在年轻漂亮的安小茹副主任等认真周全的安排下，大家团结一致，虽然行程紧凑，心情都十分舒畅。

波兰是一个美丽富饶的国家，工业发达，2009年的人均GDP达到11288美元。波兰国民大会由众议院和参议院组成，是国家最高立法机构，任期4年。众议员460名，参议员100名，均通过直接选举产生。

这次出访波兰，我们会见了莫舍维奇议长，罗特菲尔德外交部长，分别会见众议院外委会主席库克拉，参议院外委会主席雅斯凯尔尼亚，还分别会见公民纲领党和法律与公正党议员团负责人，访问取得了圆满成功。

需要特别提到的是，7月9日我们前往南部小波兰省去参观了奥斯威辛博物馆，这是第二次世界大战期间纳粹德国在欧洲修建的最大规模的集中营。纳粹德国侵占波兰之后，对波兰和欧洲的民众无情屠杀，死了很多人。当年苏联红军解放集中营时，这里堆放着7000千克头发，近1.4万条人发毛毯，35万件女装，4万双男鞋和5000双女鞋。参观中我们的心情都十分沉痛，法西斯所修建的毒气室和惨无人道的各种刑具，至今令人毛骨悚然……我们对死难者表示沉痛的哀悼。在博物馆的留言簿上，姜恩柱团长写下了：法西斯罪行惨无人性，令人发指。历史教训应当永远吸取，永不允许历史的悲剧重演。我们几位团员都郑重地签上了自己的名字。

乌克兰位于欧洲东部，是欧洲除俄罗斯外面积最大的国家。原是苏联的加盟共和国，1991年苏联解体后，乌克兰宣布独立。乌克兰地理位置十分重要，是欧洲联盟与独联体特别是与俄罗斯地缘政治的交叉点。乌克兰人属于东斯拉夫族，人口约为4800万，与俄罗斯人、白俄罗斯人血缘密切。

乌克兰的议会是最高苏维埃，由450名议员组成，一院制，任期4年。设议长一人、第一副议长一人、副议长一人；下设法律政策、司法、国家建设和地方政策等27个委员会。

乌克兰实行多党制，有人说其政党多如牛毛，几个志同道合者都可以成立一个政党。据有关报道，截至2006年8月，共有130个政党在乌司法部注册登记。

乌克兰历史上是基辅罗斯的核心地域，也是近代俄国资本主义发展最早的地区之一。由于地广人稀，资源丰富，森林覆盖率高，是一个非常美丽富饶的国家。

中乌自 1992 年 1 月 4 日建交以来，两国在各个领域的友好互利合作关系发展迅速，两国人民的传统友谊不断加深。乌重视对华关系，支持中国在许多问题上的原则立场，各派政治力量均积极主张加强同中国的友好合作。中国尊重乌的独立、主权和领土完整，是最早承认乌独立的国家之一，并在五个核大国中率先向乌提供了安全保证。

这次对乌访问中，代表团会见了议会第一副议长马丁纽克和“我们的乌克兰”党团负责人，与乌议会外事委员会进行了工作会晤。还特意安排了与乌议会的乌中友好议员团主席波诺连科先生会面。

因为我是全国人大中乌友好小组的副主席，姜恩柱团长要我负责这次的主谈。我主要从如何加强双方合作、促进友谊的角度发表了一些看法。考虑到乌克兰拥有先进的大型飞机、发动机设计局和制造厂，我国十届人大三次会议又将大型飞机工程列入“十二五”规划 16 个重大专项之一，所以，我又就议会如何在促进双方民用飞机和发动机合作问题上，谈了几个观点和建议，引起了他们很大的兴趣和热烈响应。

同年 10 月 22—30 日乌克兰议会外委会第一副主席奥·格拉乔夫率外委会代表团来华访问时，我参与了姜恩柱主任委员主持的会面和谈判，10 月 25 日中午，我代表全国人大外委会在前门全聚德宴请他们吃烤鸭。他们中的许多议员是第一次访华。我说：“北京有句名言，‘不到长城非好汉、不吃烤鸭真遗憾’，10 月 23 日你们登上了长城，个个都是英雄好汉，今天我代表姜恩柱主任和人大外委会，宴请各位品尝地道的北京烤鸭，你们这次访华也就不会再留下遗憾了。”整个午宴在十分温馨而友好的气氛中进行。

后来北航的陈光教授给了我一个资料，是美国周刊写的，说中国可能要和乌克兰合作搞大型飞机和发动机，因为人大常委刘大响院士担任人大中乌友好小组中方的副主席。看来外界对全国人大外委会的议会交流活动还是十分关注的。

3. 访问埃及、埃塞俄比亚

2006年2月10—21日是第三次出访，访问非洲的埃及和埃塞俄比亚。这次团长是人大外委会副主任吉佩定（注8），团员只有我一人，工作人员有安小茹、刘锐、杨毅和张蕾（翻译）。

中国和埃及两国有着传统的友谊，2000多年前就有了友好的交往。1956年5月30日，埃及与中国建交，成为第一个承认新中国的阿拉伯、非洲国家。建交以来，中埃两国友好合作关系不断发展。1999年，两国建立面向21世纪的战略合作关系，双边关系的发展进入了一个新阶段。近几年来，胡锦涛主席、温家宝总理、穆巴拉总统频繁互访，双方在政治、经济、科技和文化等领域的合作日益密切。

我们代表团在埃及会见了人民议会会长苏鲁尔，埃中友协兼工业能源委员会主席埃奈尼，外交部亚洲事务部长助理萨阿德，还拜会了亚历山大马哈古卜省长。与外交关系委员会主席菲基举行了工作会谈。

十届全国人大常委会在外事活动中要建立定期交流机制，即在每一个地区选择一个国家建立这种机制。埃及是阿拉伯世界和非洲大国，是阿拉伯联盟总部所在地，在国际和地区事务中具有重要影响力，两国议会建立定期交流机制，有利于双方从议会层面推动国家关系的发展，加强双方在地区事务中的合作，符合双方的共同利益。这次出访埃及前，我们代表团没有这个任务。但在代表团访问即将结束时，埃及提出希望立即与我签署谅解备忘录。后来吉大使与我们一起商议，决定给全国人大常委会打电话。经请示国内得到批准，由吉佩定副主任委员与菲基主席分别代表双方议会草签了《中国全国人民代表大会与埃及人民议会建立定期交流机制的谅解备忘录》。这次访问达到了“加深了解、增进友谊、扩大共识、促进合作”的预期目的。

埃塞俄比亚也是具有3000年文明史的古国。早在公元前975年，孟尼利克一世就在这里建立了努比亚王国。公元之初，这里兴起的阿克苏姆王国曾是非洲伟大的文化中心，后沦为意大利和英国殖民地，二战中才彻底赶走殖民主义者。1994 年 12 月，制宪会议通过新宪法，决定改国体为联邦制，实行三权分立和议会（内阁）制，政教分离。

总统为国家元首，联邦议会由人民代表院和联邦院组成。人民代表院系联邦立法和最高权力机构，由选民直选产生 547 名议员组成，少数民族至少占 20 席，任期 5 年。现在人口约 7740 万，是非洲人口第二大国，经济以农业为主，是联合国公布的最不发达国家之一，首都在亚的斯亚贝巴。

埃塞俄比亚对代表团到访非常重视，给予热情友好和高规格的接待。埃塞总理梅莱斯，人民代表院议长特肖梅、联邦院议长德盖菲，外交国务部长特科达分别会见代表团，与人民代表院外委会主席渡穆罕默德举行了工作会谈。代表团访问成功顺利。梅莱斯总理认为代表团此访“填补了两国议会交往不够的空白”，并表示他将亲赴北京出席中非合作论坛峰会。

非洲是我国一个重要的外交伙伴。毛主席曾经说过，是非洲这些穷朋友把我们抬进了联合国的，我们不能忘记它们。在非洲，我们的工作重点是加强友谊。到了非洲，总的感觉他们对中国非常友好、非常亲切。我们应该继续做好非洲的外交工作，尽最大努力加强经济、贸易、教育、文化和宗教的交流工作，在平等互利、相互尊重主权、互不干涉内政基础上，进一步巩固和发展中非人民的传统友谊。

4. 访问墨西哥、哥斯达黎加

我在全国人大的第四次外事出访是在 2007 年 11 月 7—16 日，访问拉丁美洲的墨西哥和哥斯达黎加两国。团长是人大外委会姜恩柱主任，团员有李元正将军，江苏省人大柏苏宁副主任和我 3 人。工作人员有程志强、欧阳文平等 4 人。

中国与墨西哥的友好交往源远流长。1972 年 2 月 14 日，墨西哥同中国建交。自 1997 年以来，江泽民、胡锦涛、温家宝、贾庆林等领导都对墨西哥进行了国事访问。2001 年福克斯总统两度访问中国，2008 年 7 月卡尔德龙总统访问了中国。

墨西哥的联邦议会分为参、众两院，行使立法权。两院议员不得连选连任，但可隔届竞选。

这次访问期间，代表团分别会见了参议长克里尔、众议长萨瓦莱塔、参院第一副议长波莱文斯基、众院副议长奥乔亚和桑切斯，分别与参院外委会和亚太委、众院外委会和墨中友好小组举行了工作会议。我方宣传了和平发展的道路，阐述了在台湾、达赖等重大问题上的原则立场，双方就如何深化议会交往达成四点共识：一是在涉及国家主权和领土完整的问题上相互理解和支持，维护两国关系平稳发展的政治基础；二是发挥桥梁作用，为两国企业开展合作创造条件、提供法律保障，促进经贸合作互利共赢；三是交流立法经验，促进各自经济社会长期健康稳定发展；四是加强在重大国际和地区问题上的磋商与沟通，维护双方的共同利益。访问达到了预期目的。

与墨西哥议会外委会领导会谈后合影（右四为刘大响）

这次最令我们难忘的是参观“玛雅古迹”，它位于尤卡坦半岛中部，始建于公元514年。奇琴伊察玛雅城邦遗址曾是古玛雅帝国最大最繁华的城邦，城邦的主要古迹有：千柱广场，它曾支撑巨大的穹窿形房顶。可见此建筑物之大。武士庙及庙前斜倚的两神石像。9层，高30米的呈阶梯形的库库尔坎金字塔。以及圣井

（石灰岩竖洞）和筑在高台上呈蜗形的玛雅人古天文观象台，称为“蜗台”。

哥斯达黎加位于中美洲，东临加勒比海，西靠北太平洋，有着1290千米的海岸线，素有“中美洲的花园”之称。

哥斯达黎加过去一直与台湾保持着外交关系。直到2007年6月1日，中国和哥斯达黎加签署两国《关于建立外交关系的联合公报》，决定两国自签署建交公报之日起建立大使级外交关系。2007年10月，阿里亚斯总统对中国进行国事访问。2008年11月，胡锦涛主席对哥斯达黎加进行国事访问。

墨西哥太阳金字塔留影

哥斯达黎加是一个拥有强大的宪法制衡系统的民主共和国。行政责任归属于总统，总统是国家的力量中心。哥议会实行一院制，称“立法大会”，是国家最高权力机关和立法机关，由57名议员组成，任期4年，不得连任。拥有立法权、财政权、监督权和人事任命权等多项权力。

我们代表团于7月12日到达该国，距两国正式建交后仅有1个多月的时间，意义就显得更加重大，双方对这次访问都十分重视。访问期间，我们会见了立法大会主席帕切科、副主席奥坎普和外交部长斯塔诺，与立法大会国际关系和外贸委员、哥中友好小组各党派共15名议员举行了工作会谈。访问取得了超预期的成果。

访问哥斯达黎加阿雷拉火山温泉

会见哥斯达黎加外交部长

这四次外事出访，对我来说收获巨大。大洋洲、东欧、非洲和北美洲是我从没有去过的地方，也许是我这一辈子都没有机会去的几个国家，对这些国家有了亲身的感受和实际了解，开阔了眼界，结交了许多新朋友。在访问期间，从驻这些国家使馆人员身上，感受到驻外工作同志的艰辛努力和对国家的无私奉献。更重要的一点，就是从全国人大外委会几位资深老外交家身上，我学到了他们对祖国的忠诚、丰富的外交经验和高超的谈判艺术。这也是我国改革开放以来经济高速发展，国际威望大大提高不可分割的重要原因之一。

注释：

1. 致人大常委领导的信

尊敬的兆国副委员长：

您好！

我接到中航二集团成发集团公司（原420厂）老厂长枉云汉同志和40多位退休老职工的两封来信，反映中央所属国有军工企业退休老职工的退休养老金过低问题。据了解，这个问题带有一定的普遍性，他们曾多次向中央有关部门反映，但一直得不到解决。这些老同志大都是解放初期至1960年毕业的大学生，他们在抗美援朝、“一五”、“二五”和“三五”计划的艰苦建设期间，为全军武器装备建设、保障国家安全和国民经济发展做出过重要贡献，我国今天的社会进步和经济繁荣有他们的一分功劳。但他们退休早，工资标准低，而且只因为是从企业退休的，后来国家机关和事业单位多次调资和退休职工的补差升级，特别是近十几年来职工福利待遇的快速增长，他们都没能赶上，使其工资待遇的“剪刀差”愈加明显。此外，在住房、医疗、社保、养老金标准等多项改革方面，都很少考虑到这部分老同志的具体问题，使他们感到自己是被社会遗忘的一个群体，而这些老同志却恰恰是在艰苦的岁月中为今天国家的快速发展和富国强军奠定坚实基础并做出了重要贡献的人。

我曾经向一些经济效益很好的企业老总们反映过，他们对这些老领导、老同志都很同情，也认为不合理，但他们觉得国家没有相应的政策出台，即便单位有钱也无能为力。

以胡锦涛同志为总书记的党中央提出“立党为公、执政为民”，“坚持把广大人民的根本利益作为党和国家一切工作的出发点和落脚点”，“构建社会主义和谐社会”等一系列“以人为本”的方针，深得党心、军心和民心，受到全国人民的衷心拥护。为了使这些对党和国家做出过重要贡献的老同志能共享改革开放的成果，建议全国人大常委会或国务院、全国总工会有关部门对此问题进行专题调查研究，听听他们和其他各方面的意见，提出一个较为“公平、公正”的合理解决方案，使党的好政策能够真正落实到他们的头上，以促进全社会和谐发展，为早日实现全面建设小康社会的宏伟目标而共同奋斗！

全国人大常委委员　刘大响（签名）

2006 年 4 月 25 日

2. 吕聪敏，1938 年 6 月出生于内蒙古土默特左旗，1963 年毕业于南开大学外文系即进入外交部工作，1988 年 2 月调国务院外事办公室和总理办公室工作，曾任国务院总理李鹏同志的外事秘书，先后任副局长、局长、国务院外事办公室副主任(副部长级)，曾任九届全国人大常委会副秘书长、机关党委书记，十届全国人大外事委副主任。

3. 王良旺，江苏省江宁人，是我的北航校友，原空军副司令员，中将军衔，1964 年从北京航空学院毕业后携笔从戎，奔赴戈壁，曾任某基地司令员，从事航空武器科研试验工作。他才华出众，军中诗人，著有诗集《大漠西风歌》、《云天浩歌》。

4. 王英凡，内蒙古突泉人，是我国资深外交家，曾任外交部副部长，中国常驻联合国代表、特命全权大使。他外交经验丰富，水平高，应变能力强，待人十分真诚和友善，这次出访的主要外事谈判由他负责。

5. 李元正，曾任总装备部副部长，长期担任九泉卫星发射基地主任，后又主管全军武器装备建设工作，对我国武器装备建设、卫星发射和“载人航天”事业做出了突出贡献。他是摄影爱好者，多幅作品曾在全军将军摄影展中获得一等奖。

6. 姜恩柱，我国著名资深外交家，江苏高邮人，1964 年毕业于北京外国语学院，历任外交部西欧司司长、副部长、驻英大使。1997 年任新华通讯社香港分社社长. 2000 年 1 月任中央人民政府驻香港特别行政区联络办公室主任。姜恩柱同志与香港结下不解之缘，在香港回归祖国前后的 10 年，他负责过许多筹备和谈判工作，为香港的顺利回归起到了重大作用。在十届全国人大期间，他一直担任大会副秘书长兼新闻发言人。他忠于祖国、原则性强、为人忠厚、待人诚恳。是不可多得的优秀外交人才。

7. 李国华，1964年8月毕业于北京外贸学院，曾任对外贸易部经济部副部长，1998年3月任第九届全国人大外事委员。她既懂外贸又懂外交，待人和蔼可亲，平易近人。

8. 吉佩定，生于1942年，江苏盐城人，北师大英语专业毕业后在教育部对外联络处工作。后转外交部历任驻纳米比亚大使，外交部非洲司长，外交部副部长，2001年任外交部驻香港特别行政区特派员公署特派员，是我国资深外交家之一。他一生将外交工作定位于：是职业，是艺术，是服务，更是忠诚与牺牲。由于他长期从事非洲外交事务，具有丰富的经验，素有“非洲通”之称，所以，大家总是亲切地叫他吉大使。

第十三章　我与老伴

两小无猜

我老伴儿叫段兰芳，是我的同乡和中学校友。她生于1937年12月14日，我是同年10月14日生，正好比她大两个月。两个人都属“牛”，这可能蕴涵着我们俩相濡以沫，相伴一生。再过两年，我们就要庆贺“金婚”了。过去我叫她老段，现在叫她老太婆，她听我这样的称呼挺高兴的。

老俩口于2011年2月7日春节照

段兰芳的父亲因患肺结核（解放前称痨病），1943年去世，母亲一直守寡，一人拉扯大4个孩子，非常不容易。她的母亲于1973年在老家去世，享年78岁。

新中国刚成立时，段兰芳读完小学就工作了，跟着大嫂当小学教师，教过一两年书，主要是帮嫂嫂改改作业、照顾一下学生。1952 年，她大哥下决心送她读书，考入祁东中学初一班，恰好这一年我考入高中一年级。

1953 年上学期，我当选祁东中学学生会主席，她在学生会当部长，是唯一的一位女同学。当时她是学校出众的女同学之一，比较活跃，能歌善舞，我在学校乐队吹笛子，经常为她们伴奏。她也会打排球，曾打进九江市女子排球队，参加过江西省运动会比赛。我看她个子不高，不是打排球的料，虽然当过二传手，但估计不会有太大的发展前途，所以力劝她尽早放弃，还是好好读书为上策，她听了我的意见，决然退出了九江市女子排球队。

1953 年暑假，湖南省在长沙召开全省学联代表大会，给了祁东中学一个名额，本应由我参加，但下一学期我要转到祁阳中学去，觉得自己占了这个名额不好，而副主席是当年初中毕业，考上高中也要离校了。于是我就跟学校党支部书记刘纪生老师建议让段兰芳去参加，刘纪生老师同意我的意见，并派人去通知她，我也给她捎去一封信，说这次去省城参加学联会，机会难得，希望她做好笔记，以便回校后传达学习。

1953 年下学期，她被选为校学生会副主席。

我父亲在祁东一中教生物课，兼她们的班主任。她的学习成绩好，课堂上敢于提问题，我父亲对她的印象不错。她的亲舅舅李锦章老师也在这个学校教书，我们两家都是租住老乡的房子，是邻居。

她经常到舅舅家玩，也到我家来玩。有时看见我家没水了，就帮着挑挑水，或者做些家务活、陪老人说话解解闷，所以我母亲比较喜欢她。暑假回乡下老家，由于两家相隔不远，我也常到她家去看望她母亲，也帮她家挑过水。村里的一些妇女看见我挑水，觉得很新奇，就在背后交头接耳，指指点点，有些好事的人就对她母亲说："这个男孩不错，个子高，长得又英俊，来了还帮你挑水，你老真有福气，找了这么一个好女婿呀！"

我们是同学，本来没有什么事，经她们这么一说，反而觉得不好意思了。

那时候年纪都很小，只 15 岁多一点儿，互相有点好感，性格相合，也谈得来，虽不是青梅竹马，却也两小无猜，没有人介绍，也没有谈过恋爱，更没有说过“我爱你”之类的话。

前世有缘

1953年8月，我从祁东中学转到祁阳中学读高中后，我们俩人保持着通信联系，都是说一些如何好好学习和怎样做好学生会工作之类的话。1954年，有一次她因表妹家中有事来到祁阳，顺便到学校来看我，送给我一对枕套，上面有她自己绣的花。同学们看到之后交头接耳，大做文章，开玩笑说：“她肯定喜欢上你了，不然怎么会来看你，又送给你枕套呀！”有的甚至说：“你这个梁山伯可不要辜负祝英台的一片好意哟！”弄得我面红耳赤，很不好意思。

夫人段兰芳1960年在江西九江

1955年我考上北航，段兰芳到了江西德安大哥家，在那里她考上了九江一中。有一次，我突然接到她的来信，说她体检时发现患有肺病，并提出今后我们之间不要再通信联系了。她父亲是得痨病死的，解放前没有治疗这种病的特效药，很年轻就去世了。我心里很焦急，马上给她回了一封长信，安慰她说得了肺病不要紧，一定不要焦急，要树立信心，抓紧治疗，千万不要耽误了。明确告诉她在这种情况下我是不会同她断绝联系的，并在信中第一次向她表示了，我是喜欢她的，我绝不会因这种病就嫌弃她，相信这个病一定能治好。我感到她很诚实，能把这个情况告诉我，而且她还说，为了不影响我的前程，今后就不要再通信了。这一点使我很受感动，也很担心，几乎每周都写一封信去安慰。后来了解到，她在体检拍片时确实看到有阴影，可能是因感冒使肺部受到了感染，还没有到得肺痨病的程度。后来经过治疗，身体基本上好了。

1957 年暑假，我从北京回湖南祁阳县家中探亲，她来了，就住在我家。我们傍晚经常到天马山，一起压压马路、谈谈理想、聊聊天，这一次正式明确了恋爱关系，我父母很高兴，把她当没过门的儿媳妇看待。

1961 年，她到长春二哥家看望她母亲，路过北京，到北航来看过我一次。我看到她手指有伤残，问起来，她才对我说，是在食堂吃饭的时候，不小心把手伸进一个风扇里，手指被打断了，就连着一点皮才没有掉下来，学校赶紧把她送到医院，经过断指再植手术接起来了。我怪她为什么没早告诉我，她笑笑说："告诉你有什么用？你又帮不上什么忙，还让你操心。"现在她左手食指是弯的，还有疤痕，有时着凉水久了还有点痛。

最简单的婚礼

1963 年，段兰芳从江西工业院（现江西大学）毕业，学的是硅酸盐专业。

硅酸盐是搞什么的呢？就是玻璃、水泥、陶瓷这三种。她们班上很多同学分配到上海玻璃研究所、硅酸盐研究所 ，还有分到北京、大连、青岛的，都是全国闻名的大单位。但当时因为有我这个关系，她在填志愿时，第一个填的就是沈阳。沈阳只有一个名额，领导出于照顾，就把她分到沈阳玻璃研究所。她的单位在铁西区，我们 606 所在沈阳大东区，两个单位一个在东，一个在西，相距 20 多千米。

我那时已参军，便向组织打了申请结婚报告，当时部队要求晚婚，政委说："现在结婚太早了，应该以工作为重，先好好工作干出点儿名堂，30 岁以后再考虑结婚也不迟呀!”我说:“我可以等到30岁,但那时她也30岁了,这怎么行呢?”最后组织上批准了。

结婚照(1963年9月)

我们于1963年8月登记结婚。结婚典礼恐怕是最简单不过了。我穿军装,她穿一件很普通的衣服。当时正处于国家困难时期,生活用品都是凭票供应,从同事那里筹集了几张糖果票买了点儿糖块,沏了几壶茶水,全室同志再加上一些老同学、好朋友坐在一起,热闹一下,研究室政委王树茂同志做主婚人,他讲讲话就算结婚了,当时的婚礼就是这么简单。

婚礼上,大家不轻易放我“过关”,一定要我们谈谈恋爱经过。我说:我们俩人15岁在中学同学一年,以后天各一方就分开了,享受了10年的相思之苦。我们是自由恋爱,既无‘媒婆’介绍,也不是父母包办,更没有在一起进饭馆、看电影、卿卿我我谈情说爱,可能是‘前世有缘’,也算是天上给我掉下一个‘林妹妹’,一见钟情、两情相悦、鸿雁传书、相互痴情,今天把两床被子铺在一起就算结婚了。”

我把这个经历讲完,大家觉得还是不太过瘾,不少人说你这也太平淡了吧!我说:“我们‘两头牛’谈恋爱,就这么平淡、这么简单,没有你们那么多罗曼蒂克的浪漫情节。”我把球踢了回去。最后我们唱了一首《康定情歌》,圆满结束了婚礼。

度过艰难的日子

1964 年，我们有了第一个孩子，是男孩，取名刘英杰。

当时沈阳生活很艰苦，每天主要吃苞米茬子、苞米面和高粱米，但对南方人有点儿优待，每月多供应4 斤大米。段兰芳怀孕时因营养不良，儿子生出来还不到5 斤重，先天不足。生下孩子后又没有奶，只能喂点牛奶。我们都不懂得怎么带孩子，小孩哭了就喂。当时牛奶也是定量的，不够吃就熬点米汤给孩子喝，家里没有老人来帮忙，我又老出差，经常是段兰芳一个人带孩子。

带到 6 个月的时候就不行了，孩子吃什么拉什么，从早拉到晚，一天要拉 10 来次。正在这个时候，母亲来信问我，说老家有个妇女，刚出生的孩子死了，她愿意帮你带孩子，能不能把孩子送回来？我当时想只能如此，段兰芳也同意。但谁去送呢？她请假要扣工资，我就“自告奋勇”，请了几天假送孩子回去。

当时还有在沈阳工作的堂兄的小女儿，也要我带回去。于是，我一个人带两个孩子，一个抱在怀里，一个牵在手上，开始了一段艰难的旅程。

那个时候虽然挣钱不多，但还是买了一张快车卧铺票，这是我第一次坐上卧铺。出发前，段兰芳给我准备了一大包尿布，她说小孩拉了，擦完就扔掉，不要再洗了，火车上没法洗。

从沈阳到了北京站转车，在候车室等车的时候，孩子哭得很厉害。有一位打扫卫生的女同志看到这种情景，主动走过来说：“你这孩子肯定是饿了。”我说：“我马上去冲点奶粉给他吃。”她说：“你不要冲了，把孩子给我，我给他喂一下奶吧。”真的碰上好心人了，她抱过孩子，把衣服一掀就给孩子喂奶。一位年轻的母亲对不是她亲生孩子的无私母爱，展现在我和众人面前，令我深深感动。虽然没有着军装，我还是立正给她敬了一个军礼。喂完奶，孩子就不哭了。她说你看这小孩就是饿的。她还问我，你这么一个男同志，怎么会带着这么几个月的小孩呢？我说没办法，他妈没有奶，我得把他送到湖南老家去。她听了很惊异地说："哎哟，这么远，你能行吗？"

我的运气还真不错，在从北京到衡阳的火车上，我又碰到一位挺好的女同志。她30来岁，在我的卧铺对面，也是当兵的，穿着军装。我因为带着孩子，没有穿军装。后来也是看到孩子哭了，她说你就把孩子交给我吧，我来哄哄他，你好好休息一会儿。一路上她帮我照顾这个孩子。我过意不去，说把你衣服弄脏了怎么办？她直说没关系，一路上她也没有怎么睡好觉，整个过程都在帮助我。这个女同志也姓刘，后来怎么找她也没有再联系上。回想起来，感到在那个年月里，虽然国家刚遭受过三年自然灾害，生活条件比较艰苦，大家都不富裕，但人与人之间的感情很诚挚、很纯真，不管谁有困难，大家就会主动伸出无私的援助之手，雷锋精神无处不在，令我感慨不已！

火车到了衡阳，父亲提前一天从老家赶来接我们。

我们那个地方，将孩子的奶妈叫"亲娘"，我叫她二嫂。她待我们的儿子就像对自己亲生的孩子一样。她家里也比较贫困，我们一个月给她20元，实在不算多，但我当时的月工资只有62元，还有一些家庭经济负担，也只好如此了。

孩子的"亲娘"每次到我母亲家，母亲都很高兴，总要做些好吃的，杀只鸡或鸭子给她吃，一方面表示感谢之意，也是希望"亲娘"营养好一点，奶水足一点儿，另外家里有什么好东西就送给她一点儿。孩子就由"亲娘"带到2岁。但在"文化大革命"中，"亲娘"受到了牵连，有人说她给地主带小孩，没有阶级立场，所以受到批评。她很有主见，坚持说："这不就是一个小孩嘛，有什么不可以的？而且孩子的爸爸是共产党员，还在解放军部队里工作。"但最终还是影响到她的一个儿子没有参上军，对此我帮不上忙，感到非常惭愧。后来我和儿子每次回老家时都一定去看望她，也送一些红包给她，以表示感激之情！今年春节我们回家去找她时，家里的门却锁着，听人说前几年她全家迁到云南去了。

1966年，段兰芳又生了个女儿，起名玉娟。我说这怎么办？不能再送湖南了，只好把孩子的外婆接来。那时段兰芳的母亲在长春帮她的二哥带孩子，孩子已经长大了，我就到长春把老人家接到沈阳。

那时候我们的住房只有8米^2。房子很窄小，给老太太弄了一个小床，架在门后面。就这样，岳母帮我们带女儿。

“文化大革命”爆发后，极“左”思潮泛滥，反动的“血统论”风行一时，鼓噪“老子英雄儿好汉、老子反动儿混蛋”，“龙生龙，凤生凤，老鼠生儿打地洞”。先是老家不让二嫂带我的儿子了，孩子要给我送回沈阳。我母亲与七伯两位老人不远千里将两个孩子送到沈阳，那时我们的小孩才两岁多一点儿。母亲在我家住了不几天，领导就来通知我，说你妈到这儿来，待时间长了不好。于是我们又不得不发电报，叫父亲赶快来沈阳，把母亲接回湖南。

我的岳母近70岁的人了，无依无靠，也因为出身问题，不能再住在我这里，被迫送回长春，后来长春也不让她待了，二哥又不得不把她送到农村。岳母回到农村后，住在女儿家，最后就死在那儿了。

在这种情况下，带孩子就只能靠段兰芳一个人了。在606所工作期间，我因为是搞总体的，所以经常出差在外或到部队蹲点，一去就是半年。家里只有段兰芳一个人带着两个孩子。早晨天不亮就爬起来，先给小孩子弄吃的，大孩子放在托儿所，只好每天背着老二骑自行车去上班。从大东到铁西，每天上下班坐汽车和有轨电车，穿城而过，大约一小时。骑自行车要一个半小时。一到冬天，天寒地冻，路上经常会结冰、非常滑。有一次段兰芳骑自行车摔倒在地不省人事，女儿在地上啼哭，那时我正出差在外，是几位好心人将她们母女送回家。

我们所政治部主任黄志生同志家有三间房子，因为我们家孩子多，领导安排他借一间给我住。黄主任高风亮节，欣然同意，他们夫妇对我们家有着很多的照顾和帮助，至今我们仍很感谢他们。有一次我出差刚回来，他对我说：“你走了之后，段兰芳好像有几天没出来，是不是病了？”我赶忙去打听，才知道段兰芳又摔了，脑震荡，当时有点昏迷了，被好心人送到了医院。

1969 年又有了小三——英华。发现怀孕后，我感到很不好办，心中闷闷不乐，很想让段兰芳做人流，但她坚持一定要把孩子生下来。当时国家计划生育还只是提倡，没有硬性规定，周总理有一句话：叫做“一个不少，两个正好，三个多了。”后来小三长大了一点儿，有老朋友来家串门，逗他说，你是个“三多余”。小三最不爱听的就是这句话。他撅着小嘴说：“我怎么多余啦？我不是挺好的吗！”

生了小三，母亲、岳母都不在身边。实在没有办法，我就把最小的妹妹刘湘华接过来帮忙。妹妹中学毕业后，因“文革”的影响，不能继续上学，就叫她来帮着看孩子。当时老大送幼儿园，老二送托儿所，小三就由妹妹在家中带着玩儿。

那一段时间可以说是我与段兰芳结婚以来所经历最艰难的时期。段兰芳不但没有因我工作忙、经常出差而有怨言，而是尽力默默地支持我的工作。对此，我一直感到很内疚，觉得很对不起她。有一首献给军嫂的歌唱道“军功章有我的一半，也有你的一半”，对此我深有同感，而且她的那一半比我的这一半，要显得更加重要、更加珍贵、更加辉煌！

全家福（1971 年）

随我走进山沟

段兰芳最大的一个特点就是能吃苦，任劳任怨！为工作、为我、为孩子、为我们这个家，做出了很大的牺牲。我们的三个孩子都是她一手拉扯大的。说实在的，我没有真正尽到做父亲和丈夫的责任，孩子的生活、教育和成长都是她管着。

1970 年 11 月，她义无反顾地带着孩子跟我到了 624 所，在川西北崇山峻岭的山沟里，一干就是 30 年。

段兰芳是学硅酸盐的，在沈阳玻璃研究所有自己的专业，后来她所在研究所研究成功人造金刚石，单位经济效益挺好的。但随我到 624 所后就没法搞自己的专业了，因为没有对口的工作，她不得不牺牲自己的专业，转行搞应变片高温胶，一切都要从头开始。

与孙子在北京植物园（2005 年 8 月）

还有一件事，我感到很对不起她。那就是压了她的职称评定。在所里评技术职称时，我是所职称高评委副主任，分工主管评审工作。段兰芳是1963年毕业的，由于指标有限而申报的人很多，矛盾很突出，我就几次动员她不要申报。我对她说："你要是报了，评你、不评你我都不好办。"她听了我的意见，两次都没有申报。

一直到1967年前毕业的大学生都可以评上高工，算是"普渡众生"，进入最后的扫尾工作时期了，我对她说这次你可以申请了，等于到了扫尾才把她放进去。这对她的影响就是工资比同届毕业的人低了两级，退休金自然也要比人家低许多。对此，段兰芳也看得很淡，没有什么怨言，这也是对我的最大支持。

贤妻良母

段兰芳还有一个特点，就是处事低调，在外面从来不张扬，可以说是典型的贤妻良母。

现在我有时出差，对方邀请她一同去，她总是谢绝。我说不要人家付路费，我们自己买票，因为我经常乘飞机，有时可以用积分换赠票，但她也不愿意去，嫌太显眼了。她说："除非领导同意，而且带夫人去的人比较多，我才去。如果没有，我就绝对不去。"

在624所，对方觉得她不像领导干部的夫人，无论办任何事，从不打我的旗号。她日常生活很节俭，小孩的衣服是打着补丁，自己的衣服也是打着补丁的。她坚持说衣服要穿烂了才换新的，否则就太浪费了。让她给自己买好一点儿的漂亮衣服更是难上加难的事，弄不好要吵一下子。她现在好多衣服都是老款式的，也有六七十年代出品的，但总说这些还能穿。我说你现在穿出去人家不笑话吗？她说有什么好笑的？我不就是一个退休老太太嘛！

2008 年 9 月，与夫人同游奥运鸟巢

我们老俩口一生比较平淡，相依为命。从结婚到现在快 50 年了，从来没有进过歌厅、咖啡馆和公众娱乐场所，也没有那么多的卿卿我我，一生平平淡淡，虽然有点乏味，但我们觉得挺好的，心里都很踏实。

与夫人在北戴河农业生态园

现在她对我唯一的一个要求，就是出差到外地后一定要给她打个电话，好让她放心。我答应她了，只要出差（包括出国），上下飞机前后都要给她打电话报个平安。

开心一笑

唯一没有按她要求做的一次，就是1998年我准备出国到日本。那天早晨起床后，我鼻子流血不止，北航的同志把我送到北医三院住了院，我没有给她打电话，觉得她在四川，告诉她没用，也免得她知道了着急上火。后来航空工业总公司杜兵劳同志来医院看望我，说段老师可能已经知道了，因为她给小杜打电话，问为什么这次到日本没接到我的电话？后来我们商议结果，由小杜把我住院的真实情况告诉她，第二天她就赶来北京，陪我住了一周的医院。

我这大半辈子工作忙，出差时间多。过去在四川，因为要找任务、要向领导和机关汇报，老往北京跑。2000年调到北京后，工作量大了，工作面更宽了，到外地出差的事就多了起来。她有时开玩笑说："真奇怪，你怎么老是往外跑呢？在家里好像住宾馆一样。"我说："搞发动机太难啦，要治好飞机'心脏病'不那么容易，现在领导对发动机很重视，碰上了前所未有的大好机遇，我们一定要抓住这个机遇，将发动机搞上去。工作多了，会议也多，身不由己啊，只有请夫人您多多包涵和辛苦啰！"

出差乘飞机最多的一年大概超过 80 次。她对我说：“你飞机还没有坐够啊？”我说：“不是没坐够，是坐火车太耽误时间了。”另外我这个人有个毛病，坐火车根本睡不着觉，所以能坐飞机的就基本上不坐火车。

在井岗山

我睡觉不好，平时每天只能睡 5 个多小时，还得每晚吃一片“舒乐安定”才行。老伴的睡眠也不大好，有时候醒得早，俩人只要谁有点儿动静，就都醒来了。在家里，我经常要写点儿东西，一弄就弄到半夜，她就陪着我。我说：“你先早点去睡吧！”她说：“你不睡，我又怎么睡得着呢！”

近几年，她总想着要把缝纫机从四川弄到北京来。我不同意。我说：“你弄来干啥？”她说：“有些东西缝缝补补还需要。”我说：“缝缝补补的衣服谁来穿呀？”她说：“孩子们不穿我穿。”我说：“你也别穿了。现在衣服很结实穿不烂，也很便宜。”由于我的阻拦，此事没有办成。

在北国第一哨

看来一个人从小养成的性格和习惯，一生都是很难改变的。正所谓：膏能吃药能吃膏药不能吃，脾可医气可医脾气不可医。有时候她的牛脾气一“犟”起来，还真拿她没有办法，这时我得让她几分。

同贺七十寿辰

2007年10月14日，是我70岁生日，老伴儿的生日是12月14日。本来我们只打算选一个中间日子，找一家中等水平的饭馆，全家团聚一下，就算过了古稀之年的“寿辰”。没想到北航仿真中心高级顾问李其汉教授，副主任方韧教授、桂辛民教授精心策划，由办公室李敏和王秀英老师具体操办，为我们老俩口安排了一个《同贺七十寿辰》活动，使我深受感动。

2007年10月10日，在北京的全家福

他们的保密工作搞得非常好，直到10月10日下午3点多钟，方韧教授才通知，说他们找了一家饭馆订了几桌便餐，为我过70岁生日，也是整个仿真中心同事们的一点心意，大家也想趁此机会一起聚一聚。一切都已安排妥当，我也不好再推辞，只有向他表示感谢。

“寿宴”在位于中关村的“白家大院”里举行。相传这里曾是大清开国之君努尔哈赤次子礼亲王代善的后代在康熙年间修建的“礼亲王花园”。民国初期转给声名显赫的同仁堂乐家，改名为“乐家花园”。2001 年经过精心修缮和装点，浓缩了中国古典花园之精华，婀娜多姿、古朴典雅、富丽堂皇，恢复了清代“礼清王花园”的原貌，改名为现在的“白家大院”，经营独具特色“宫廷菜”和“白家菜”，现为北京市的重点文物保护单位。

晚上 6 点半，夜幕已经降临，我们乘车来到“白家大院”，一下车使我感到惊讶，两排漂亮的服务员，一派宫女打扮，手提古色古香蜡烛照亮的灯笼，引导我们经过古色古香的长廊，迎入古色古香饭店大堂，大有“宫廷”寿宴的感觉。我原以为是特意安排的，担心会造成不好的影响，后来打听到他们平时也是如此，我也就心安理得了。

7 点整，方韧教授宣布晚宴开始。他说：“今天是刘院士 70 大寿，再过两个月也是段老师的 70 周岁生日。刘院士是我们仿真中心主任，在他的领导下，仿真中成立 5 年来取得了很大成绩。今天我代表仿真中心，代表出席晚宴的所有同志，衷心祝贺刘院士 70 大寿，也祝福俩位老寿星身体健康，福如东海，寿比南山！”

70 岁生日会与老同学相聚

虽然这是中国几千年来人们对老人生日的惯常祝辞，却令我十分感动。我立即站起来致答谢，衷心感谢大家的良好祝福，也表示愿在有生之年，继续努力工作，同大家一起为振兴祖国的航空发动机事业继续做贡献，为搞好航空发动机数值仿真建设继续做贡献。我真情地祝愿仿真中心的年轻朋友们取得新的成就，为中华民族伟大复兴再创新的辉煌！参加这次活动的还有北航老同学杨茂林教授夫妇，624所的老朋友斯永华、何倩，中航技公司的景小燕同志。整个晚宴古朴而典雅，隆重而热烈。是我一生中最难忘的一次。

10月13日，我收到俄罗斯中央航空发动机研究院（CIAM）的一封生日贺信，全文如下：

尊敬的刘大响院士：

CIAM全体专家祝您70岁生日快乐！

我们很荣幸能与您拥有近四分之一世纪时间合作设计先进航空发动机。

善于提出和决策国家大事、推出目标和实现目标——这是您整个人生的高贵品质，它能为中国的航空发动机事业——为制造国产飞机的先进航空发动机的目标得以向前发展。

中国领导人提出制造中国大飞机的新任务，为您的创造性工作注入了新的动力。你总是站在科学技术的最前沿不懈地工作着。这使您的努力，获得了形式上或非形式的领导品质。您身边有许多志同道合者：您的同事和学生，他们都会在未来的日子里闪烁光芒。

创办学校，将自己渊博的知识传给年轻的专家。我们相信，接受了您的知识和工作作风的这些学生，一定会研制出中国新飞机所需要的最先进的发动机。目前您的学生已经在航空工业的大型企业和国民经济的其他行业中担任了领导职务。

你的科学工作，无论在中国还是在国外，例如您是俄罗斯科学院的荣誉博士，都得到了高度的赞誉。

尊敬的刘院士，在此祝您创造性的一生取得更大成绩，祝您身体健康和所有的目标都能实现。

斯基宾院长代表全院敬上

2007 年 10 月 12 日

在欢庆 70 寿辰的大喜日子里，我意外地收到这封来自远方老朋友——CIAM 斯基宾院长亲自署名的热情洋溢的贺信，很是感动，也受到了极大的鼓舞。对于这封信，我将一生予以珍藏。

12 月 14 日是老伴的 70 岁生日，虽然北航仿真中心已为我们老俩口举办了“同贺七十寿辰”活动，但我们全家仍在东方红饭店举办一个家宴，在北京的家人全部参加，以享天伦之乐。老伴接受了儿女们送的生日大蛋糕，她也给孙子和外甥女送了红包，充分体现了家庭的温馨。回忆起老伴一辈子对家庭的无私奉献和所付出的辛勤劳累，是夜，我写五言诗一首，以表达我对老伴的感激之情。

找回儿时的回忆

同贺古来稀

赠夫人——段兰芳

2007年12月14日

同窗恰两期，恋情系天意；
十年①苦相思，六三②结连理。
兰花幽雅秀，芳草香扑鼻；
教子又相夫，良母更贤妻。
松岭三十秋，建台③为争气；
无私作奉献，同贺古来稀。
白发共偕老，百岁创奇迹；
如若有来世，二牛④还亲密。

①十年：指我们1953年同学有两个学期，之后分别10年，直到1963年她分配到沈阳，相互苦等了10年。

②六三：指我们俩人1963年结婚。

③建台：指建设624所高空台。

④二牛：指我们俩人都属牛。

第十四章　人生感悟

《院士春秋》是总策划、编辑费滨海同志自筹资金，耗费大量时间和心血，采集编纂的一部收集了514位两院院士的题词和照片大型图册，旨在激励广大青少年立志献身科学事业，在社会上倡导尊重知识、尊重人才、宏扬科学精神、传播科学思想。

他多次来信，向我索要照片和题词。他的热情执著，令我十分感佩。在他的精神鼓励下，2004年5月，我也写了一段“自勉”的话，登在《院士春秋》第一卷95页上。

为人之本　重在诚信
治学之道　贵在勤奋

最近十几年，我应邀在一些大学、中学、小学和母校做了多场航空科普报告，场面十分热烈，感人至深，难以言表。充分反映出广大青少年朋友热情奔放、奋发向上的好学精神，有了这样的接班人，我们的国家就大有希望、中华民族的伟大复兴就大有希望。

他们当中很多人要我签名，并提出：你们院士成功的秘诀是什么？人生感悟是什么？座右铭是什么？这些问题一时还真的难以说得很清楚。

这次中国航空工业集团公司组织为航空工业系统的每一位院士出一本书，我原本没有这个想法，既然组织决定，就应该认真对待，也给了我一个回顾和总结的机会。

人的生命是有限的，在忙忙碌碌中，不知不觉我已经过了古稀之年。认真回顾自己的一生，如果择其最重要者，大致可以用“诚信、勤奋、团结、奉献”八个字加以概括。

在过去的几十年中，我一直信守着这样的精神理念和做人准则。

诚信

诚信是由“诚”和“信”两个字组成的。在字典中，诚的释义为真心、真实。信的释义为诚实、信任、信奉和信仰。

诚信是为人之本，是做人的基本原则。诚信是中国人民的传统美德之一，也是一切事业成功的保证。孔子曰：“人而无信，不知其可也。”也就是说，人若不讲信用，在社会上就无立足之地，就什么事情也做不成。

回顾走过的路，从幼年开始，父母、家庭以及学校老师们都教育我，做人要诚实，待人要讲信用。随着年龄的增长，在党、团组织培养下，逐步形成了自己人生追求的目标和信仰。这就是为了祖国的繁荣昌盛、为了人民的幸福生活，我愿做一头孺子牛，努力奋斗终生，奉献自己的一切。

1955 年，在组织安排下，我跨入北京航空学院的大门，这成为自己实现人生目标的起点，确定了自己的一生将以航空发动机的科研、设计、制造作为报效祖国的责任和事业。

1962 年，我从北航分配到了沈阳航空发动机设计研究所，在吴大观等航空老前辈的关怀、培养下，开始把学校里的书本知识与科研、工程的实践结合起来，为以后的工作打下了坚实的基础。

从 1970 年到 2000 年，我来到中国燃气涡轮研究院（624 所），在偏僻的深山老林中，与历届所领导和广大职工同甘苦、共患难，一起摸爬滚打，工作了整整 30 年。

中国燃气涡轮研究院首批开拓者“十八勇士”，1964 年就在川西北的崇山峻岭中安营扎寨，随后一批批建设者们从全国各地来到这一片红军曾经浴血奋战过的地方。巍巍观雾山、滔滔平通河，见证了这一艰辛曲折的创业历程。当年劳动建所的场面至今还经常浮现在眼前，历历在目。每当回忆起来，我都感到非常的亲切。那一段激情燃烧的岁月所历经的艰辛、坎坷酿成的甘甜，是我国国防科技事业发展的一个缩影。

我经常在想，是什么精神在支撑着我们这一代代人，前赴后继，从繁华的大都市来到这穷山僻壤中，固守着这片热土，为祖国的航空科研事业奉献出自己的一切呢？

答案只有一个，就是对祖国母亲的忠诚、对事业和理想的坚定信念！

这是中国知识分子传统的优秀道德品质在振兴中华、强国富民历史大潮中的传承和体现，更需要在今天新的形势下得到弘扬和发展。

勤奋

俗话说：“书山有路勤为径，学海无涯苦作舟”。古人韩愈说：“业精于勤而荒于嬉，行成于思而毁于随”。数学家华罗庚说：“勤能补拙是良训，一分辛苦一分才”。文豪鲁迅先生说：“我是把别人喝咖啡的时间都用在工作上的”。很显然，凡是做出点成绩的人，恐怕都是十分勤奋，以苦为伴的人。

我 1937 年出生，属牛。按照传统说法，属牛的人注定要劳碌一生。

在过去的几十年中，我觉得自己是比较勤奋的，是一头“不用扬鞭自奋蹄”的牛。

勤，就是要不辞辛苦。无论学习还是工作，无论从事社会公益事业还是平日待人接物，都应该做到不怕麻烦、不辞辛劳。古人说过：“千里之行，始于足下。”还说：“不积跬步，无以成千里；不积涓流，无以成江海。”积跬步和积涓流，都离不开一个勤字。

奋，以象形字解，是大鸟展翅向上翱翔的意思。我体会到，勤奋二字更重要的是要有不断向着更高的目标追求和奋进。

2003年9月，应科学时报社之邀，我为《中国院士治学格言手迹》一书做了题词：

博学笃志　顽强奋斗

锲而不舍　必有所成

一个人的一生，有时感觉是很短暂的。最具创造力、真正能够高效率工作的时间，也就是短短的几十年。要耐得住寂寞，也要不断为自己提出更高的目标和追求。作为中国航空工业领域的科技人员，在学术、技术上，既要树立敢于问鼎世界最高水平的雄心壮志，又要从具体的工作起步，从每一个细节做起，不辞辛苦和劳累，扎扎实实地向最高目标迈进。

共产主义思想的创始人马克思在《资本论》（法文译本）的序文中写道：

在科学领域内没有平坦的道路可走，只有那些在崎岖小路上攀登不怕劳苦的人，才有希望达到光辉的顶点。

温家宝总理说得好："仰望星空，脚踏实地。"要记住，任何成就都是从点点滴滴的事情做起的，"寓伟大于平凡"。我坚信，所有的人只要瞄准自己选定的目标，博学笃志，顽强奋斗，锲而不舍，必有所成。

团结

孟子曰："天时不如地利，地利不如人和。"古人云："人心齐，泰山移。"

《团结就是力量》，是我们从小就爱唱的一首歌。团结是成功的基石，没有团结就不会有理所当然的成功，这是千百年来不变的真理。凡是看过中央电视台《动物世界》的人都知道，在非洲大草原上，如果见到羚羊在奔逃，那一定是狮子来了；如果见到狮子在逃避，那一定是象群发怒了；如果见到成百上千的狮子和大象集体迁移逃命的情景，那就是蚂蚁军团来了！一只蚂蚁是何等渺小微弱，但是团结起来的蚂蚁军团竟然让兽中之王退避三舍，可见团结的力量是多么强大！动物界弱肉强食的竞争法则告诉我们：个体的弱小没有关系，只要能够团结起来、精诚合作，就能够形成强大的合力，战胜一切困难！

1995 年，我被选为发动机行业第一位中国工程院院士，这是国家对中国燃气涡轮研究院所取得重大成绩的肯定。所有成果都是大家辛勤劳动、共同奋斗的结晶，靠的是集体的智慧和奉献，我个人不过是尽了自己应尽的一分努力罢了。

个人永远只能是沧海一粟，广大干部和职工群众才是真正的英雄！所以，我始终时时刻刻把自己当作这个光荣集体中的一员代表。

回顾早年在中国燃气涡轮研究院工作的情景，我十分感慨和激动。当年条件是那样的艰苦，需要走一天才能到达成都。但大家团结一心，人际关系很亲切。有了鱼，家家都吃鱼；有了苹果，人人都吃苹果。一人、一家有了困难，大家都会伸出友谊之手。互相帮助，蔚然成风。整个研究院就像一个和谐、幸福的大家庭。

在“艰苦奋斗、自主创新、大力协同、无私奉献”的 624 精神中，“大力协同”更多地体现出团结的内涵。在艰苦条件下完成试验设备建设，开展卓有成效的预先研究工作，离不开团队的合作、协同。团结成为艰苦奋斗的基础，也是自主创新的基础。

在今天，我们的航空事业、发动机事业迎来千载难逢、前所未有的历史性机遇，我们更应该倡导这种在团结基础上的大力协同。

奉献

无私奉献是人类最纯洁、最崇高的道德品质。在中华民族几千年的文明史中，最耀眼的是无私奉献的灿烂光辉，最醒人的是无私奉献的杰出人物。屈原、司马迁、孙中山、焦裕禄、雷锋、吴大观等，他们之所以耀眼、醒人，是因为他们把自己的聪明、才智、精力乃至整个生命，无私地奉献给了祖国和人民。"奉献精神"是一种爱，是对自己的祖国、对航空事业的不求回报的爱，是全身心的投入和付出。

高空模拟试车台是自主研制航空发动机必不可少的重要的大型试验设备，目前只有联合国五个常任理事国才拥有，为了建设高空台，一大批有识之士，满怀报效祖国的赤胆忠心和为中华民族争光的雄心壮志，自觉以国家需要为最高需要，以人民利益为最高利益，视祖国的航空事业为自己的生命，放弃优厚的生活待遇，舍弃成名成家的机会，隐姓埋名、义无反顾、无怨无悔地从全国各大城市汇集到这个穷乡僻壤的深山老林之中。

我自己有幸在624所工作了30年，从33岁到63岁，一生中最美好的青春年华在那里度过，与历届领导、干部、群众和家属一起摸爬滚打，虽然很艰苦，但很快乐、很充实。这些同志虽然名不见经传，却奋发努力地工作、艰苦朴素地生活，在十分艰苦的环境条件下，广大干部群众"献了青春献终生，献了终生献子孙"，短短40多年中就遭遇到松潘、汶川两次大地震，损失惨重，但他们仍然不离不弃，涌现出许多可歌可泣的动人事迹，平凡而又伟大。

近年来，不少老领导、老同志耗完了最后一滴血和汗，奉献了自己的毕生精力，鞠躬尽瘁、死而后已，默默无闻地离去了，而他们最后的心愿只是"死在松花岭、埋在观雾山"，多么伟大、多么崇高、多么令人泪下，催人奋进！

我想，这种无私奉献的精神，是无价之宝。即使现在和今后社会进步了，经济发达了，生活改善了，我们也要一代又一代地传承下去，不断发扬光大。因为，这是龙的传人的灵魂，是华夏子孙的脊梁，是中华民族和平崛起的无穷动力，是世界上任何力量都不可战胜的！

恩师吴老，胸中丰碑

吴大观同志是一位优秀的共产党员，是我国航空发动机科研事业的开拓者和奠基人，是中国的“航空发动机之父”，是我的老领导、老前辈，也是我人生的引路人和恩师益友。

与吴大观在乐山大佛像前

48年前，我从北京航空学院发动机专业研究生结业分配到国防部航空研究院第606研究所时，是吴老代表所领导与我谈的话。时隔近半个世纪，那次谈话的内容始终牢牢记在我的心中。就在那一次谈话中，当他得知我患有严重的胃病，不得不中断研究生的学习时，就十分关切地对我说："你一定要多注意身体，千万不要把身体搞垮了，航空发动机事业将来还要靠你们这一代年轻人挑重担呢。如果有可能，争取安排你出去疗养一下。"

后来，所里果真安排我到大连小平岛军队疗养院疗养。经过近1个月的治疗和休息，困扰我多年的严重胃病得到了根治。在那个年代，三年自然灾害刚刚过去，对于一个参加工作还不到一年的年轻人来说，出去"疗养"可是享受了"破格"的待遇。仅仅是第一次见面，吴老就记住了我这位普普通通的年轻人，并给予我莫大的关心。我心情激动，仿佛遇到了自己的亲人。

虽然近半个世纪过去了，但对那次谈话我记忆犹新。从那时起，吴老就永久地进驻了我的心田，我深切地感受到了吴老对青年一代技术人员的关爱。我与吴老亲密相处近半个世纪，他的思想、人品、精神、道德风范一直是我敬仰和学习的楷模。

吴老是在抗战初期的1937年进入清华大学与北京大学和南开大学（在长沙组成的临时大学），以后随学校辗转到了昆明，成为西南联大机械系学生。面对日本帝国主义侵略者对昆明的狂轰滥炸，吴老毅然决定转学航空专业。1942年，吴老毕业，他没有为自己刚刚建立的小家庭做任何打算，义无反顾地到了贵州大定的深山沟里，投身到了中国早期的航空发动机制造事业中。1948年，在决定中国命运的大决战前夕，吴老坚定地选择了到共产党领导下的解放区去。1949年11月，吴老加入中国共产党，走上了一条全新的人生道路。

1949年10月，中华人民共和国成立伊始，吴老在新组建的中央重工业部担任了航空筹备组组长。1956年他主动要求离开北京，到科研生产的第一线去，担任了沈阳黎明公司（原410厂）发动机设计室主任。这是中国航空发动机发展史上第一个从事设计研究的专业机构。从选型、总体策划到设计研究队伍的组建，从试验基础建设到测试仪器、试验设备的设计制造，吴老为我国航空发动机的自行研制设计奠定了扎实的技术和管理基础。他与虞光裕总师一起主持设计了国内第一台喷发1A和“红旗”2两种型号发动机，为我国航空发动机发展做出了具有里程碑意义的突出贡献。

1960年12月20日，中央正式批准成立国防部第六研究院。吴老作为六院发动机设计研究所主持技术工作的副所长，组织科研人员先后开展了涡喷发动机的改进、改型和全新一代涡扇发动机的自行研制。

尽管由于种种原因，吴老没有获得更多的型号研究成果，也没有得到更多的荣誉和桂冠，但他为后来人奠定了基础、铺就了道路，同时也使自己达到了思想、道德修养臻于完美的高尚境界。

吴老深知人才是立业之本。他把育才举贤、培养人才作为自己的神圣职责，一生提携后人，桃李天下。他潜心研究国外发动机前沿技术资料，亲自翻译和编辑，提供给科研人员学习参考。对于所里有潜力、有发展前途的科技“尖子”人员，他言传身教、精心培养，经常亲自为他们教授英语和专业知识。他关心科研人员的生活，时常用自己的工资帮助生活困难的同志。他担任多个发动机厂所的主要技术领导近30年，为航空发动机事业培养了一批又一批科技骨干，后来许多人都成长为航空发动机厂所的技术领导或学科带头人，有的已成长为“院士”，奠定了良好的人才基础。为我国航空发动机的快速发展做出了不可磨灭的重要贡献！

1980年，我国按引进专利生产的斯贝发动机，按合同规定需要送到英国去进行高空模拟考核试验，国家派时任430厂技术副厂长的吴老带队。吴老喜出望外，终于有机会学习国外高空台建设的经验了！在确定出国人员名单时，吴老认为，高空台对于我国航空发动机的自主研制有着重大意义，就主动提出从430厂拿出6个出国名额给624所，由624所选调6名同志随同他们一起到英国参加高空台考核试验，吴老指定我担任组长。当时刚刚改革开放，能够出国学习的机会非常少，机会难得。把自己厂里的出国指标分给别的单位，有些同志认为吴老是“胳膊肘往外拐”。但吴老站在国家利益的大局上，为了我国高空台技术的突破和发展，他力排众议，坚持正确主张，并特别嘱咐我们：“要紧紧抓住这个难得的机会，既要完成好斯贝发动机的考核试验，又要学好英国先进发动机高空模拟试验技术，回国后将我国自己的高空台建设好、调试好。”

在英国罗·罗公司工作期间，64 岁的吴老不顾年高体弱，带领 20 多名技术人员，连续奋战 6 个多月，圆满地完成了任务。当时中英双方人员每天两班倒，而吴老却经常“连轴转”，从早上 9 点一直工作到晚上八九点。吴老这种不畏疲劳、忘我工作的精神，不仅深深地感动了随行的中方人员，而且也让英国的同行钦佩不已。回国后，他又立即组织我们编写技术总结，出版了约 120 万字的“三大册”报告，这些资料对我国高空台的建设，特别是对高空模拟试验技术研究和调试试验，起到了十分重要的指导和参考作用。

经过近 30 年的努力，被誉为“亚洲第一台”的高空台于 1995 年顺利通过了国家验收，我国终于成为世界上拥有高空台的五个国家之一。高空台的建设成功，长了中国人民的志气，加快了我国追赶世界航空发动机先进水平的步伐，书写了中国航空发动机事业的辉煌篇章！

吴老根据自己从事发动机型号研制的切身经验与教训，从 20 世纪 70 年代就开始认识到，发动机型号研制久攻不破的重要原因之一在于预研基础不够、技术储备不足。他积极呼吁、建言，促进开展发动机预先研究工作，推动“预研先行、动力先行”的指导思想逐渐成为共识。

在吴老年逾古稀，从发动机研制设计的一线来到航空工业部科技委工作以后，他仍密切关注着国内外技术发展的趋势和动向。1983 年，他担任主编，主持了我国第一部《军用航空发动机通用规范》的编写与制定工作，并为这一标准的推广应用做出了不懈的努力，使我国的发动机研制工作走上了规范化的发展道路。

1985 年 12 月，在株洲 331 厂召开的科技委发动机专业组会议上，大家对于能否坚持走“自行研制”的道路感到忧虑时，吴老等 9 位专家联名向改革开放的总设计师邓小平同志写信建言，表述了对我国航空发动机事业的观点和建议。他们的建言得到小平同志明确批示支持，使“太行”发动机起死回生，得以立项研制。

在型号研制和预先研究中，吴老特别重视和支持发动机结构完整性和可靠性研究，谆谆告诫我们要将发动机结构完整性和可靠性提到与气动性能同等重要的高度来抓，并贯彻于研制过程的始终。所有这些基础性的技术工作，对促进我国航空发动机技术进步和自主创新发挥了重要的积极作用。

吴老有高度的党性原则和组织观念，严于律己，宽以待人，作风正派，率真耿直，一生自觉接受党的教育，具有坚定的共产主义政治信仰，生前多次被评为优秀共产党员。他从20世纪60年代起，在他每月只有270元工资的情况下，坚持每月上缴特殊党费100元，几十年如一日，累计缴纳党费11万元之多。在他去世前，留下的一个心愿是将他积攒的10万元作为最后一次党费上缴组织。他表示，自己所缴的党费对于党的事业和国家经济建设是微不足道的，但作为一个共产党员，应该为党和国家分忧解难，尽自己所能多做一点贡献，这是何等的高风亮节啊！

吴老品德高尚、乐群惠众、廉洁奉公，用自己的一生实践“人生是施与不是索取”的格言。他始终保持党的艰苦朴素的作风，生活十分节俭，但为救济农村贫困地区失学儿童，表示对失学儿童的一片爱心，却多次向“希望工程”捐款。他向大学、中学母校以及社会慈善机构捐款总数超过20万元。

吴老的一生，是不断自觉塑造共产党人高大形象的过程。1948年，他到解放区后，组织发给他一本《论共产党员的修养》，他认真学习后感觉到，“共产党对党员的要求是和自己的人生追求完全一致的。”

在吴老的身上，我们看到的是一个中华民族美好道德的传承与共产党员高尚精神面貌的完美结合。他对党、对祖国、对人民的无限忠诚和强烈的使命感、责任感，深得广大科技人员的爱戴和敬重。

2009年7月2日，中共中央组织部做出决定，追授吴大观同志“全国优秀共产党员”称号。并在全党、全国开展了向吴大观同志学习的活动。我荣幸地参加了由中组部、中宣部、国务院国资委党委、中航工业集团联合组织的吴大观同志先进事迹报告团。

吴老是我一生中最敬仰、最亲近、最知心的恩师，也是非常知心的至交好友。我们之间，可以无话不谈，特别是2000年我调到航空工业科技委工作以后，我们的办公室就在隔壁，他常常要我多给他谈一谈发动机行业的发展近况。每当我向他汇报到型号任务和预研计划取得进展时，他都非常高兴。有一次当我向他汇报总装备部和原国防科工委联合发布“2020年前航空发动机发展纲要”，并准备用多项计划来支撑“纲要”的实现时，他连连兴奋地说，你们干得很好，发动机这一下有希望了，竟高兴得像小孩子一样手舞足蹈起来；而当我说到某某项目存在着问题或故障时，他紧锁眉头，一再表示他有责任，总是说自己以前没有把技术基础打好。他对航空发动机事业的那种魂牵梦萦的执著和对国家、民族的那份历史的使命感、事业心使我深受感动，也经常作为鞭策和激励自己不断前进的动力。

吴老对我非常关心，曾经多次对我说：“大响，你现在是院士，发动机能不能搞上去，你的作用很关键，一定要多向高层领导汇报，要敢于讲真话、讲实话，使他们能了解发动机领域的真实情况，才能给予发动机事业更多的支持。”这些话，我听进去了，牢记在心中，也在身体力行，尽最大努力做好自己的工作。但我深感自己做得还很不够，与吴老的期望和要求还有很大的差距。

在人民大会堂刘大响作吴大观先进事迹报告

2009年2月18日，吴老因癌症晚期住院。我永远不会忘记，在吴老弥留之际，当我再次去医院探望他时，他凝聚着最后的一点力气，紧紧握住我的手，断断续续地对我说：

“航空发动机太难了！过去我们认识不够。

一定要吸取历史教训，按科学规律办事！

一定要加强预先研究！

一定要讲真话，不要怕！

一定要落实科学发展观，把我国的发动机搞上去！”

吴老的话音虽然很轻，但字字句句，像千钧重锤敲打着我的心。我真切地感受到，吴老对这“四个一定要”看得比他自己的生命还重要，这是他用一辈子的经验教训总结得出来的，他为之经受了多少挫折和苦痛！耗费了他多少心血和汗水！他要在自己离开这个世界之前，把自己几十年在航空发动机探索之路上获取的“智慧和所得”留传下来。春蚕到死丝方尽，蜡炬成灰泪始干！眼前这位可敬的慈祥老人，在我的心目中变得更加高大起来！

两行热泪从这个白发苍苍、面容消瘦老人的眼眶里流淌了下来，他的嘴巴又张了张，虽然没有声音，但我知道他还是想重复这四句话。我再也控制不住自己的感情，泪水从我的眼中夺眶而出，我怕自己哭出声来，赶紧对他说：“吴老，您放心吧，请您安心养病，我们一定会牢记您的嘱咐！一定不会辜负您的期望！”没想到，这一次竟成为我与吴老的最后一次见面！

吴老虽然离开了我们，但他的音容笑貌经常浮现在我的脑海里。他是我永远的导师。吴老永远活在我们心中，永远和我们在一起！

吴老长我19岁，但每次见面时，他都先提醒要我多多保重身体，这使我深受感动。我也知道，吴老在关心我、爱护我，是希望我多干几年，继续努力拼搏，完成他未竟的事业。我一定要牢记吴老的教诲，为了让国产飞机都装上强劲的“中国心”，生命不息，奋斗不止，鞠躬尽瘁，死而后已！

朋友的祝愿

自1989年第一次访问苏联，与苏联中央航空发动机研究院（CIAM）开展了许多项科技合作，取得了丰硕的成果，推动了双方航空发动机技术的发展，对世界航空动力技术的进步也做出了积极贡献，真正实现了互利双赢。

近四分之一世纪的紧密合作，我与CIAM的斯基宾院长、法沃尔斯基院士、巴尔菲诺夫副院长和姆尼拉卡扬教授等结下了深厚的友谊。这也是中俄两国人民传统友谊的一个缩影。2010年是CIAM建院80周年，应斯基宾院长的热情邀请，我与中国燃气涡轮研究院所马锋副院长一行5人办好了一切手续，准备前去莫斯科参加学术交流会，并出席庆典。但临行之前因身体不适，在医生劝阻下未能成行，使双方都感到十分遗憾。

2007年在莫斯科与俄罗斯中央航空发动机研究院斯基宾院长和法沃尔斯基院士在一起

在此之前，俄罗斯中央航空发动机研究院（CIAM）斯基宾院长等领导致函中国燃气涡轮研究院，对双方20多年合作进行了回顾，给我以较高的评价，这是对双方卓有成效合作的肯定，也是对本人的一种莫大的鼓励。现抄录如下：

1990年初，根据中华人民共和国和俄罗斯联邦政府的决议，中俄两国专家开始在工业界开展科技合作，其中包括在航空领域开展合作。中国专家与俄罗斯航空发动机领域专家的首次会面讨论的是有关发动机试验的问题。当时，中方打算在俄罗斯中央航空发动机研究院（CIAM）的试车台上试验中国研制的发动机。由此开始了CIAM与中国燃气涡轮研究院（GTE）和沈阳航空发动机研究所（SAERI）长达20多年的愉快合作。

在90年代初，CIAM与GTE签署了首批合作合同，在这个过程中，我们有幸结识了GTE的总工程师刘大响先生。1993年，由于中俄双方发动机公司的合作富有成效，决定成立俄中合资有限公司“京科”，到目前为止，该公司一直积极地履行着自己的职责。成立该公司的倡导者之一，就是刘大响先生。

在我们结识刘大响的20年间，我们共同举行了很多谈判。尽管谈判非常复杂且具有挑战性，牵涉到会谈双方的各种利益关系，但无论是技术会谈，还是商务谈判都非常顺利。正是从这些会谈中，我们看到了刘大响院士对待航空发动机预研和研制问题的具体观点和决定。

在与刘大响院士交往与会谈中，给我们印象最深的是他善于倾听合作者对技术问题的见解，深刻理解他们对技术问题的处理意见。必要时，他会很平和但很明确地提出自己实质性的意见。刘大响的谈判才华，使他总能达到预期的谈判目标，即开展中方必需的研究项目和真正能够获得效益与成果。

刘大响院士非常具有远见卓识，他能够高瞻远瞩地预见到最终要达到的目标，特别是在预测未来5~10年后要达到的目标，并能够为实现这些目标指引方向，他具有一个科学家和设计家独一无二的品质。

刘大响院士对航空发动机零部件的设计、制造和试验工作及其重要性有着非常深刻的认识。只有对航空发动机零部件的设计工作进行不断的修正，才有可能研制出高性能的部件（压气机、燃烧室和涡轮等）。只有在高性能部件的基础上，才能研制出具有竞争力的先进航空发动机。

在航空发动机研制中，遇到的最主要的问题是缺少高水平的人才。为此，必需建设一支为共同目标而努力工作的高水平专家队伍。在20年时间里，刘大响院士成功地培养了一大批高水平的专家。他与这些专家一起为中国设计、建造了中国首个高空试车台，与CIAM联合设计了新型航空发动机的压气机、燃烧室和涡轮部件，并完成了加工和试验研究。2005年底，又与CIAM联合设计并完成加工的航空发动机核心机——这是目前最复杂的热端发动机核心部件，且已在高空台上完成了试车。

尽管工作任务繁重，刘大响院士仍投入很大精力从事科研与教学工作。他编著出版的专题学术论文超过上百篇。由于他在航空燃气涡轮发动机领域对俄技术合作方面做出了突出贡献，被俄罗斯科学院授予了荣誉博士学位，这在俄罗斯是一个非常崇高的荣誉。

近些年来，CIAM与中国航空发动机领域合作进入了重要的阶段。中俄两国专家面临的主要任务是研制出具有竞争力的民用大涵道比涡扇发动机。CIAM专家与刘大响院士率领的代表团就该项目的合作举行了技术谈判并做出了重要的决定。在合作的第一阶段，拟定了发动机总体设计方案，并且设计、制造、试验和调试了发动机的部件试验件，包括大尺寸的风扇模型、全尺寸的高压压气机、燃烧室和高、低压涡轮。在获取试验件的全部真实试验特性后，再开始具有竞争力的先进民用涡扇发动机的工程设计工作。

采用这种工作思路研制出的发动机，通过对部件进行优化设计，以及采用新材料和新的工艺方法进一步的发展，从而使它具有很大的发展潜力。

在过去的20多年里，俄罗斯中央航空发动机研究院与中国航空发动机研究单位开展了广泛的合作。通过中俄合作，刘大响院士为加强和发展中国航空发动机事业做出了突出贡献。

我们衷心希望，将来还能有更多的机会与刘大响院士开展长久的合作，合作范围包括航空发动机各个领域，从航空发动机部件的数学模型到确定发动机及部件的性能，以及研发关键部件的新技术。

这么多年以来，我们与刘大响院士的交往都非常愉快，每一次与他交往都使我们受益匪浅，都使我们双方达到互利共赢，都使我们感到双方共同的进步。

斯基宾 V. A.
法沃尔斯基 O. N.
巴尔菲诺夫 G. B.
姆尼拉卡扬 IU. C.
2010 年 10 月 18 日

严文锦同志是湖北随州人，现年 82 岁。1948 年春参军，1949 年夏加入中国共产党。曾任江汉独立六团宣传队副队长。参加解放襄樊、沙宜、大西南等战役。立大功两次，三等功两次。60 年代初任 606 所党委宣传科科长，一室书记，政治部副主任。80 年代初任黎明公司党委常委，宣传部长，工会主席。全总十一大代表，“全国优秀企业思想政治工作者”，副研究员，1990 年春离休。

与严文锦合影

常宏同志是624所党委原副书记，他与严文锦是606所有名的两位“笔杆子”，都是我的好朋友。他们得知我要写回忆录，非常热心地帮我回忆在606所的许多想不起来的事，并看了我写的“回忆录”初稿，提了许多宝贵的修改建议。他们的热情使我十分感动。严文锦同志还赠诗一首，并用“人民之子”给我以鼓励，令我感到无尚的荣光。

人民之子刘大响

严文锦

2010年12月16日

人杰地灵属湘江，人民之子刘大响。
传统家教似雨露，北航名师育成长。
沈城八年夯基础，恩师吴老①有良方。
攻坚必备愚公志②，航空强国树理想。
铸就一身牛品德，松岭卅载精耕忙。
群策群力人心齐，排难解惑共思量。
建成亚洲第一台，为国争气又争光。
高推预研核心机③，临界转速④畸变场。
攀登险峰靠真功，聪明睿智加胆量。
探索动力发展路，人称大响响当当。

① 吴老：指20世纪60年代初606所技术副所长、中国航空发动机之父、全国优秀共产党员吴大观同志。

② 愚公志：吴老生前常讲：“搞航空发动机太难，航空动力人必须具备愚公移山的意志，树立航空救国、报国、强国的崇高理想，生命不息，奋斗不止。”

③核心机：指刘总在624所开展的探索航空动力发展途径，取得的高科技成果。1994年，“中推核心机”获国家科学进步二等奖，原中共中央常委、军委副主席刘华清称赞：“十年磨一剑，一朝结硕果。”

是推动飞机快速发展的原动力。过去100年航空动力技术已经取得了巨大的成就，极大推动了航空技术的发展，并推动了人类文明的进步。未来的100年，随着新的理论、方法持续发展和应用，21世纪的航空动力技术必将加速发展，取得更加辉煌的成就。希望在未来的100年中，中国能够对世界的航空动力技术的发展做出更大的贡献。

记得在70岁生日时，我曾写了一首《七十舒怀——自勉》的七言诗，现抄录如下：

七十舒怀

——自勉

2007年10月16日

人生七十古来稀，现今上寿①不出奇。
万里征途积跬步，学无止境苦攀登。
一生成长党指引，知恩图报中国心②。
老牛自知使命重，不用扬鞭自奋蹄。

①上寿：《庄子·盗跖》："人，上寿百岁，中寿八十，下寿六十"。
②中国心：指"航空发动机"。

这就是我的心声！

我完全相信，献身于航空动力事业的一代又一代中国航空人，一定会牢记使命，抓住机遇，迎接不管来自何方的严峻挑战，继续秉承"航空报国，强军富民"的理念，发扬"激情进取，志在超越"的精神，为我国航空动力又好又快地发展，跻身于世界航空动力强国之林做出更加辉煌的贡献！

附　录

刘大响院士的动力情怀

中航工业动力所党委

风雨如磐志弥坚，动力情深爱愈浓。刘大响院士献身航空动力事业50个春秋，与发动机研制结下深厚的情缘，他以高度的事业心和强烈的责任感、严谨求实的科学态度、开拓创新的进取精神，从一名普通的设计员逐步成长为航空发动机领域的著名专家和中国工程院院士。半个世纪的追求，他辗转从容，响应国家号召支援“大三线”建设，从中国老工业基地东北的大都市沈阳来到四川江油大山沟，参与高空台建设、主持完成高推预研和中推核心机研制，又为航空发动机事业的未来发展鼓与呼，以生命熔铸了他所钟爱的航空发动机事业。他满怀深情地说：“根治飞机‘心脏病’我甘当老黄牛，这辈子就是要为发动机而奋斗终生……”刘大响为我国走出自主研发航空发动机的道路做出了杰出的贡献，光荣将永远铭记在中国航空工业史册上。

信仰是旗帜，理想为动力

20世纪60年代，航空工程是新兴的学科，又是国防尖端，对报国心切的青年人具有很大的吸引力，刘大响憧憬着这一振兴中华的宏伟事业。1962年，当以优异成绩完成了在北京航空学院发动机系本科学习和副博士研究生结业时，正赶上国家三年困难时期，苏联又撤走专家，他壮志满怀，深信不靠外援，中国人自力更生也一定能干出一番大事业。在分配工作时，他放弃留在北京中央大机关工作的难得机遇，毅然北上沈阳，投笔从戎，参加沈字602部队（即现在的606研究所），投身于航空发动机科研的浩瀚海洋中，决心用自己的学识和汗水，为祖国的航空发动机事业而奋斗。

从刘大响院士的奋斗足迹中，我们体会到了航空动力事业需要千千万万中华儿女的艰苦奋斗，前进的道路不会一帆风顺，他们经受住各种考验，以坚定的理想和信念，誓把自己与国家的命运紧密地联系在一起，把自己的利益融合在为人民谋利益的奋斗进程之中。

606 所建所之初，迎接刘大响来所工作的是艰难与困苦，在 410 厂借来的厂房里办公，办公桌是从食堂借来的桌凳，两个桌子之间搭一块图板当办公桌，两三个人坐一条长板凳。厂房四处漏风，东北的冬天特别冷，煤炭供应不足，暖气不热，大家戴着棉帽子、棉手套办公。面对生活、工作条件的艰辛，刘大响没有怨言也不计较，而是融入到学员队伍中，认真读书学习，听专家讲课，向老同志学习，研读董绍庸教授写的《空气喷气发动机原理》，逐渐养成了每天提前 10 分钟上班，晚上抽 2 小时学技术的习惯。他一边学习，一边实践。

606 所建所初期进行的 815 发动机摸底工作，促使刘大响在实践中更深入地学习航空发动机知识，逐步熟悉和掌握发动机设计技术，提高了专业技术水平；所领导把他放在科研第一线，压重担、苦磨炼，进一步加快了他的成长。

1965 年 3 月，606 所成立第七研究室，负责 815 甲发动机型号的设计工作。27 岁的刘大响先后担任了总体性能组组长、党支部副书记和试车突击队副队长。当时所党委对七室工作的评语是：全室对高温涡轮的设计很重视，工作热情很高，在短短的 3 个月内就完成了气动计算、强度计算，绘制了涡轮部件打样图。不计报酬，全力以赴，天天加班到深夜，有一股子攻关的劲头。

由于总体与部件同步开展，设计中不可避免地出现反复协调，七室总体性能组虚心听取各方面的意见，严于律己，敢于推倒重来，通过大量工作，精益求精，获得了最佳设计方案，确保设计质量。七室在当年 3 月组建，5 月底就完成了涡轮部件图样设计，10 月完成 815 甲发动机设计，全部图样发往 410 厂等有关单位加工制造。刘大响所在的七室是一个特别能战斗的团队。高效率、高质量的设计受到所党委、所领导和兄弟单位的一致好评。

正当 815 甲发动机进入试制和试车前的准备工作时，所内外出现了一些对

815 甲发动机研制不利的说法：空心气冷叶片未知数多，难度大，目前条件不具备，人家英国搞了 8 年，要我们一两年就搞出来不大可能，希望推迟进度，最好另谋出路。

606 所党委认为：高温涡轮气冷空心叶片是“三新工程”（新方案、新材料、新工艺），技术要求高，任务要求急，协作单位多，研究困难是可想而知的。有这样那样的不同意见是可以理解的，但这些不协调的声音虽然是少数，如果任其漫延则对 815 甲发动机研制十分不利。所党委决定，由所领导率领机关人员分别下到基层，进行面对面的说服教育，提高认识，统一行动，以加快 815 甲发动机的研制进度。刘苏所长去研究室，张显政委去试制厂，田维良副政委去试验基地，吴大观副所长负责组织下部队蹲点调研的心得报告会，安排刚从空军某师“蹲点”回所的刘大响作报告。

当时的刘大响壮着胆，在 1500 余人的大会上讲了两个半小时，一是颂扬空军某师这支英雄部队在抗美援朝战争中涌现出王海、林虎、刘玉堤、赵保桐一批优秀飞行员，只有几十小时的飞行训练功底，就一举打败美国飞行上千小时老牌飞行员的英雄事迹；二是讲在 40℃高温下，抗酷暑顶烈日，空地勤人员一不怕苦、二不怕死、顽强拼搏、一丝不苟、勤学苦练基本功的动人事迹，讲自己在政治、思想、作风和技术上的收获和提高；三是按所的要求，重点介绍飞行员在歼 7 使用中发现 815 发动机所存在的问题，以及飞行员对 815 发动机的改进意见；四是讲在部队大熔炉里“蹲点”调研中个人在政治、思想、作风和技术上的心得体会。大响同志介绍说，歼 7 在使用中存在两大主要问题，一是腿短，二是加力推力脉动。也就是说，歼 7 不开加力就飞不起来，一开加力耗油率（单位时间耗油量）要增加一倍，致使歼 7 腿短，作战半径小。部队同志热切希望歼 7 不开加力就能飞起来，这样就解决了他们的大问题。其解决办法是：一是加大军用状态推力，实现不加力带副油箱起飞，计算结果需要提高涡轮前燃气温度 100℃左右；其次是高空加力不稳定，在高空条件下，造成飞行速度不稳定，忽快忽慢。一遇到加力脉动时飞行员感觉很难受，甚至想呕吐，希望加以改进。其解决办法是改进加力燃烧室设计，采用分圈分压直流式喷嘴技术，以解决高空小表速飞行时加力燃油气动雾化喷嘴的“气塞”现象。刘大响讲到这里时，下面就有人递纸条写道：深受鼓舞，消除了顾虑，增强了信心。有的称赞：听君一席话，胜读十年书。还有的人建议：这样有血有肉的报告要经常组织。会后七室更多的同志表示：我们一定要急部队之所急，想部队之所想，要加快815甲的研制进度。

在周一领导碰头会上，吴大观很高兴地说：“上周六，刘大响在部队蹲点的心得体会报告很精彩，效果很好，起到了统一思想、增强信心的作用，对搞815甲发动机研制起到了深入动员的作用。”刘苏所长说：“刘大响下部队调研报告的建议同袁美芳提出的815甲改进改型‘三不变’（空气流量、外廓尺寸、重量三不变）及提高涡轮前温度的设想思路是一致的。这是815甲改进改型的依据，坚定了我们集中力量攻克气冷空心涡轮叶片的信心和决心。”张显政委很幽默地说：“这个刘大响还真行，替我当了一天政委，好，好！思想工作就是要抓好典型，让群众自己教育自己。”

所党委决定趁热打铁，又召开了一次全所中层干部会，刘苏所长进一步作动员，统一认识、统一行动，进一步掀起大搞815甲研制的热潮。会上刘苏所长重申了中央军委1965年5月下达的815甲发动机设计任务书，传达了六院唐延杰院长关于“摸着石头过河”，循序渐进，初战必胜，争取时间将成果拿到手的科研方针和动员令；高度赞扬了在“6410”（1964年10月六院在601所召开讨论歼8飞机方案）会议上，六所总师荣科和我所副所长吴大观向唐延杰院长立下的军令状：按时拿下气冷空心涡轮叶片，否则提头来见的豪言壮语。他在会上还表扬了一些参研单位。刘苏坚定地说：“我们有中央军委和部、院的正确领导，有15个单位的大协作，特别是由我所七室设计，六所、九所和410厂及沈阳金属研究所用锻造、铸造两种方法研制的气冷空心涡轮叶片，已经取得了阶段性成果，只要我们从强军卫国的战略高度来认识这项任务的深远意义，坚定信心，团结一致，攻克难关，就一定能夺取最后胜利。正如彭德怀司令员常说的：千难万难，发动群众就不难；千条万条，依靠群众是第一条。”

动员会后，厂、所成立了815甲发动机研制联合领导小组。七室跟加工和搞试车的部分同志搬到工厂去上班，由410厂43车间和606所七室组成815甲试车突击队，任命43车间试车台台长周玉文为队长，七室刘大响为副队长。

815甲发动机第一次试车时由刘大响现场指挥，有不少领导上台参观指导。为了确保安全，试车时设置了3套紧急预案，严格规定了安全监控参数，建立了参试人员的工作责任制。1966年3月，第一台815甲发动机进行性能调试，6月16日完成第一阶段试验，性能一次达到设计要求，815甲与815原型机相比，涡轮前温度提高102℃，军用状态推力提高约14%。

空军曹里怀副司令闻讯责成空政文工团赶排四幕话剧《无限风光在险峰》，颂扬广大科技人员、工人、干部在不到两年时间内发扬独立自主、自力更生精神，一举拿下20世纪60年代航空发动机领域的尖端技术成果——气冷空心涡轮叶片的英雄壮举，极大鼓舞了815甲发动机研制的热情，此剧在沈阳黎明文化宫演出半个月，凡是815甲发动机参研人员（补安排）优先观看演出。

1966年12月13日，终于赶在毛主席诞辰（12月26日）前加工出一台装有410厂和沈阳金属研究所研制的9小孔铸造气冷空心叶片的815甲发动机试验机。刘大响和试车突击队经过精心准备，顺利完成了试车任务，性能全部达标。在这个8年前（1958年2月）毛主席曾经视察过的厂房内，顿时响起了掌声和欢呼声：毛主席万岁！人人激动得热泪盈眶。

大响情未了。1974年，选用815甲发动机的歼8飞机开展定型试验，要求815甲发动机上高空台试验。8年前担任过815甲试车突击队副队长的刘大响又重操旧业，带领624所20多名工程技术人员和工人，借用北京云岗五院31所的CS－01高空台开展这项工作。在31所同志的积极配合和支持下，他们调试设备、校准测试系统，制定试验大纲，编写试验程序，明确各自工作职责，搞好同沈阳飞机、发动机两厂两所的技术协调，排除试车中进口流场畸变而引起发动机喘振“放炮”等一系列故障，经过一年半的风风雨雨，于1976年初完成了815甲和815乙两型发动机的高空台试验。为歼8飞机、歼7改型飞机的定型做出了贡献，815甲/乙发动机在部队已服役了20多年之久。

随风潜入夜，润物细无声

刘大响走进606所听到的第一堂课，就是六院唐延杰院长讲的“先写正楷、后写草书”，“摸着石头过河、循序渐进”的航空科研发展思路，从而使他逐步懂得什么是从实际出发、实事求是的科学发展观；从吴大观、荣科等老一辈科学家言行中，感悟到实现航空报国、强国的理想，必须具备上刀山、下火海的勇气和攻不下山头，敢于提头来见的胆量；从身经百战的刘苏、张显等领导同志的言谈行动中，体会到战胜困难必须依靠群众、相信群众，树立人民群众才是推动历史前进的真正英雄的唯物史观；从空军某师王海英雄部队和火热的生产、试验第一线，才能学到抗酷暑、战严寒，顽强拼搏，战天斗地的真功夫。潜移默化、细雨润物，加速了大响同志的成长。

千里之行，始于足下。刘大响从设计员、专业组长起步，一步一个脚印，扎扎实实，埋头苦干，不尚空谈。606所的8年是他练真功、长见识的8年，是他增长才干、打好基础的8年，也是他铸就“不用扬鞭自奋蹄”坚韧不拔品格的8年。

刘大响把自己的喜好、愿望和追求与航空发动机事业紧紧地联系在一起。他怀着对党和祖国的赤胆忠心，积极响应国家支援“大三线”建设的号召，投身到火热的艰苦创业大潮中，党指向哪里就奔向哪里，国家的需要就是个人的志愿，完全置身于国家利益高于一切的境界之中。他毫不犹豫地携带全家大小，从繁华的大都市走进了大西南的深山老林中，虽然那里山青水秀，小路幽静，地里成片金灿灿的油菜花盛开，但工作和生活条件却相当艰苦，创业从头开始，建厂房、装设备、搞研究、做试验……一干就是30年。但刘大响坚定的航空报国理想和顽强奋斗的品格，成为他智慧和力量的源泉，路在脚下延伸，事业在这片热土上壮大、成长、蓬勃发展。

居高声自远，非似藉秋风

进入新世纪，已成为我国航空发动机行业第一位中国工程院院士的刘大响调到集团公司科技委工作，担任科技委副主任。他的站位更高，发展目光更长远，时刻思索着我国怎样才能走出自主研制航空发动机的道路。他以几十年精深的专业知识和丰富的实践经验为基础，认真分析比较国内外发动机的发展史，找出存在的差距，分析落后的原因，总结经验和教训，为航空发动机的可持续发展谋划方略，献计献策。

刘大响院士对航空发动机落后已成为制约我国航空工业和部队装备发展的主要“瓶颈”问题，内心感到非常着急。他认为，航空发动机是飞机的“心脏”，没有好的发动机，不可能有好的飞机。动力强则航空强，航空强则军力强，军力强则国家强。航空动力是一个国家的战略性产业，也是一个国家综合国力和科技水平的集中体现。要想加快航空工业的发展，必须坚持“动力先行、预研先行、材料工艺先行”的原则。美、英、法、俄等国家的航空发动机技术之所以能够高速发展，一个重要原因就是几十年来一直不断地、有组织有计划地开展了一系列不针对某一具体型号的基础性和应用性的预先研究，为新型号研制奠定坚实的技术基础，提供强有力的技术支撑。这是一条非常值得我们借鉴的重要经验。刘院士一贯主张要进一步加强基础研究、应用研究和技术演示验证，进一步加强材料、工艺研究及其工程化应用，进一步加强试验设备和信息化平台建设，以突破和掌握主要的核心关键技术。只有这样才能充分掌握新一代先进军民用发动机的自主知识产权，不断发展和完善有中国特色的先进航空发动机设计研制体系，逐步提升我国航空发动机的整体技术水平和研制能力，这是我国航空发动机行业真正实现“自主创新、跨越发展”的必由之路。

基于这些源自实践的真知灼见，作为发动机行业的知名专家，刘大响联合行业内外的院士和专家，多次向中央提出自己的看法和咨询建议，得到总装备部和有关部委的大力支持，先后实施了三项重要的预先研究和技术验证计划。

在这些计划的制定和实施过程中，刘大响院士分别担任专家委员会副主任、主任或总师组组长，付出了大量心血，取得了丰硕成果，做出了重要贡献。这些重大计划的立项和实施，我们606所获益良多，对加快型号研制提

动力求索路　航空报国情

——记刘大响院士在624所

中航工业燃气涡轮研究院

中航工业燃气涡轮研究院（简称涡轮院，代号624所），创建于1965年4月，隶属于中国航空工业集团公司，是我国航空发动机预研、设计和大型试验研究基地。

624所创建40多年来，建成了航空发动机大型连续气源高空模拟试验台（简称高空台），在航空发动机研制中发挥了不可或缺的作用；突破了系列航空动力关键技术，先后完成多项航空发动机高新工程研究；自主研制出我国第一台中等推力涡扇发动机核心机（简称中推核心机）、高性能核心机；取得了系列核心机研制和向型号派生发展的重大成果。从而，形成了航空发动机高空模拟试验、航空动力预研、航空发动机及其燃气涡轮机装备研发的核心能力。

高空台建设、中推核心机与高性能核心机的研制成功，都与“刘大响”这个响亮的名字紧紧地联系在一起。他自1970年到624所工作至2000年调往北京，在大西南的一个偏僻山沟里为之奋斗了整整30年！

刘大响作为中国航空发动机行业的杰出专家和该领域首位工程院院士，为624所的建设和发展做出了重大贡献。高空台缓建时期，他锲而不舍、坚持不懈，面对西方技术封锁，他睿智决策、集智攻关，为高空台建设付出了大量的心血和智慧。高空台的建成，使我国有了自主研制航空发动机的设备手段；同时奠定了624所航空发动机试验基地的地位。他是624所科研工作的领军者，他身先士卒、率领团队攻坚，取得了航空发动机预研和核心机研制的丰硕成果，使我国步入了自主研制航空发动机道路；同时也为624所赢得了中国航空动力预研中心的站位，并为624所航空科研事业的长远发展积淀了丰富的经验和技术基础。

历艰奋进，建设亚洲第一的高空台

1970年11月，为了建设大三线，606所第七研究室（即涡喷7甲型号设计室）全部人员和其他各室抽调的人员共308人，分迁至位于四川江油县的624所，刘大响与爱人和3个孩子举家从沈阳来到四川江油。时年他33岁，风华正茂，做事干练，踌躇满志。自此，他开始在这崇山峻岭中从事航空发动机试验基地建设和航空科学研究工作。

1971—1973年，刘大响在624所第一研究室从事高性能发动机设计研究工作，担任某型号发动机研制的总体性能组副组长，该项目因当时形势变化，加上指标过高而中途下马。从606所分迁入川的原七室70位科技人员，又奉调返回沈阳工作，刘大响则被624所留了下来。

1974年年初，刘大响进入第11室工作，这是一个专门承担高空台设计的技术研究室。从1974年到1983年，他先后担任室副主任、主任，一方面从事具体设计工作，同时担负起高空台设备调试和发动机试验研究的组织领导工作。

那时，作为三线单位的624所，生活、工作条件非常艰苦。他的家和办公室都在一栋“干打垒”楼房里，上层办公、下层住宿。他和其他有家属的职工一样，领着一家人上山拣柴，自己做饭。条件虽然艰苦，他和同事们的工作激情却很高。人们常见他快速摇转手摇计算器、手拉计算尺算出一组组数据；与别的技术人员合作，把两米长的钢板尺弯曲过来，在图纸上画出一条条大曲线。他和同事们用最简陋的工具，描绘着高空台的壮丽蓝图！

1980年6月，刘大响等6人从英国参加国产斯贝发动机高空台考核试验归来，他们正准备大干一场，却赶上国民经济大调整，高空台被列为缓建项目。缓建的那三年，经费锐减、安装队伍撤走、所内人心浮动，那是一段极其困难的日子。不少人感到事业无着落、前途渺茫。加之改革开放初期，东南沿海地区发展很快，对人才的吸引力很大，社会上流行“孔雀东南飞”，大量科技骨干人才陆续离开了。当时刘大响担任高空台试验研究室主任，他也有过很多困惑，思想压力很大。然而，他没有被困难所击倒。在每年仅有国家下拨的数十万元科研和设备维护费的情况下，他首先做好室内群众的思想工作，把大家团结在一起，一边组织“安装收尾队”，从所里借来几位老技师，自己带头当工人，领着全室同志完成高空台一期工程的安装收尾工作；一边探索研究高空模拟试验技术，主持制定了10多份技术文件和试验规程，将在英国罗·罗公司进行国产斯贝发动机高空台考核试验中学到的先进技术和调试经验，应用于SB101高空台中，顺利完成了高空台一期工程直接排大气调试，并于1986年完成了“涡喷13AⅡ发动机进口流场畸变模拟鉴定试验”，不但为我国自行研制的歼8Ⅱ飞机定型做出了贡献，而且使高空台一期工程提前8年投入使用，也为高空台二期工程建设赢得了宝贵的时间，从而鼓舞了士气，增强了上级领导和所内职工对高空台建设的信心。这些工作，对稳定军心起到了至关重要的作用，为后来高空台的试验研究工作打下了技术和人才基础。

1984年刘大响担任所副总工程师，协助所领导分工主管高空台建设技术工作。1986年他出任所的总工程师，全面主持所的技术领导工作。高空台数据采集处理系统，是高空台系统设备建设中的一大难点和关键。1988年初他率团访问美国，与美国一家公司几经洽谈，就成套引进高空台数据采集处理系统事项，双方签订了合同；但是，1989年“六四”风波后由于美国政府无理制裁，单方中止合同，成套引进已不可能。消息传来，他感到十分愤慨，经过认真思考和筹备，刘大响提出“总体自主设计，硬件分散引进，软件自行编制，现场联合调试”的应对方案，获得部领导的支持。1992年年初，他又亲自带队到美国，边考察、边谈判、边签合同，将原来“交钥匙工程”的大合同分拆为几个小合同，仍然从美国引进了大部分先进的仪器、设备和部件。自己确定总体方案，自行编制软件，自己负责调试，自主研制成功一套当时我国最高水平的高空台数据采集、处理和监控系统，其规模和功能超过了原来的“交钥匙工程”，为国家节约了25～30万美元的外汇。1994年中，高空台数据采集处理系统完成安装和联合调试。专家评审认为，该系统达到了20世纪90年代同类系统的国际先进水平。

在高空台试验区和零部件试验区的5个加温炉改造过程中，展示了他尊重科学的执著。当时，加温炉已经竣工，但还没有正式投入使用。经调试，炉膛升温需要30多小时才能达到试验所需的温度。试验时要提前一天半将加温炉烧起来，所加温的空气要排空，要浪费大量的人力、能源和时间。一位技术人员向刘总介绍一种新的保温隔热材料——硅酸铝纤维，可以提高加温速度、减少能源消耗。他通过调查研究，决定对加温炉进行改造，但上级主管人员不同意，认为“刚建好还没有使用就要改造，这是不合适的”。对他提出了批评，并派人到现场进行调查，但刘总仍坚持采用新材料，坚定不移地组织施工改造。改造后的加温炉，加温时间缩短到了5~6小时（现已只需3~4小时），大大节约了试验经费和能源消耗。后来，曾持不同意见的主管领导也对刘总大加赞扬，说：“这个事做得好，搞科学研究就是要讲实事求是。”

1994年11—12月，在刘大响总师的主持下，用815发动机和新引进的数采系统，第一次用供、抽气气源模拟飞行包线的真实高度和速度，完成了SB101高空台的整体联合调试。这次调试任务的完成，标志着我国自行设计建造、亚洲第一大型连续式气源航空发动机高空模拟试车台，在全飞行包线范围内的总体性能调试顺利完成，具备了中国高空台与俄罗斯高空台进行对比标定的条件。

高空台对比标定，就是用同一台发动机分别在两个高空台上的若干相同的模拟状态下进行对比试验，换言之就是交叉校准，以保证试验数据具有客观性和公正性，这是国际上通常的做法。

1989年12月18日，航空航天工业部批准刘大响为团长，带领一个团组到苏联进行考察和谈判，与苏联中央航空发动机研究院（CIAM）签订了高空台对比标定试验的合作意向书。此后经多轮谈判，双方签订了对比标定的试验合同。

1995年2月12日—3月2日，俄罗斯CIAM代表团来所，在焦天佑所长和刘大响总师共同主持下，双方共同用在俄罗斯Ц-4Н号舱中试验过的Р11Ф-300发动机，在我国SB101高空台上模拟相同的飞行状态下进行对比标定试验，两个台上发动机修正后的主要性能参数的相对误差在±0.7%～±1.8%之间，优于美、英、法三国高空舱之间对比标定的精度（他们的相对误差在1.0%～4.5%之间），充分表明我国高空台的试验技术及测试精度，达到世界同类设备的先进水平，使我国成为世界上继美、俄、英、法之后第五个拥有如此庞大规模高空台的国家，为国家和人民争了气。

1995年12月，高空台通过国家竣工验收、交付使用。至此，从1965年开始设计、历时30年建设，占地面积26.6公顷，由气源、加温、降温、控制等500多台（套）的各种系统设备组成，总装机功率20余万千瓦的高空台宣告建成！使我国成为继美、英、俄、法之后，第五个拥有这类先进航空发动机研发设备系统和技术手段的国家。

高空台是一个国家自主创新、研制先进航空发动机不可或缺的手段。20世纪60年代以来，世界上各种先进军民用航空发动机研制，都是通过高空台试验之后“飞”上蓝天的。624所高空台投入使用后，至今已相继完成了30多个机型，80多个台份发动机的科研、调试、考核、鉴定、定型试验，为航空发动机的发展和多个飞机的定型做出了突出贡献。

1996年，高空台被国家科委评为1995年全国十大科技成就之一；1997年高空台又荣获国家科技进步特等奖。刘大响和院长焦天佑在两年中两次走进人民大会堂，作为获奖单位代表出席颁奖大会，并受到江泽民、李鹏、朱镕基等党和国家领导人的亲切接见。这是中国航空工业和624所人的荣耀！同时，也是对刘大响及其建设团队的褒奖。

2000年，刘院士调到北京中航工业第一集团公司任科技委副主任后，仍继续为高空台的发展奉献智慧，一直担任着高空台重点实验室学术委员会主任一职至今。高空台学术委员会是一个由航空发动机研究、设计、试验、试飞、测试与控制等领域知名专家组成的“智囊团”，每年都召开一两次会议，为高空台的发展出谋划策，为重大技术决策把关。汶川地震过后，国家决定624所异地重建新的试验研究基地。他通过多方呼吁并撰文分析，建议一定要高起点、高标准建设这一试验研究基地和高空台，这些建议为新建试验研究基地提供了重要的决策支持和参考。

领军攻关，探索自主研制航空发动机道路

高性能推进系统工程预先研究（简称高推预研），是我国第一次按系统工程管理的大型航空动力研究工程项目。研究的目的是为中等推力涡扇发动机研制提供技术储备，其主要技术指标与当时西方尚处于型号研制阶段的同类发动机相当，研究领域基本涵盖了发动机设计所需的主要专业。这一项目，有全国20余家厂所、高校参加，624所是牵头的总设计师单位。这是我国自主创新、自行设计先进航空发动机道路的新起点！

10年高推预研，共完成各类试验研究报告2000多份，计算机软件300多个，各种样机、试验件200台（套）；其中，有的填补了国内空白，有的达到国际先进水平。在国内各种学术会议和刊物上发表论文1000余篇，在国际各种学术会议和刊物上发表论文450余篇。高推预研项目共获国家级和部、省级科技进步奖200多项。

高推预研工作启动后，第一任总设计师是我所总工程师袁美芳同志，她为高推预研的立项和早期关键技术研究做了大量工作，发挥了重要作用。1986年袁美芳总师与陈及恒所长同时调往广东佛山市工作，由刘大响接任总工程师职务，全面主持高推预研工作。

王靖寰与刘大响同志分别接任所长和总工程师时，正是所里最困难的时期。一是上级领导对高推预研做出重大调整，将GD－25摸底列入高推预研，大有以摸底替代自主预研之势；二是将原定的整机预研缩减为三大高压部件预研，后又将三大高压部件的高压压气机从七级做缩减为前四级，将带气动雾化喷嘴的短环形燃烧室缩减为蒸发管式、将气冷空心叶片涡轮部件缩减为实心叶片（0.8尺寸）涡轮试验件，只保留两个高压涡轮叶片的冷效试验，年度经费锐减至只剩下五六百万元，其中约有一半为外协费；三是国家改革开放，大搞军转民，东南沿海快速发展，对内地科研人员吸引很大，全国出现“孔雀东南飞”局面；四是外界对“高推预研”提出质疑，有些人甚至说“高推预研只是一堆废纸”，

“高推预研应立即叫停”；五是为了所里的经济效益，不得不分流部分军品科研骨干去开发与发动机毫不相干的民品项目，军品科研已到了难以为继的状况，不少同志感到了“经济危机、人才危机、生存危机、信心危机”。当时，624 所的气氛是沉闷的，职工心情是忧郁的。624 所的前景如何？出路在哪里？职工上下都感到困惑。正是在这种复杂背景下，所内不少技术人员以各种理由要求调走，出现了大量“外流潮”。

预研成果能否推广和应用，是上级领导最为关注的，也是624 所领导班子和刘大响总师日思夜想的重大问题；它关系到我国自主创新、自主研制道路能否继续推进，也关系到 624 所的生存和发展。刘大响总师深感责任重大、使命在肩。在所长和领导班子的支持下，他与许多中层干部和科技骨干个别促膝谈心，多次召开座谈会和总师碰头会，逐步形成了“在高推预研基础上开展三大高压部件和中推核心机”的设想和建议，他多次往返北京向有关领导和机关汇报，终于得到上级的理解和支持，为在高推预研成果基础上开展中推核心机研制争取到了机遇。1989 年 6 月，原航空航天工业部做出“在高推预研基础上同时开展三大部件和核心机预研”决定，1988—1990 年航空航天工业部、发动机总公司和部科技委发动机专业组召开一系列研讨会和评审会进行审查和讨论。1990 年 12 月，原国防科工委（即现在的总装备部）召开预研工作会议，将中推核心机技术研究列入国防科技“八五”期间 18 项关键技术之一。至此，中推核心机研制正式立项，终于登上了我国航空发动机研究的历史舞台。三大核心部件和中推核心机研制立项，翻开了高推预研新的一页，也改变了整个 624 所的前途和命运。

在现场总指挥王靖寰和总设计师刘大响带领下，只用了短短两年多时间，就突破了高压压气机、主燃烧室、高压涡轮关键技术。高压压气机全部技术性能达到设计指标，这是我国首台自行研制的达到当时世界先进水平的航空发动机高压压气机；主燃烧室、高压涡轮的技术指标与国际上同类发动机部件相当。三大高压部件的成功研制，坚定了航空动力界自主研制先进航空发动机的信心。

在中推核心机研制期间，作为第一总设计师的刘大响主持完成了立项论证、总体性能和结构的方案设计。他深入设计、试验第一线，协调确定总体方案和各部件设计参数；统筹兼顾，抽调技术骨干、组织精兵强将开展研制工作。中推核心机立项当年，就完成全套工程图设计，并投入试制。仅用 11 个月，430 厂就完成了第一台核心机加工、组装，并进入了地面台的试验验证。

中推核心机地面台试验，基本性能达到设计指标，并显示三大部件匹配性能良好；在高空台模拟风扇出口状态的试验过程中，中推核心机成功地越过了空中起动、低转速喘振、临界转速、高温高转速难关。

1994 年 1 月底，空军和原航空工业总公司的专家组来到高空台现场，考察中推核心机高空台试验，并对中推核心机研制进行技术评审。作为中推核心机试验总指挥的刘大响，果断地发出了推向最大状态的指令！随着油门杆缓缓向上推移，中推核心机直达最大转速，发动机发出的声音犹如一曲乐章，奏出了凯旋的高潮。同时，200 多个参数测量点的测试数据显示中推核心机的空气流量、压气机压比、涡轮前温度、推力、耗油率等技术性能都达到设计指标。

专家组的评审结论认为：中推核心机是我国航空发动机行业取得的重大突破，是在自行研制航空发动机道路上跨出的具有战略意义的一步！对我国航空发动机行业的振兴发展将会产生巨大的推动作用和深远影响。至此，我国自主研制的首台航空发动机核心机圆满获得成功！

1995 年，中推核心机参加国家“八五”预研成果展示会。刘大响向前来参观的江泽民、吴邦国、李岚清等中央领导汇报了中推核心机研制的丰硕成果。中推核心机研制，得到党中央、国务院和中央军委的高度重视和充分肯定。

“九五”之初，原国防科工委又批准高性能发动机预研立项；不久后又将此列入重大背景和关键技术项目“高性能燃气涡轮动力技术”。624 所作为牵头单位，刘总又担任该重大预研项目的第一任技术负责人，在他主持下与全行业 20 多家参研厂所、高校合作开展预研工作。这是战技性能指标更高的、具有跨代

④ 临界转速：指发动机在试车中，推到一定转速时，发动机出现共振，振动值突然增大；流场畸变，指发动机在工作中进口气流压力、温度不均匀，当进口流场畸变大到一定程度后会造成发动机喘振、放炮等故障。这些难关都被一一攻克。

不用扬鞭自奋蹄

弹指一挥间，如今我已经是70多岁的人了。但现在身体状况还好，还能发挥一点余热，做一点力所能及的工作。

看到为之奋斗了大半辈子的祖国航空发动机事业正在蓬勃发展，我感到由衷的高兴，浑身有使不完的劲儿。我真希望自己能再年轻一点儿，能在一线继续工作下去。但时间老人是公平的，自然规律不可抗拒，自己的精力、体力都不可能再与青年人相比、再与当年的自己相比。长江后浪推前浪，一代更比一代强。我国新一代航空发动机的技术骨干已经茁壮成长起来，他们在更为广阔的舞台上，正在施展着自己的聪明才智，演出一幕幕更加灿烂辉煌、更加威武雄壮的戏剧。他们是更有才华、更有能力和潜力的新一代。我为他们感到高兴，为祖国的航空发动机事业感到自豪。

兔年吉祥

2003年12月15日，中央电视台《百家讲坛》栏目邀我做了一次演讲，在次题为《飞翔的动力》演讲结束时，我讲了这样一段话：

“纵观航空发展的历史，可以毫不夸张地说，发动机在飞机的发展中起着关键性的作用。发动机是飞机的‘心脏’，

供了有力的技术支持，对整个航空动力行业的科研工作也起到了很大的促进作用。

刘大响院士十分重视航空发动机的人才培养。他语重心长地指出："人才资源是航空工业最重要的战略资源"，"动力要发展、人才是关键"。他亲自培养研究生，为厂所院校研究生课题进行指导，多次到全国各地为青年学子作报告、讲学。在航空发动机三项技术计划实施过程中，他多次指导606所青年人进行专题研究，鼓励他们大胆实践、自主创新，完成了多项多专业协同设计的技术验证，取得一批发动机技术创新成果，一支充满活力的青年科技骨干队伍已经茁壮成长起来。

"一个人一生中，执著地为祖国人民做一件大事，该是多么幸福!"航空发动机之父吴大观做到了，作为他的学生和接班人刘大响也做到了！在他们身上，充分体现了中国知识分子为国家富强、民族振兴矢志不渝的报国情怀，充分体现了老一代科学家为攀登科学高峰顽强拼搏、不懈探索的奋斗精神。在为共产主义而奋斗的鲜红党旗下，他们写尽了对中国航空发动机事业的思考和建议，写尽了对科学发展观的深刻理解，写尽了对祖国、对人民的忠诚与厚爱。从刘大响院士的人生追求中，我们深深地感悟到了他的"心系动力、航空报国"这一人生价值的千斤分量。

景仰化作行动，精神变成力量。让我们深入贯彻落实科学发展观，开拓进取，奋力拼搏，不断创新，实现"两融、三新、五化、万亿"战略目标，振兴航空动力事业，推动发动机产业加速发展，早日跻身于世界航空强国之林，为我国全面建设小康社会，实现中华民族伟大复兴做出应有的贡献!

意义的一个新的预研项目，其目的是为我国日后研制高性能发动机奠定坚实的技术基础，刘总又跨入了更加艰辛、风险更大的自主研制先进航空发动机的漫长道路！

刘大响作为“高性能燃气涡轮动力技术”总负责人他精心策划、精心管理，组织参研单位人员按照《预研技术方案研究任务书》要求，认真开展发动机顶层总体方案设计，在此基础上分解关键技术。设计方案确定并通过了上级专家组评审之后，共开题150余个，迅速展开高性能发动机关键技术预研工作，同时他抓住难得的历史机遇积极推进对俄科技合作。

“九五”期间，他与担任中推验证机总设计师的江和甫同志既分工又密切配合，组织参研团队共同推进两项研究，相继完成了三大高压部件以及风扇等部件的研制工作。后来经试验验证，这些部件的技术性能，均达到或超过了设计指标。“十五”之初，高推重比发动机预研进入了核心机研制阶段。

刘总调到北京工作后，由江和甫同志接任高性能发动机研究总设计师工作，但刘总仍一如既往地热情支持、关心高性能发动机的预研工作。在研制重要阶段的历次评审会上，他常担任专家组组长，组织专家对其设计、加工和试验方案进行评审，为研制工作把关；在核心机进行的一些重大试验时，他也多次回到高空台现场参与并指导试验工作。高性能发动机核心机的研制成功，是与刘总在624所工作期间打下的坚实基础和后来的热情关心、支持分不开的。

抓住机遇，积极开展国际合作

20世纪90年代以来，刘大响总师在上级领导和有关部委的支持下，抓住我国对外开放有利时机，积极开展航空动力技术国际合作特别是对俄合作。

在国际合作谈判中，他始终站在我国航空动力技术长远发展的高度，以强烈的责任感和大局观来把握国际合作的总体方向；坚持以我为主，合作项目和研究内容主要由我方确定。在合作项目的选择上，他把水平高、难度大、技术新、我方短期内难以突破的技术作为优先项目，从合同的技术谈判、执行到最

以便于在更大的范围内进行应用验证和评估，从而实现了仿真技术成果的行业内共享，避免了关键技术研究与应用验证的脱节，对于仿真技术自身的发展也起到了很好的促进作用。

同时，刘院士还积极组织仿真中心及国内相关研究单位，在充分利用和整合现有仿真软件和资源的基础上，与专业从事软件系统开发的商业公司合作，完成了我国第一代航空发动机数值仿真系统（CANSS1. X）所依托的航空发动机数值仿真平台（CANSSF，China Aero - engine Numerical Simulation System Framework）的开发。

CANSS1. X 系统完成开发后，已经逐步在 624 所等航空发动机主机研究院所得到推广应用。利用该系统，完成了现役及在研的 6 型发动机整机（包括涡扇、核心机、单轴涡喷、双轴涡喷、涡轴等）及 24 个部件（包括风扇/增压级、多级轴流压气机、轴流/离心组合压气机、直流/回流/折流/加力燃烧室、单/多级冷却涡轮等）的仿真计算和分析，并将仿真结果与设计和试验数据进行了初步的对比分析，结果表明：涡轮部件二维、三维仿真值与设计值的相对误差不大于 3%，压缩部件二维、三维仿真值与设计值的相对误差不大于 6%，发动机整机二维（S2）仿真值与设计值的相对误差在 0. 73% ~2. 8% 之间，发动机一维整机相对误差在 1. 03% ~3. 08% 之间，基本满足工程应用的要求。

在刘院士的领导下，在“十五”期间的短短 4 年间，仿真中心在 CANSS1. X 系统开发、应用、验证及相关技术研究中，完成了相关研究报告和技术文件 312 份、折合 A4 计 10185 页；完成了软件开发 32 项，其中 27 项为源代码模块，总计源代码约 2227700 余条；申请受理软件著作知识产权保护 4 项；申报国防科技进步奖一项；有了一个良好的开局，取得了丰硕的成果。

“雄关漫道真如铁，而今迈步从头越。”在 CANSS1. X 取得初步应用验证和成功推广使用后，刘院士的目光已经投向了“十一五”、“十二五”以至 2020 年、2030 年仿真技术的发展远景。为了彻底扭转我国航空发动机落后的被动局面，根治航空发动机“心脏病”问题，实现从“传统设计”到“预测设计”的革命性转变，刘院士已经开始筹划航空发动机数值仿真技术新的发展规划，仿真中心也必将伴随着我国航空动力技术的发展而共同成长壮大。

终验收，采取全行业参与方式，组成“国家队”来实施，使多家航空厂所和高校从中受益。

在对外合作的实施中，他大力推行“平行设计、交叉评审”方法。两家相互交换设计结果，并进行相互验算和评审，通过不断“比较—接近—再比较—再接近”，最终达到基本一致。他要求中方人员把合作项目与国内研究项目紧密衔接起来，最大限度地消化吸收对方的先进技术，修改完善自己的设计方法。这样一来，不仅可以获得一套高水平、高质量的设计图样和资料，而且还能较为全面系统地掌握先进的设计技术、设计经验，完善我国的航空发动机设计体系。

他坚持“老中青三结合、以中青年为主”方针，把培育、锻炼中方技术队伍放在对外合作的重要位置。合作项目的选择、论证、合同文本的编写以及派遣出国人员，都有占总人数50%～60%的中青年骨干参加。在他的推动和组织下，通过“走出去”培训、“请进来”讲学的办法，使中方的技术队伍得到锻炼，技术水平得到较大提升。

同时，他积极推动实施民用飞机发动机技术对俄合作，达成了民用飞机发动机及其部件技术研究的多个对俄合作合同。他同样把这一合作建立在以我为主的基础之上。如利用中方成功研制一型核心机匹配低压系统，进行大型民用飞机发动机研制可行性研究。他的这些努力，把航空发动机设计技术国际合作推向了一个新的领域。

航空报国，事业和人品留口碑

刘大响的事业心、责任感、人格魅力，在624所干部职工中留下了很好的口碑。

624所现任院长郭昕深情地说：“刘总对航空事业富有开拓精神。在高空台建设期间，他组织实施高空台的设计、使用和试验技术研究，结合科研任务和对外合作大力培养人才。他的这些努力，充分体现了他的前瞻性思维，展示了他的使命感、责任感和大局观。刘总对航空科研工作充满睿智，充分体现他科学、求实的决策艺术。刘总不仅为高空台建设、航空发动机研制、探索自主研制航空发动机道路，以及624所的发展，做出了开创性的重大贡献；更为可贵的是为我们塑造了一种科研精神和工作方法。”

中航工业燃气涡轮研究院副院长侯敏杰佩服刘总：“是我国航空发动机高空模拟试验技术的开拓者，是一位自主研制航空发动机的探索者。特别是在首台自主研制的核心机高空模拟试验中，他克服了缺乏专用核心机试验设备，缺乏核心机试验经验等困难，以巨大的工作激情，在挑战面前毫不退缩，以自己的远见卓识和不懈努力，取得了我国首台核心机研制的成功，为我国先进航空发动机研制打基础、建平台，贡献出全部的智慧和力量。”

中航工业燃气涡轮研究院前任院长焦天佑与刘大响共事多年，在回忆中谈道：刘大响在高空台建设中给人留下了深刻的印象，他对航空发动机事业有非常强的责任感和使命感。他到高空台负责设计工作，没过几年高空台就被缓建，在极其困难的条件下，他没有退却、更没有逃避，利用有限的经费，主持了高空模拟试验技术研究，利用他在英国参加斯贝发动机高空模拟试验时学到的技术，带领技术人员，不怕风险、不怕反复、不怕技术难度大，一步一个脚印，解决了大量的设备故障和技术问题，建立了我国高空台的多项高空模拟试验方法。在高空台数据采集处理系统的引进项目中敢于创新，成功自主研发了高空台数据采集处理系统。刘大响为高空台建设做出了重大的贡献。

时任刘大响所在设计室党支部书记的周振德回忆说：“大响之所以出色，是因为他付出得更多。他爱学习、肯钻研、事业心强、面对困难不退缩。跟很多出类拔萃的人一样，他的成长过程也不尽是坦途，也历经了许多困难和磨砺。调624所之初，我们设计室的主要任务是某型发动机设计。1972年5月，这一项目任务下马了，室里好长一段时间没事做，一些人就不来上班。别人不来，大响照常准点上下班。没有别的事做，他就翻书学习。一些人闲散度日，他却在钻研。”

曾任624所高空台试验研究室党支部书记的曾伯勤回忆说：“大响同志为人正直、有啥说啥，讲究方法。他总是以商量的口气与同事们交流，‘你们看我这个建议是不是合适一些’。每次高空台试验涉及的单位和设备很多，他作为技术负责人在主持试验协调会时，首先让大家充分发表意见，最后才提出自己的看法和要求。他一步步走上了领导岗位，地位变了，但他和群众打成一片的作风始终没有变。调到北京后每逢回到624所，遇到熟人他都要打招呼、聊聊家常，没有一点儿架子。这也正是他的人格魅力所在。”

624所有一位中专学历技术员，当了研究室的副主任，这在科研院所应该说是很少见的。这位同志至今还说：“刘总特别注重培养人才，不拘一格用人。刘总见我对试验设备比较了解、遇事爱琢磨，就破格举荐我当了室副主任。当时我们一批人的成长，都与刘总培养人、善于用人是分不开的。”

刘大响结合科研工作，为发动机行业和624所培养了一大批人才。在他培养的研究生中，现在很多已在624所的科研工作中发挥着骨干作用。他在624所工作期间，作为导师培养的研究生，如张建、郭昕、蔡毅、侯敏杰、李继保、王永明等同志，都先后走上了航空工业企事业单位领导岗位。

他是一位著述颇丰的专家。他的《试车环境对航空发动机性能的影响及修正方案》、《航空涡轮喷气和涡轮风扇发动机进口总压畸变评定指南》、《航空发动机进排气装置》三部专著，撰写的近百篇科技报告和论文，对航空发动机设计与研发具有极其重要的指导作用。他还编撰了一本高级科普读物《航空发动机：飞机的心脏》，起到了让社会了解、支持航空工业的良好作用。

他作为国家某重大计划专家组组长，奔波于各个承研单位，指导研究工作；组织专家，对各个阶段、各项课题任务进行检查、评审，保证了任务进度和质量。该计划的实施，逐步建立起了包括设计软件、设计规范、数据库在内的航空发动机设计体系和信息化平台。通过该计划，充分发掘已有发动机和试验件等存量资源的技术信息，积累了设计经验，总结出了带有规律性的设计方法和流程，这为自主研制航空发动机提供了设计手段和工具。624所等中航工业厂所一项项课题任务的顺利推进、完成并取得重大成果，其中一些技术和研制平台已在型号研发中发挥了作用。

有一次，他回到624所主持一项重大装备研制评审，624所的几位同志去看他，关切地问："刘总，你还是像过去那样忙；听说你今年光飞机就坐了 80 多趟，身体吃得消吗？您要多注意保重身体哟。"他说："只要我还没有躺下，我就要干，当专家就要向国家负责。能为我国发动机的发展出一点力，对我个人来说比什么都强！"这就是一位科技工作者、一位老专家的航空报国情怀！

如今，为我国航空工业整整奋斗了半个世纪的刘大响院士，还是那样激情、执著和开拓，为建设更加宏伟的航空发动机试验研究新基地和先进的高空模拟试车台而建言献策，为技术性能跨代的航空发动机研发而不懈地求索！

2010 年 12 月

关注科技前沿　推进动力发展

——记中国工程院院士、著名航空发动机专家刘大响

北京航空航天大学

中国工程院院士、中航工业第624所原总工程师刘大响是北航航空发动机仿真研究中心（简称仿真中心）主任、航空发动机行业的战略专家和重要技术带头人。他一直敏锐地注视着世界航空动力技术的发展趋势和科技前沿，并不断在思考我国如何发挥后发优势，寻找最佳机会和实现跨越发展方向。在科研实践中，他站在国家航空科技事业的战略高度，以强烈的事业心、责任心和当代知识分子的历史使命感，为学科的研究和发展、为高水平科研技术人才的培养做出了突出的贡献。

推动中心成立，促进战略转变

航空发动机数值仿真技术是将现代相关学科最新研究成果、多年积累的实践经验融会贯通，综合应用于发动机研制的一种革命性的手段，是计算流体力学（CFD）、计算结构力学（CSM）、虚拟现实（VR）、计算机和信息技术等最新成果在航空发动机上的综合应用。

自20世纪90年代以来，国际航空动力界人士一般普遍认为，数值仿真是继理论分析和试验研究之外，成为了航空发动机研制的第三种必不可少的设计和分析工具。各航空发达国家都相继制定并实施相关计划，积极开展发动机数值仿真技术研究。数值仿真技术已逐渐发展出了整机/部件/系统配套、多学科综合、完整规范的发动机数值仿真软件体系、支持数据库和应用规范，并与数字化设计和制造密切关联，贯穿于航空发动机研制、生产、使用、服务等全寿命周期，成为先进航空发动机设计体系的重要组成部分，为航空发动机的研制和

技术进步提供了强大的技术支持。

从20世纪90年代以来，刘大响院士就密切关注国内外航空发动机数值仿真和模拟技术的进展和趋势，并多次利用出国考察、交流、合作的机会，有针对性地对俄罗斯中央航空发动机研究院（CIAM）、加拿大普·惠公司、英国罗·罗公司、德国宝马罗·罗公司、剑桥大学等国际著名研究机构、公司和大学在数值仿真技术方面的成就和进展进行了充分的了解、学习和交流。他凭借着多年来对航空发动机技术内在发展规律的深刻认识以及对国内现有体制机制的熟悉和了解，在这些制约我国航空发动机数值仿真技术的众多复杂矛盾中，看到了解决问题的核心和关键：技术上抓系统集成，管理上抓专业化体制。并据此提出了：以整机仿真为目标建立我国自己的航空发动机数值仿真系统，以高校和中航工业为依托建立专业化的航空发动机数值仿真研究机构。

为此，刘院士早在2000年8月举行的一次由国防科工委组织召开的航空动力行业发展研讨会上就提出，在国防科工委领导和支持下，按国家级或部级重点实验室的模式，由中航一、二集团的相关院所与北航联合组建航空发动机仿真研究中心，行政上挂靠北航，业务上相对独立，成为国家财政支持的航空发动机数值仿真技术专业研究机构和国内外技术交流的研究基地。

刘大响院士的设想得到了有关主管机关领导，当时的中航一、二集团领导，北航校领导和行业内外专家的广泛支持。在他的积极建议和大力促进下，2003年11月6日，由原国防科工委三司组织，在北京召开了关于组建航空发动机仿真研究中心的协调工作会议。会后，北航按照国防科工委领导的指示精神，同意以能源与动力工程学院为依托，筹建航空发动机数值仿真研究中心。刘大响院士被任命为仿真中心主任，同时任命了专兼职副主任、专兼职副总师等行政和技术领导人员。

到2004年年底，短短的一年多时间内，迅速形成了包括总体结构、总体性能、压气机、燃烧、涡轮、喷管、传热、计算声学、结构强度、多学科耦合优化、数字化与系统开发、集群管理、VR应用、数据库、网络安全等各专业人员，行政、资料管理、党务工作等各类辅助人员30余人的专职队伍，以及以

624 所、606 所、608 所、614 所科技人员为主的 50 余人兼职科研团队。

在刘大响院士积极组织和推动下，仿真中心的筹备建设和日常工作走上了快速发展的轨道。

立足国内领先，瞄准国际前沿

航空发动机数值仿真技术的研究和应用，离不开以高性能计算机和虚拟现实系统为标志的高性能仿真环境的支持。为此，刘院士在其参与的“十五”航空发动机专项技改项目的规划中，单列了仿真中心技改项目。为充分发挥投资效益，避免重复建设，仿真中心将在中德联合工程中心（JET）已有的软、硬件存量资源基础上，进行必要的补充和完善，形成可支持“十五”期间数值仿真技术研究的软、硬件条件。在刘院士的亲自关心、指导和支持下，仿真中心在进行技改项目的规划论证和方案设计时，瞄准当时世界前沿技术，提出引进由当时最先进的 128 个 Itantium2 CPU 组成的高性能集群计算机系统，以及由双通道投影仪组成的 4 米 ×1.5 米立体交互式三维图像平面视景墙虚拟现实（VR）系统，以满足整机仿真的需要。这些设备不仅在当时的航空动力行业内部处于领先地位，在国内高性能计算领域也处于技术前沿。

经“十五”技改建设，仿真中心目前已拥有运算速度超过 7000 亿次/秒的高性能集群计算机系统和 4 米 ×1.5 米多通道立体三维视景生成设备各一套，高性能服务器和工作站 60 余台（套），CAD/PDM/CFD/CSD 等各类商业软件和自主开发软件 50 余套，高性能计算和虚拟仿真能力在行业内处于第一，为航空发动机先进数值仿真技术的研究和应用提供了工程实用的软、硬件环境。

坚持自主创新，加强对外合作

仿真中心成立后，刘大响院士立即组织技术人员投入到航空发动机数值仿真技术的研究工作中。通过对国外资料的分析和调研，大家一致认为，航空发动机数值仿真技术的主要研究工作和任务之一就是建立一套以计算机技术为平台、以航空发动机技术为核心、以工程应用为目标、多学科耦合、具有自主知识产权的航空发动机数值仿真系统以及支持其工程应用的专业软硬件集成环境，为技术决策提供支持，为现役型号的使用提供快速故障诊断、分析和异地技术支持，为新技术、新方法提供考核、验证和应用平台，从而提高了我国航空发动机数值仿真技术的“起跑线”，缩短与先进国家的差距，为实现我国航空发动机研制向“预测设计”的转变奠定技术基础。

确定了这一目标后，技术难题接踵而来。如何尽快拿出以发动机整机仿真为重点的仿真系统，成为研究工作的关键。刘大响院士及时提出可以借鉴发动机行业从测绘仿制到自主研制的发展过程，从国际合作入手，通过引进吸收消化再创新，不但可以提高我们的起点和研制水平，也可充分发挥后发优势，少走弯路，在该项技术领域尽快取得突破。在刘院士的全力支持和亲自带领下，仿真中心对俄合作取得了圆满成功，为我国航空发动机数值仿真系统 CANSS1. X 的开发奠定了坚实的技术基础。

在消化吸收对俄合作取得的技术基础上，刘院士坚持自主创新，他认真组织实施仿真中心所承担的科研任务要求，以整机多维气动热力仿真、叶轮机部件全三维气动仿真和涡轮部件气—固热耦合仿真为重点，开展了多项关键技术的研究工作，实现了整机一、二维气动热力性能稳态及过渡态仿真、带处理机匣的压气机内部流动的高保真气动仿真、多级涡轮全三维非定常气动仿真、带内部冷却的涡轮叶片气—固—热耦合仿真、考虑进气畸变条件下的风扇全环非定常数值仿真、压气机叶片气—固耦合仿真、带声衬的风扇/压气机进气道三维高精度气动声学仿真、叶盘结构振动应力数值仿真等，为进一步开展航空发动机主要部件的非定常、高保真、多学科综合仿真奠定了技术基础。

开展关键技术研究，为全行业提供服务

仿真中心的定位和职能是为全行业提供支持和服务。在仿真技术对外合作过程中，无论是出国去俄罗斯执行合同，还是在北京与俄罗斯专家进行交流，刘院士都安排中航一、二集团各研究院所的有关兼职人员与北航的专职人员一起工作，并将接受的俄罗斯软件和文档等技术资料都及时分发到各研究院所，

决策支持立新功

——刘大响院士在中航工业科技委

中航工业科学技术委员会

2000 年 9 月，63 岁的中国燃气涡轮研究院总工程师刘大响院士从四川调到北京，担任中国航空工业第一集团公司科技委副主任（后中航一、二集团合并，转任中航工业科技委副主任），进入决策支持系统，分管发动机专业的咨询参谋工作。当时，他还是航空工业科技委和总装备部科技委兼职委员及发动机专业组组长、国防科工委专家咨询委委员，中国工程院机械与运载工程学部副主任。2003 年当选第十届全国人大代表和常委委员，这使他广泛接触到中央领导机关和更多专业领域，从而开展了更多的工作、发挥出更大的作用。因此，在首都北京、在中航工业科技委，是刘大响院士职业生涯中继 606 所、624 所之后的第三个重要阶段，也是站位更高、贡献更大的一个时期。10 年来，他在航空发动机发展战略研究、三大研究计划论证、发动机型号研制、航空工业发展和国计民生各方面积极建言献策、当好参谋，成效卓著，为加速航空动力的振兴发展和祖国的繁荣富强再立新功！

精心谋划，持续开展战略研究

发展战略是统帅全局、着眼长远的纲领，指导规划计划的制定和科研、生产、建设，对整个动力行业的发展具有重大意义。因此，发动机发展战略研究是科技委的首要任务之一，也是刘大响院士亲自主持、持续开展的一项重要工作。

早在 1986—1988 年，航空工业部科技委第一次组织 2000 年中国航空工业发展战略研究，时任 624 所总师的刘大响是 2000 年航空动力发展战略研究的负责人之一。

1997—2004 年，大响院士为组长连续主持了 2020 年航空发动机发展战略研究。这次研究分四个阶段：(1) 1997 年 4 月—1999 年 4 月，航空工业总公司科技委、发动机局和总装备部军用常规动力专业组有关专家联合组成研究组，开展完成了《2020 年中国航空动力发展战略及对策》研究。(2) 1999 年，中国工程院咨询研究课题，12 名院士和 18 名专家参加，在香山科学会议的基础上，提出了《关于加速发展我国航空动力的建议》，上报中央。(3) 2000 年 5 月—2001 年 12 月，国防科工委下达的航空发动机发展战略研究课题，完成《加快我国航空动力发展的思路和建议》主报告和三个预研计划论证报告。(4) 2003 年 3 月—2004 年底，中航一集团组织开展 2020 年航空科技发展战略研究，完成了 2020 年航空动力发展战略及其深化研究。

2007—2010 年，中航工业集团公司组织开展 2030 年航空科技发展战略和“十二五”规划研究，总装备部组织开展 2030 年前国防科技和武器装备发展战略研究，大响院士作为航空动力组组长，分别主持完成了两个部门布置的 2030 年航空发动机发展战略研究。通过两年多的工作，分别写出一个总报告和十几个分报告。

上述 2000 年、2020 年、2030 年三轮发展战略研究，在国内外环境分析和总结经验教训的基础上，提出我国航空动力发展的指导思想和总体思路、发展目标和主要任务、实施方案和技术途径，以及政策措施建议等，制定了行动纲领，绘制了发展蓝图，对航空动力的预先研究、型号研制、试验能力建设都具有重要参考作用。多年的实践证明，我国航空动力的发展，基本上是按上述战略研究的思路和规划进行的。而作为航空动力研究组组长，刘大响院士精心谋划，集中专家群体智慧，发挥了关键性作用。

重视基础，大力推进预研工作

刘大响院士早年参加型号设计，后来长期从事航空发动机预研工作，深知技术基础的重要性。对“四个一代”的战略思想和“振兴航空，动力先行、预

动力学院的老师、同班同学和仿真中心科研人员的座谈会，老师、老同学以及今天奋战在航空发动机教学、科研工作一线的年轻朋友，对我的工作给予了充分肯定，这也使我非常感动。没有北航党组织和老师们的培养教育，没有北航在后来各项工作中的大力支持，我也不可能有今天的成绩和收获。我在北航航空发动机仿真研究中心的工作中，也只是尽了自己的一点点绵薄之力，老师和老同学们的亲切话语，对我来说更是一种莫大的鼓励和鞭策。

中航工业科学技术委员会是一个团结战斗的集体，是一个为集团公司做好科研咨询、指导、把关的决策支持机构。这里有全国优秀共产党员、“航空动力之父”吴大观同志，他是我相识近半个世纪、培养教育我健康成长的恩师，是我胸中永远的丰碑；这里有为航空工业建功立业、做出重大贡献的刘高倬、张彦仲和张洪飚三位集团公司的前任总经理；有我十分敬重的“试飞英雄”王昂副部长；有德高望重的两院院士顾诵芬，有成就卓著的张彦仲、冯培德、尹泽勇院士；有一大批在中航工业各级领导岗位上做出重大贡献而退居二线的老领导；也有意气风发、热心工作的年青朋友们。在这个充满团结、友爱、睿智、奉献的集体中工作，是我莫大的幸福和欣慰。

在这里我要衷心感谢为我的“回忆录”撰写工作提供许多帮助的科技委孙卫航、张池、彭友梅、贾小平、曲洁、蔡伯成同志；黎明公司前任工会主席严文锦同志；606 所的程荣辉、刘廷毅、常宏和李京雪同志；624 所的郭昕、李建榕、马锋、王民昇、刘晓东、文广、斯永华、何谦同志；北航的方韧、金捷同志。

在这里我还要特别感谢曾应邀出席科技委、624 所、北航调研座谈会的我的老师、老领导、老同事、老同学和年轻朋友——周振德、曾伯勤、朱光亮、王润宗、庄廷科、高志荣、张富纯、刘仁杰、侯敏杰、赵光敏、陈建民、杨志军、陈通蓉、夏光义、刘宗义、钱笃元、陈爱华、吕激、程信华、胡正义、施隆德、江义军、周拜豪、康涌、卢传义、黄顺洲；北航陈光、黄熙君、李其汉、杨茂林、张津、曹玉璋、郭雷、胡昌旭、张青竹；科技委张池、陈浚、周晓青、唐智明、张皖南等同志，他们对我的所有评价和看法，都是对我莫大的鼓励、关爱和鞭策。

在这里我要衷心感谢湖南祁阳一中89岁高龄的蒋炼先生（我的老师）、蒋民主老师、清华大学王玉明院士、北航原校长助理张竹筠同志为我题诗赋词，使我的回忆录添光增采。

在这里我还要真诚感谢航空工业出版社的所有领导和相关同志，他们为了将回忆录打造成精品，付出了加倍的努力和辛苦。

在勉强完成回忆录撰写任务，将书稿交给出版社同志后，我仍感到深深的不安。因为自己的文笔笨拙，加之年代已久，很多事情已然想不起来，许多细节虽经多方考证，力求准确、真实，但书中肯定还会有不少疏漏和错误，回忆录中的个人观点和看法，仅仅是自己的当时的一些想法，可能很幼稚、很可笑，也可能是完全错误的，但确是当年自己真实感情的流露和写照。因此，我真诚地希望得到读者的批评和指正。

刘大响

2011年3月25日

研更要先行”的方针衷心拥护、大力宣传、身体力行。

20 世纪 70 年代，大响同志参加了三代发动机预研计划的论证；80 年代后期，在航空航天工业部发动机总公司领导下，他在主持三代发动机预研的同时，又主持了四代发动机预研计划的论证；1990—2000 年，在刘院士主持下四代发动机的预研取得阶段性成果后，他又马不停蹄组织论证提出了三大新的发动机研究计划，即：技术验证计划、民用航空发动机关键技术研究计划和未来先进航空发动机技术研究计划。从 2000 年至 2010 年，在中央和国家各级机关的领导、支持下，这三大预研计划先后立项实施，有的已取得了丰硕成果，必将为我国航空发动机的自主创新和持续发展提供强大的技术支持。刘院士为此付出了辛勤劳动，做出了重大贡献。

胸怀蓝天，重点工程建言献策

刘院士航空报国、心系动力，对飞机、发动机重点型号工程，积极建言献策，提供技术咨询，为领导、为一线当好技术参谋，发挥了有力的决策支持作用。

发展大型飞机是全国人民热切期盼的大事。从 2004 年 3 月到 2007 年 3 月，刘院士作为第十届全国人大常委，就大飞机工程问题，先后提交了三个建议和一个议案，约有几十位人大代表或常委参与了共同署名。作为论证委员会成员之一，他还多次参加了国家组织的大型飞机方案论证工作，就大型飞机及其发动机研制方案提出了许多有价值的意见和建议。例如：关于干线客机用大涵道比涡扇发动机先装国外的后换国产的、先搞验证机后上原型机的两步走发展思路，得到大家的认同和采纳。

对于“太行”、“昆仑”等重点发动机型号，他热情关注、大力支持；对中推涡扇发动机的发展，他多方呼吁、积极促进；他在技术验证计划中，结合设计体系的建立和验证，提前安排了大涵道比涡扇发动机的技术研究工作，为后来国家立项研制型号起了关键性作用；他组织 9 位院士和 9 位专家成立 R0110 重型燃机技术顾问组，为该项国家 863 重大专项工程排忧解难、保驾护航，对研制工作起到重要的促进作用。

参政议政，热心关注国计民生

作为全国人大常委，刘院士牢记人大代表的神圣职责和义务，积极主动参政议政，除航空工业的问题外，有关国计民生的一些重大事项，他都热情关注、积极参与。

2008 年汶川大地震发生以后，中国航空学会决定开展大力发展航空应急救援能力的咨询研究。作为学会副理事长和该项课题负责人，刘院士牵头组织有关院士、专家积极开展了广泛深入的调查研究。2009 年 4 月，由 27 位院士共同署名向中央提出建立我国航空应急救援服务体系的建议，并呼吁逐步开放低空空域、大力发展通用航空。对此，胡锦涛、温家宝、习近平、李克强等中央领导同志亲自做出重要批示，得到国家有关部委的高度重视和采纳，其中多项建议已经得到落实，有的正在逐步落实中。

2006 年 4 月，刘院士收到 420 厂老厂长柸云汉同志和 40 多位退休职工的两封来信，反映中央所属国有军工企业退休职工的退休养老金过低问题。他认为这个问题带有一定的普遍性，关系人民群众的切身利益，如解决不当，不利于社会的和谐稳定，也有损于党和国家的威信。于是，他以个人名义，给王兆国副委员长写了一封信，建议国家给予解决。中央领导对此问题十分重视，做出了重要批示，有关部门及时进行了研究处理，经国务院批准，劳、财两部下发了调整企业退休人员基本养老金的通知。

此外，根据有关方面的反映和自己的认真思考，刘院士还提出很多有价值的建议，例如：建议将福建海西经济区提升为国家战略；建议国家鼓励发展小排量汽车；提出要高度重视跨国公司并购我国龙头企业问题；呼吁充分发挥三线军工企业的作用；参与京沪高速铁路的调研和论证；关于推进“产学研”结合、建设院士专家工作站的建议和实践等，都得到国家的重视和采纳，发挥了很好的作用。

科技帅才，动力专家优秀代表

回顾10年来大响同志在中航工业科技委的工作，可以看出：

刘大响院士航空报国、心系动力，赤诚执著、废寝忘食，为国家的繁荣富强，深入调查研究，全面科学论证，四处奔走呼吁，多方建言献策，付出了大量心血，发挥了重要作用，取得了显著成效，做出了很大贡献，为领导正确决策提供了有力的支持，为航空工业、航空动力的发展立了新功！他是我国航空发动机专家的优秀代表，是既懂技术，又善管理的科技帅才！

大响院士之所以能够做到这样，主要有3个方面的因素。

首先，是他自身的优良素质和高贵品格。思想上他爱国爱党、献身航空，有全心全意为人民服务的理想和信念；技术上他有扎实的理论基础、丰富的工程经验和综合集成的杰出能力；管理上他有统筹全局、把握关键、协调决策、敢于负责的组织领导才能；作风上他有求真务实、谦虚谨慎、关心同志、平易近人、发扬民主、团结合作的优秀品格；行动上他有日夜操劳、无私奉献、百折不挠、真抓实干的老黄牛精神……从而赢得了人们广泛的信任和尊重。

第二，是他善于发挥基层单位和科研团队的作用。航空动力事业是复杂的高科技系统工程，除了科技带头人的正确领导和适时决断，许多事情需要基层厂所院校及广大科技人员团结协作。大响院士很重视也很善于团结、动员、组织各基层单位和专家学者合作共事，充分发挥大家的积极性和创造性。许多重大建议和咨询报告，他总是邀请许多院士、专家共同研究讨论，并得到基层单位的大力支持。这样，他就能集思广益、集中大家的智慧，使所提建议、方案更具影响力和可行性。

第三，是他善于取得上级领导的支持。大响院士十分注意向领导机关请示汇报，认真领会、贯彻党的方针政策，并审时度势、恰当地陈述自己的看法和建议，提纲挈领、思路清晰，从而赢得上级领导的理解和支持。

最后，我们用大响院士自己的话来作为本文的结束语。他曾满怀深情地说：

“个人永远只能是沧海一粟，广大干部和职工群众才是真正的英雄！所以，我始终时时刻刻把自己当作这个光荣集体中的一员代表。”他在古稀之年还一再表示：“老牛自知使命重，不用扬鞭自奋蹄。为了让国产飞机都装上强劲的‘中国心’，我愿生命不息，奋斗不止，鞠躬尽瘁，死而后已！”

2011 年 2 月 28 日

后　记

去年5月，集团公司科技委通知我，为了庆祝我国航空工业创建60周年，集团公司党组决定，要为中航工业每一位院士编写传记，对此，我感到有些突然。自己的一生十分平凡，虽然为党、为国家、为航空工业做了一点工作，有一些贡献，但这都是我应该做的，与党和人民的要求和期望差距很大，自己做得还远远不够，又考虑到自己所从事的几项主要工作都是很多老领导、老同事和广大群众共同奋斗的成果，又涉及到一些国家机密，自己很难把握好分寸，几次表示还是不写为好。但科技委领导反复说明，这次是组织行为，充分体现了集团党组对院士们的重视和关怀，集团领导对此十分关注，希望我们能积极配合完成。在这种情况下，我只有服从了。

科技委为此项工作召开了专题会议，并成立了由科技委孙卫航、师元光、彭友梅、贾小平，606所李京雪，624所王民昇和北航仿真中心的方韧、金捷等同志组成编写组。

从6月份开始我向编写组同志进行了口述回忆，随后，编写组组织对我工作过的624所、北航进行了专访，召开了多次座谈会，并搜集了所史、新闻报道、我的一些文稿以及相关的档案资料。在这些工作进行的过程中，编写组确定我的这本传记形式为自传（回忆录）。

自传，顾名思义，是自己为自己写的传记。编写组同志向我解释，之所以选用这种形式，是由于在总计14次近50小时的谈话中，我向编写组介绍自己的一生经历比较全面详尽，其中对发生在自己人生历程上的某些重大事件，不仅有情节，也有大量的见解和感受，以第一人称记述，会使人感到亲切、真实，而且鲜明、生动，符合人物传记撰写的基本原则，也符合集团公司组织院士撰写传记的初衷和宗旨。

我感到编写组同志的意见很有道理，也就接受了这个决定。既然是自传形式，也就意味着自己应该多做一些工作，从8月份开始，我对口述文稿进行了多次较大的修改，其中多处重新撰写，确实花费了很大的精力。由于工作繁忙，白天会议很多，只好早起晚睡，经常改稿到深夜。

在这些工作中，编写组的同志，特别是师元光同志，他出色地完成了吴大观同志传记《我的中国心》编撰工作，对在全党、全国掀起学习优秀共产党员吴大观同志的热潮起到了重要作用，获得中央主管部委领导的肯定和群众的好评。这次他又以饱满的热情，同时担任顾诵芬和我两位院士传记的编写执笔，工作量之大、之辛苦是可想而知的。为了我的传记，师元光与编写组同志一起，为保证传记本身“情真不诡”、“事信不诞”，做了资料查找、文字整理、初稿修改、照片挑选等大量工作，对于他们的辛勤劳动和付出，我在此表示深深的感谢。可以说，没有编写组同志的帮助，仅靠我一人之力，在这么短的时间内要完成这样一个任务几乎是不可能的。

在这次回顾自己的人生历程中，我最大的感受是一次次重温和体味了我国航空发动机领域广大职工、科技人员和领导干部对祖国的无限忠诚，以无私奉献的博大胸怀、奋力拼搏的革命精神，在各自的岗位上为振兴我国航空发动机事业做出了重大的贡献，涌现出许多可歌可泣的先进人物和动人事迹，这些都是鼓励和鞭策我不断前进的动力。

624所可以说是我的第二故乡，地处大西南的偏僻山沟，山青水秀，鸟语花香。我在那里工作了整整30年，从33岁到63岁，人生最宝贵的青春年华就是在那崇山峻岭中度过的。生活虽然十分艰苦，但那里的山好、水好、人更好。为了建设“高空台”，来自祖国四面八方的素不相识的科技人员和建设者，为了一个共同目标，大家一起摸爬滚打，战天斗地，团结拼搏，无私奉献，30年如一日，硬是用自己的双手，将亚洲第一的“争气台”建立起来，屹立在世界的东方。这充分说明中国人有志气、有能力，外国人能做到的事，我们中国人也一定能够做到！

据编写组同志介绍，他们在624所的访谈中，看到那里的同志至今工作、生活在比城市落后、闭塞、萧索许多的山沟里，却仍然充满着奋斗的激情和志趣；看到他们在汶川大地震抗震救灾中的大无畏奋斗精神；看到他们“回眸当年，六五筹建，猿啼古峡，雾迷山谷，连峰叠嶂，峥嵘绵亘，四方才俊，云集于此，车轮滚滚，一路弦歌，地无一亩，瓦无一片，远都市之繁华，甘沟壑之寂寞，寄于观雾山顶，借宿茅舍听雨眠，发轫平通河畔，笑食凉馍饮山泉，励精图治，矢志不移，风雨情怀几十载，霁日天朗鼓与呼”的昂扬斗志……一人、一事、一景、一物，无不令人感到热血沸腾、热泪盈眶。

他们所讲述的内容，使我再一次感受到激励和鼓舞。他们的叙述让我又一次回到自己当年熟悉的工作、生活环境之中，回到我敬重的领导，我同甘共苦的战友身旁。

606所是我国航空发动机设计研究的摇篮。我有幸在那里工作了8年，时间虽然短暂，但却是我奠定技术基础的8年，是我从校门到“工作门”，从书本到实践的8年，是我铸就动力人生路的良好开端、茁壮成长的8年。所以，至今我对606所仍充满着深深的情感。我曾经说过，我是624所的院士，也是606所的院士，这是我真实情感的流露和写照。我真诚地希望他们为根治飞机“心脏病”，让我国自主研制的飞机都装上健康、强劲的“中国心”做出更大的贡献。

北航是国内一流、世界知名的航空航天大学，是我引以骄傲和自豪的母校，是我获取知识的殿堂，筑梦蓝天的摇篮。北航有我时时思念的老校长武光、沈元、曹传均，有我感恩不尽的研究生导师宁榥教授，有给我以启迪、以智慧的众多可尊敬的师长，有我许多当年天真无暇、活泼可爱的老同学和学兄、学弟、师姐、师妹。

母校给我以智慧，给我以动力，让我飞向东北，飞向西南，飞向全国和全世界。2000年我又从四川深山老林中飞回北京，回到了母校的怀抱，这是我感到十分温暖和幸运的大事。

在北航，编写组同志召开了为祖国的航空航天事业做出突出贡献的能源与